変質するグローバル化と
世界経済秩序の行方

米中対立とウクライナ危機による新たな構図

馬田啓一・浦田秀次郎・木村福成

［編著］

文眞堂

はしがき

　米中対立とロシアのウクライナ侵攻によって地政学的リスクが顕在化する中，世界経済秩序が分断の危機に直面している。揺らぐ秩序の先に，果たしてどのような構図が待ち受けているのか。

　米中対立は，今や貿易戦争から安全保障に絡む覇権争いに様相を変えつつある。2021年1月に発足したバイデン政権は，中国を「米主導の秩序を作り変えようとする唯一の競争相手」とみなし，日欧も巻き込んで対抗する構えだ。トランプ前政権の対中強硬策を引き継ぎ，軍事転用可能な先端技術の流出防止や重要物資の確保のため，輸出管理と対米投資規制の強化やサプライチェーン（供給網）の強靭化を目指し，米中デカップリング（分断）の動きを加速させている。

　一方，2022年10月の中国共産党の第20回大会において3期目の総書記の座についた習近平国家主席は，米国の覇権に挑戦し今後も強国路線を進める方針である。注目すべきは他国による供給遮断に対する反撃力と抑止力を持つことを目指している点だ。米国の対中規制に影響されない「自立自強」と呼ばれる独自のサプライチェーンづくりを進めるなど，米中デカップリングの長期化を見据えた体制固めを急いでいる。

　2022年2月，ロシアがウクライナに侵攻すると，これを非難する日米欧の主要7カ国（G7）が，大規模なウクライナ支援と，ロシアに対するエネルギー禁輸を含む経済制裁を相次いで実施した。ロシアの侵略を失敗に終わらせ，既存の秩序への挑戦は大きな代償を伴うことを思い知らせるためだ。だが，中国やインドなどが「抜け穴」となっており，制裁は功を奏しておらず，ウクライナ危機は未だ収束の兆しを見せていない。

　ウクライナ危機は新たな世界経済秩序への序曲なのか。米中対立が深まる中，ロシアのウクライナ侵攻をきっかけに，中国とロシアが接近し，「民主主義対権威主義」という対立の構図が先鋭化しつつある。

　イエレン財務長官は 2022 年 4 月の講演で，法の支配や民主主義，人権など
の価値観の共有や安全保障の点で信頼できる国々でサプライチェーンを構築す
る，いわゆる「フレンド・ショアリング」を提唱した。フレンド・ショアリン
グは，経済安全保障の観点から，中露など「危ない国」への過度な経済依存の
回避と軍事転用可能な先端技術の流出防止などを目的としているが，世界経済
のブロック化を助長し，世界貿易機関（WTO）が理念としている自由貿易主
義からの後退，効率重視のサプライチェーンからの転換を意味するので，まさ
に「もろ刃の剣」だ。

　フレンド・ショアリングの一環として，米国は G7 のほか，インド太平洋戦
略の中核として日米豪印 4 カ国によるクアッド（Quad）を重視。22 年 5 月に
はインド太平洋経済枠組み（IPEF）の立ち上げも表明し，同盟国や友好国に
よる連携強化の動きを加速させている。これに対抗し，中露も BRICS や上海
協力機構（SCO）などの枠組みの結束強化や参加国の拡大を図るなど，日米欧
への牽制を強めている。

　日米欧も中露も，それぞれの陣営に「グローバルサウス」と呼ばれる途上
国・新興国を取り込もうと躍起になっている。だが，インド，ASEAN など新
興国には，両陣営の対立構図からは距離を置き，「踏み絵」を嫌い，中立を模
索する国も少なくない。2023 年 5 月の G7 広島サミットは，こうした国々に法
の支配などの価値観に基づく秩序を守る重要性を訴え，中露の力による一方的
な現状変更は許さない，との G7 の強い意志を示す機会となった。

　忍び寄る世界経済秩序の分断と地政学的リスクの高まりは，企業にとっては
逆風である。自由貿易の理念が後退し，経済安全保障の論理が台頭し，これま
でのようなグローバル化は望めず，サプライチェーンの見直しを余儀なくされ
ている。ロシアのウクライナ侵攻は企業に重大な選択を突き付けた。企業の決
定は本来，経済合理性に基づくべきだが，今や地政学的リスクを無視できなく
なっている。台湾有事も絵空事でなくなった今，地政学的リスクにどう備える
か，企業の覚悟が問われている。

　経済安全保障の強化によってグローバル化は変質しつつあるが，グローバル
化そのものが終焉を迎えたと捉えるのはいささか乱暴だ。グローバル化を窒息
させてはならない。高まる地政学的リスクへの警戒と対策が不可欠となり，一

定の範囲で国が関わるのは妥当といえる。ただし，グローバル化の原動力となる企業の活力を阻害しない視点が必要である。国が過度な介入や監視をして企業を必要以上に委縮させてはいけない。経済安全保障政策に基づく国の企業活動への介入は慎重に対象を絞るべきだろう。

　変質するグローバル化にどう向き合えばよいのか。経済安全保障の強化が国や企業が進めるグローバル化の大前提となった。グローバル化と経済安全保障の両立を目指すしかない。そのためには，米通商代表部（USTR）のタイ代表が2022年5月の講演で訴えたように，従来よりもずっと打たれ強いバージョンアップしたグローバル化が必要だ。サプライチェーンの構築において効率性と低コストを単純に追求するだけでなく，経済安全保障の観点から，レジリエンス（強靭性）が不可欠となった。国も企業も，効率とリスク削減の均衡点を見出すという難題を突き付けられている。

　本書は，米中対立とウクライナ危機によって高まる地政学的リスクに揺らぐ世界経済秩序の現状と課題，今後の展望について，日本への影響と対応も考慮しながら，4つの視点・論点から考察する。4部17章から構成される本書の主な論点は，以下のとおりである。

　第Ⅰ部は先鋭化する米中対立によるサプライチェーン再編の動きを取り上げている。米中対立は今後，どのような展開を見るのか。米中デカップリングをいかにして部分的，選択的なものにとどめるか。第1章「米中デカップリングの危険な構図」では，出口の見えない米中デカップリングの新たな死角に焦点を当てながら，分断のリスクに晒されるアジアの通商秩序と日本の役割を論じている。対中規制を強めるバイデン政権に対して，中国はどう対応しようとしているのか。殴られたら殴り返すのが中国だ。第2章「米国の対中戦略と中国の対応」では，中国共産党第20回党大会で3期目が決まった習近平総書記の報告に基づき，中国が目指す方向性を明らかにしている。

　米中デカップリングは，東アジアの生産ネットワークにどのような影響を与えているのだろうか。第3章「東アジアの生産ネットワークと外的ショックの影響」は，少なくとも現時点では米中デカップリングの影響は限定的で，大きな変化は見られないとの実証分析の結果を示している。だが，今後米中デカッ

プリングがさらに進めば，グローバル・バリュー・チェーン（GVC）も大きな影響を受けることも懸念される。第4章「米中対立とグローバル・バリュー・チェーンの再編」では，米中デカップリングへの企業の備えについてGVC再編の要否，再編の方向性（地産地消化や中立化）などを検討している。

　第II部はロシアのウクライナ侵攻と日米欧による経済制裁について取り上げている。ウクライナ危機がどう終結するかが，今後の世界秩序を左右するのは間違いない。第5章「ロシアのウクライナ侵攻の世界秩序への衝撃」では，ロシアの侵攻が中露枢軸，米中対立と台湾問題にどのように影響するか考察している。日米欧によるロシアへの経済制裁は，果たして世界経済にどの程度の影響を及ぼしうるのか。第6章「経済制裁の世界経済への影響」では，アジア経済研究所の経済地理シミュレーションモデル（IDE-GSM）による試算結果として，中立国との貿易が「抜け穴」となって日米欧との貿易を代替するため，ロシアへの経済制裁の影響はそれほど大きくならないことが示されている。

　ウクライナ危機を受けて，EUはエネルギーのロシア依存からの脱却を実現するため，短期的にはロシア以外からの化石燃料輸入の多様化，中長期的には再生可能エネルギーの導入を強化している。第7章「EUの脱ロシア依存と経済安全保障」では，それが皮肉にも，米国の液化天然ガス（LNG）と中国の重要鉱物への2つの新たな依存という経済安全保障上のリスクに直面していると指摘している。EUが見直しを進めている対中戦略では，中国への依存度を減らし，対中リスクの回避を目指す方針だ。「民主主義対権威主義」という対立の構図の中で，中国は新興国・途上国とさまざまな協力の枠組みを構築し，連携を強化しようとしている。第8章「中国の対外開放・外交戦略からみた分断の実相」では，「一帯一路」のほか，「グローバル開発イニシアチブ」，「グローバル安全保障イニシアチブ」による協力を通じ，重層的かつ地域横断的な中国側の陣営構築を目指す動きを考察している。

　第III部は米中対立とウクライナ危機の下で進むさらなる地域経済連携への模索について取り上げている。地政学的議論と経済実態の間に大きな乖離が生まれているのではないか。第9章「アジアの通商秩序と地政学的リスク」では，地政学的リスクへの対応は重要であるが，アジアの経済はまだ活発に動いているとして，日本のアジアに対する経済外交のあり方について不安を煽りすぎて

経済活動の委縮を招くのは得策ではないと警鐘を鳴らしている。RCEPは米中対立で揺らぐアジアの通商秩序にどのような影響を及ぼすのか。サプライチェーンの深化と拡大を促進させることができるか。第10章「RCEPの今後の課題と日本の役割」では、今後の課題として参加メンバーの拡大、自由化・ルールの深掘り、さらにFTAAPの実現を視野にポストRCEPの地域協力を進めていくことが重要であると論じている。

　中国と台湾が相次いでCPTPPへの加盟を正式に申請した。中台の加盟をめぐっては、「一つの中国」問題や米国のTPP復帰可能性も絡み、極めて難しい判断となっている。第11章「中国、台湾のCPTPP加盟申請と日本の対応」では、中台を中心にCPTPP加盟申請の背景や動向、日本のCPTPPへの対応について考察している。国境を越えたデータ流通が増大する中、マルチ（多国間）あるいはプルリ（複数国間）でのデジタル貿易ルールの策定が急務とされている。第12章「デジタル貿易ルールの策定をめぐる動き」では、世界貿易機関（WTO）の交渉と、アジア太平洋地域の地域貿易協定（RTA）におけるデジタル貿易のルール策定の動きについて論じている。米国のTPP離脱で生じた「空白」を埋めるかのように、中国が「一帯一路」の推進やRCEPの発効、CPTPPへの加盟申請など、インド太平洋地域での影響力拡大を進めている。第13章「米国のインド太平洋戦略とIPEF」では、米国のインド太平洋戦略の経済面に焦点を当て、IPEFを主導するバイデン政権の狙いと参加各国の対応やその実現に向けた課題を検討している。

　第IV部はグローバル化と経済安全保障への対応について取り上げている。米中対立やロシアのウクライナ侵攻によってグローバル化が変質する一方、日本経済の復活にとってグローバル化、とくに対日直接投資は重要である。第14章「日本経済のグローバリゼーションと経済安全保障」では、対日直接投資に焦点を当て、日本の経済安全保障強化の影響と課題について考察している。経済安全保障はきわめて曖昧な概念である。何をどこまで求めるのか。経済安全保障からの自由貿易制約の領域の拡大は何を意味するのか。第15章「自由貿易と経済安全保障の相克」では、自由貿易と経済安全保障を調整する国際規範の有無や調整の限界について検証している。

　企業は今や、地政学的リスクも考慮してグローバル・サプライチェーン

（GSC）を再構築しなければならず，これまで以上に企業のリスク管理強化が求められており，政府による支援やある程度の政府介入も正当化される状況だ。第16章「グローバル・サプライチェーンの行方」では，企業がどのように GSC を再構築していくべきか，また政府はどのような政策的対応をすべきか論じている。地政学的リスクの高まりによって，今や政府のみならず，企業も経済安全保障への対応を余儀なくされる時代になった。第17章「経済安全保障と日本企業の対応」では，経済安全保障において企業に求められる主要な6つの機能について説明している。

　以上のように，本書は，米中対立とウクライナ危機によって変質するグローバル化と世界経済秩序の行方についてさまざまな視点から考察したものである。読者の方々が世界経済秩序をめぐる目下焦眉の問題について考える上で，本書が些かなりとも参考になれば幸いである。

　因みに，本書と合わせて，馬田啓一・浦田秀次郎・木村福成・渡邊頼純編著『揺らぐ世界経済秩序と日本―反グローバリズムと保護主義の深層―』文眞堂（2019年11月発行）もご高覧いただきたい。世界経済秩序の地殻変動について，より一層理解が深まるであろう。

　最後に，出版事情が厳しい中，本書の意義を理解し，刊行に快諾してくださった文眞堂社長の前野隆氏，編集の労をとっていただいた前野眞司氏ほか編集部の方々に，心から感謝を申し上げたい。

2023年5月

編著者

目　次

第 III 部　さらなる地域経済連携への模索

米中対立とサプライチェーン再編

第1章

米中デカップリングの危険な構図

はじめに

　高まる地政学的リスクに晒されているアジアの通商秩序。新冷戦とも呼ばれる米中の覇権争いの舞台はアジアだ。

　バイデン政権内では，冷戦後の秩序構築に向け政治体制の違いを超えて全世界を包摂しようとした「対中関与政策」は失敗であり，価値を共有する国々による新たな秩序の強化，いわゆる「フレンド・ショアリング」に取り組むべきだという議論が高まっている。

　米国は中国を念頭に，先端技術の流出防止や重要物資の確保のため，輸出管理と対米投資規制の強化やサプライチェーン（供給網）の強靭化を目指して，同盟国や友好国にも協調を呼びかけるなど，米中デカップリング（分断）の動きが加速している。米中覇権争いの長期化が予想される中，米中デカップリングは今後，どのような展開を見るのか，果たして部分的，選択的なものに止めることができるのか。

　さらなるアジアの経済連携への模索は，懸念される米中による分断の歯止めとなるのか。「中国外し」に反発する中国は巻き返しに動き，東アジアの地域的な包括的経済連携（RCEP）への参加を皮切りに，環太平洋パートナーシップに関する包括的及び先進的な協定（CPTPP）への新規加入を申請するなど，米国に対して揺さぶりをかけている。

　国内経済の再生と雇用拡大など国内対策を優先し，環太平洋パートナーシップ（TPP）への復帰を含め貿易協定の締結を含む通商交渉を後回しにするなど，積極的な通商戦略を「封印」してきたバイデン政権だが，ここにきて，下

手をすると中国がアジアの通商秩序を主導する事態になりかねず，危機感を強めている。

　尻に火が付いたバイデン政権は，米国がアジアから締め出されないようアジアとの関係強化のため，中国に対抗してインド太平洋経済枠組み（IPEF）の立ち上げを急いだ。現在，日米豪印 4 カ国（Quad），韓国，ニュージーランド，ASEAN7 カ国，フィージーの 14 カ国で，IPEF の交渉が行われている。しかし，市場アクセスを欠いた中身はやや魅力に欠け，参加のインセンティブをどう確保するかが課題だ。

　対中戦略で前のめりになりがちな米国が主導する IPEF の死角は何か。フレンド・ショアリングによって「中国排除」や「対中包囲網」の色を出し過ぎると，中国の反発と報復を恐れる国々の離反を招きかねない。調整役としての日本への期待が大きいが，果たして米国とアジアの間の懸け橋となれるのか。

　本章では，米中デカップリングの危険な構図に焦点を当てながら，米中対立による地政学的リスクに晒されているアジアの通商秩序の現状と課題を分析する。

第 1 節　バイデン政権のサプライチェーン戦略

1. バイデン政権の新たな対中強硬策

　政権交代により米国の対中政策が軟化するのではないかとの観測もあったが，それを払拭するかのように，バイデン政権ではトランプ前政権の対中強硬策が引き継がれ，追加関税（通商法 301 条），政府調達の禁止（NDAA889 条），対米投資規制の強化（FIRRMA），輸出管理の強化（ECRA），チャイナ・イニシアティブの強化など，前政権の政策を踏襲している[1]。

　バイデン政権は，中国を安定的で開かれた国際秩序に対抗しうる「戦略的競争相手」と位置づけ，中国に対する牽制を強めている。しかし，対中強硬姿勢をとるバイデン政権の対中アプローチは，前政権とはだいぶ違う。

　第 1 に，米国単独でなく同盟国や友好国と連携して対中包囲網の構築を目指

第1-1表　前政権から引き継がれた主な対中強硬策

追加関税	1974年通商法301条（不公正貿易の制裁条項）に基づき，中国による知的財産権侵害への制裁として追加関税を発動。
政府調達の禁止	国防授権法（NDAA）889条に基づき，中国ハイテク5社の製品の政府調達を禁止。その後，5社の製品を使う企業も米政府との取引禁止。
対米投資規制強化	外国投資リスク審査現代化法（FIRRMA）に基づき，対米外国投資委員会（CFIUS）の権限強化し，米技術が中国に流出する懸念の高い投資の審査を厳格化。
輸出管理強化	輸出管理改革法（ECRA）に基づき，「エンティティリスト」に掲載された製品・部品の対中輸出禁止。
チャイナ・イニシアティブ	中国による企業秘密の窃盗やスパイ活動などの取り締まり強化。米国内の企業，大学・研究機関に所属する中国人に対する締め付け強化。

（資料）馬田（2021a）に基づき，筆者作成。

す。前政権の「米国第一主義」によって冷え込んだ同盟国・友好国との関係を修復し，主要先進7カ国会合（G7）や，「クアッド（Quad）」と呼ばれる日米豪印4カ国による戦略対話など，国際協力の枠組みを推し進めている。

　第2に，気候変動問題などの分野では中国との協調の可能性を模索する一方，人権や民主主義の価値観を重視し，新疆ウイグル自治区での人権問題や香港の民主政治への介入問題に対してはより厳しい姿勢で臨んでいる。米中の対立は，市場主義と国家資本主義，民主主義と権威主義との争いの様相を強めている。

　第3に，バイデン政権が前政権と比べて対中強硬策という観点から注力するのは，サプライチェーンの見直しであろう。米中デカップリングを進める一方で，経済安全保障の観点から，米国の対中依存から脱却するために，サプライチェーンの再編に取り組む。米国単独でサプライチェーンの問題に対処することはできず，同盟国や友好国との協力により脆弱性の克服を目指す。

　こうした新たな対中アプローチは，2つの点から大きな意義を持っている。

　第1に，人権や安全保障などの分野で，多くの国が参加して対中包囲網が形成されることを，中国は警戒している。とくにこれまで「非同盟」を伝統とするインドが，クアッドという4カ国協議の枠組みに加わったことの意義は大きい。中印の離反が現実味を帯びることは中国にとって不都合なことだ。

　第2に，対中外交において米国と一線を画していた欧州連合（EU）が対中

包囲網の構築に参加したことも重要だ。英国，フランス，ドイツはインド太平洋地域へ艦艇を派遣し，中国の海洋進出を牽制している。また，EU は 2021年 3 月，ウイグル族に対する人権侵害を理由に中国当局者に制裁を科すことを決定，米国，英国，カナダも足並みを揃えるなど，欧米諸国がインド太平洋の安定や人権問題で連携して中国に対峙することになった。

2. バイデン政権によるサプライチェーンの見直し

バイデン政権はトランプ前政権の対中強硬策を引き継ぎ，米中デカップリング（分断）を進める一方，経済安全保障の観点から米国の対中依存脱却のために，サプライチェーン（供給網）の再編に取り組んだ。

バイデン大統領は 2021 年 2 月，米国のサプライチェーンの再構築に向けて大統領令を発令した[2]。大統領令によって，サプライチェーンの脆弱性が問題となる分野を特定し，① 半導体，② 電気自動車（EV）用のバッテリー，③ 医薬品，④ レアアースを含む重要鉱物の 4 分野について，それぞれ商務省，エネルギー省，保健福祉省，国防総省の 4 長官に対して，サプライチェーンの強化に向けた対策案を 100 日以内に提出するよう指示した。経済安全保障上の理由から，中国に依存しないサプライチェーンを構築しようというのが大統領令の狙いである。

21 年 6 月，250 頁に及ぶサプライチェーン強化に向けた報告書が発表された[3]。報告書は冒頭で，米国のサプライチェーンが脆弱となった要因として，① 不十分な米国内の生産能力，② 不完全なインセンティブと短期主義的な市場，③ 同盟国・友好国，競争国の積極的な産業政策，④ グローバル・ソーシングの地理的集中，⑤ 限定的な多国間協力の 5 点を挙げている。

バイデン政権のサプライチェーン戦略に見られる特徴は，米国がサプライチェーンの脆弱性に単独で対処することはできないことを認め，EU，日本，豪州，台湾，韓国，インドなど同盟国・友好国との連携強化や，G7，日米豪印 4 カ国のクアッドなど多国間協力の枠組みを前提として脆弱性を克服する方針を明らかにした点である。

なお，報告書はサプライチェーンを強化するだけでなく，米国の産業基盤を

第1-2表　米国のサプライチェーン強化策の主な項目

■重要製品のサプライチェーン脆弱性への対応（即応的な措置）
①半導体不足に対応するための産業界，同盟国・友好国との連携
②先端バッテリーの国内サプライチェーンの確保
③重要医薬品の国内製造支援
④重要鉱物の国内外での持続可能な生産・加工のための投資
■サプライチェーン強化に向けた長期的戦略
①米国の生産・イノベーション能力の再構築
②労働者に投資，持続可能性を重視，質を高める市場の形成支援
③重要製品の購買者・投資家としての政府の役割拡大
④執行を含めた国際貿易ルールの強化
⑤グローバル・サプライチェーンの脆弱性を減殺するための同盟国・友好国との協働

（資料）ジェトロ（2021）に基づき，筆者作成。

強化するために6つの提案をしている。具体的には，①半導体の生産能力と研究開発（R&D）への資金提供（500億ドル），②EV普及のためのインセンティブの拡大（200億ドル），③先進的なバッテリー生産を支援するための資金供与，④サプライチェーン回復プログラムの作成（500億ドル），⑤国防生産法に基づく重要物資の生産能力拡大，⑥次世代バッテリーの開発投資である。

　米国のサプライチェーン見直しの最優先課題は「半導体」である。その理由として3点挙げられる。

　第1に，半導体が米国内で不足し，需要が今後も増加することが見込まれる中で，半導体生産における米国の世界シェアが低下しているからだ。米国半導体工業会（SIA）によれば，1990年に37％だったが2020年には12％，30年には10％にまで低下すると予想している[4]。半導体はあらゆる技術や産業の基礎を支えており，今後ますますその重要性が高まるだけに，これは米国の経済安全保障にとって極めて深刻だ。

　第2に，半導体の生産が自然災害や地政学のリスクが高い東アジアに偏在しているからだ。世界的な新型コロナウイルスの感染拡大や災害発生をきっかけに，半導体サプライチェーンの遮断を引き起こし，こうした半導体サプライチェーンの脆弱性が露呈した。

　第3に，半導体は軍事技術の強靭性に直結するため，戦略的競争関係にある

中国に，半導体サプライチェーンを握られるのを見過ごすことはできないからだ。半導体生産で高いシェアを持つ台湾の安全保障が中国に脅かされるならば，米国の半導体サプライチェーンは強靭とはいえない。

　さて，半導体の国内生産能力の拡大については，台湾積体電路製造（TSMC）やサムスン電子，インテルがそれぞれ米国内に工場を建設する意向を表明し，すでに準備も進められ，一定の成果が見られる。しかし，半導体サプライチェーンは米国内に生産回帰すればそれで済むというわけではない。すべて米国内にシフトすれば，自動車やスマートフォン，パソコン，家電製品など，製品コストが大幅に増加するのは必至だ。米国製品の価格競争力を維持するためには，グローバルなサプライチェーンと世界市場へのアクセスは維持されるべきである。

3．対中包囲網の強化に向けて連携拡大

　バイデン政権による対中強硬姿勢の強化を象徴する政策が，サプライチェーンからの中国の締め出し強化である。バイデン政権にとっては，中国が半導体やバッテリーなどの先端技術の開発，レアアースなどの重要資源の確保を国家主導で強化していることは，経済安全保障上の大きな脅威だ。

　このため，バイデン政権はサプライチェーンの強化を話し合う二国間及び多国間の首脳会合を次々と主導，対中包囲網の構築に向けた同盟国との連携強化を図っている。とくにG7とクアッドの首脳会合は中国の警戒と反発を誘っている。

　21年6月に英国で開幕したG7サミットは，バイデン大統領が同盟国との関係を重視する姿勢に転換，トランプ前大統領によって亀裂が入ったG7の再生を印象づけた。首脳宣言では，安全保障，人権，経済など幅広い分野で中国を牽制した。

　安全保障では，台湾海峡の平和と安定の重要性を首脳宣言に初めて盛り込み，EUとも足並みを揃えていくことを確認した。背景には，欧州に広がる中国離れと台湾重視がある。

　半導体など経済安全保障にかかわる分野では，G7が協調する形でサプライ

チェーンの脆弱性に戦略的に取り組んでいく必要があるとし，政府による支援や多国間の連携を強め，中国に対抗していく姿勢を示した。

また，21年9月には，対面でのクアッド首脳会合をワシントンで開催し，新型コロナウイルス感染対策，インフラ支援，先端技術既発，宇宙・サイバーセキュリティなどの取り組みにおいて日米豪印の4カ国が連携する方針を確認するなど，一定の成果を上げている。

このうち，先端技術の分野では，半導体及びその重要部品の供給能力をマッピングし，脆弱性を特定し，サプライチェーン・セキュリティを強化する共同イニシアティブを立ち上げた。

第2節　包囲網に反発する中国の対抗策

1. 中国経済の新たな発展モデル：双循環戦略

「中国外し」に危機感を抱いた中国も巻き返しに動く。2021年3月の全国人民代表大会（全人代）で採択された「第14次5カ年計画」（2021〜25年）では，中国経済の新たな発展モデルだとして，双循環論が柱の一つに位置づけられている。同計画の中で「経済安全保障」に関する政策として，サプライチェーンの再編に言及し，「国内循環を主体とし，国内と国際の2つの循環が相互に促進する双循環戦略」に取り組むとしている。「国内循環を主体」とわざわざ付け加えているのは，外需に依存しない内需主導型への政策転換を意味する。

中国は1970年代末に改革開放に転換してから，豊富な労働力と低賃金という優位性を生かして，技術や部品を海外に大きく依存する加工貿易をテコに発展してきた。しかし，近年，米中デカップリングによって国際循環に頼った発展戦略の限界が露呈されている。その対策として，習近平政権は双循環戦略を打ち出した。国際循環への依存を減らし，生産・分配・流通・消費からなる国内循環の強化を目指している。

サプライチェーンの安定が新たな発展の基礎であるとの認識に基づいて，サ

プライチェーンの強化に取り組む方針である。その具体策として内需シフトを進めて中長期的に中国経済の自立を進める戦略と見られる。

2.「自立自強」で米国に対抗する中国

　米中対立が激化する中で，米国の先端技術から遮断されつつある中国は独自の技術と産業標準を構築するために，「中国標準2035」を打ち出した。中国は先端技術における米国からの自立を目指して，より積極的にサプライチェーンの構築を図っている。

　「第14次5カ年計画」では，サプライチェーンの優位性が米中の覇権争いの行方を左右するという考えが示された。サプライチェーンをめぐる米国との攻防を強く意識した同計画では，科学技術の「自立自強」を進めるとしている。米中デカップリングにより海外からの先端技術の導入が困難になってきている中で，「自立自強」は，独創的なイノベーションを促すことで競争力を強め，欧米で進む「脱中国依存」に揺るがない自立的な経済発展を目指す。

　同計画が最重視するのは基礎研究だ。人工知能（AI），量子情報，半導体，脳科学，遺伝子・バイオテクノロジー，臨床医学・ヘルスケア，宇宙・地球深部・極地観測の先端7分野を重点に，研究開発費における基礎研究の比率を全体の8%以上に引き上げる方針を示すなど，政府が主導する形で科学技術力の強化を目指す。とくに，米国から狙われた半導体については，材料や製造装置の技術開発に力を入れ，米国などの制裁に対応できるように，より確実なサプライチェーンの構築を目指している。

　このように，同計画には，「イノベーションを通じてサプライチェーンにおける優位性を高めることでバイデン政権に対抗する」という習近平政権の目論見が投影されている。だが，現状では「自立自強」は習近平政権の思惑通りに進んではいない。

　「中国製造2025」では国内消費に対する国内生産の割合である自給率を2020年に40%，25年に70%に引き上げる目標が掲げられた。しかし，半導体の立ち遅れが目立っており，中国の半導体の自給率は20年で16%，25年でも20%程度と予測され，目標を大幅に下回っている[5]。

　中国の半導体は生産過程の下流である大量生産品を作るところに強みがあり，製造装置のように戦略的に重要な技術分野では十分な競争力をまだ持っていない。このため，中国の半導体は外資や輸入への依存度が高く，半導体サプライチェーンの安定性が懸念される状況にある。

　中国の経済発展は急速に拡大したグローバルなサプライチェーンに積極的に参加することによって実現したものである。習近平政権が目指す「自立自強」は，世界最大の産業集積と，規模と成長力を兼ね備えた消費市場という中国の特徴を生かすことにつながらず，中国経済の成長を下押しする恐れがあるなど，経済的コストは非常に大きいと言える。

3．中国のサプライチェーン戦略の狙い：反撃力と抑止力

　習近平政権が，供給遮断に供給遮断で対抗する「反撃力」と，供給遮断を思いとどまらせる「抑止力」を持つことを目指している点は注目すべきだ。米国の対中制裁に闇雲に従うと，中国の「エコノミック・ステイトクラフト（Economic Statecraft，経済的威圧の行使）」に直面し，豪州の二の舞となる恐れが出てきた。

　2020年4月に開催された中国共産党中央財経委員会における講話で，習近平総書記はサプライチェーン構築の狙いを次のように述べた。「中国は市場規模や技術力によって，国際的なサプライチェーンにおける中国への依存度を高めることができれば，他国による人為的な供給遮断に対する強力な反撃力と抑止力を形成することができる」。

　中国が重要産業における「キラー技術」を掌握し，高速鉄道，電力整備，新エネルギー，通信機器などのサプライチェーンの支配力を高めることができれば，各国の中国依存は深まり，中国は対立する国による供給遮断に対して対抗できる。なお，キラー技術とは，特許などの知的財産権が取得できる独自技術を指す。現在，世界で普及が進む第5世代移動通信システム（5G）にかかわる技術がその代表例である。

4. バイデン政権の尻に火を付けた中国

　バイデン政権の通商戦略が中国に揺さぶられる事態となっている。国内経済の再生と雇用拡大など国内対策を優先し，環太平洋パートナーシップ（TPP）への復帰を含め貿易協定の締結を含む通商交渉を後回しにするなど，積極的な通商戦略を「封印」してきたバイデン政権だが，ここにきて，下手をすると中国がアジアの通商秩序を主導する事態になりかねず，危機感を強めている。

　日中韓とASEANなど15カ国による地域的な包括的経済連携（RCEP）が2022年1月に発効することが決定したのを受けて，中国が米国の不意を突く形で，RCEPの次を見据えた布石を立て続けに打ち出したからだ。2021年9月に日豪など11カ国による環太平洋パートナーシップに関する包括的及び先進的な協定（CPTPP），11月にシンガポール，ニュージーランド，チリの3カ国によるデジタル経済連携協定（DEPA）への参加を申請した。

　米国不在の枠組みでアジア地域における中国の影響力拡大を狙っているのは明らかだが，CPTPPとDEPAへの参加申請は，バイデン政権が進める対中包囲網を破るため，中国のサプライチェーンに多くの国を依存させるのがもう一つの狙いだ。「中国外し」に危機感を抱いた中国が巻き返しを狙った「究極の自衛策」だと言える。

第3節　米中デカップリングの新たな死角

1. 後手に回ったバイデン政権のデジタル貿易協定構想

　ところで，バイデン政権内では，当初，中国に対抗するためインド太平洋地域での多国間デジタル貿易協定を締結する構想が検討されていた。国境を越えたデータ利用やデジタル製品の関税の扱いなどを定めるのが，デジタル貿易協定である。TPP離脱の空白をどう埋めるか，通商戦略に手詰まり感が強まる中，デジタル貿易協定に活路を見出そうとしたわけだ。

　そうした中，米国の選択肢の一つとして，人工知能（AI）に関する規律を

盛り込むなど最新のルールと言えるデジタル経済連携協定（DEPA）への米国参加の可能性に注目が集まった。P4（パシフィック4カ国）からTPPへと拡大したように，米国の参加をきっかけに，DEPAを軸とした拡大劇が再現するかもしれないとの期待があったからだ。

　だが，もたもたしている間にDEPAへの参加申請は中国に先を越されてしまい，「中国抜き」の協定に固執する米国がDEPAに合流する可能性はなくなった。デジタル貿易協定構想に関するバイデン政権の意思決定が先送りされてきたのが，事態の悪化を招いた。国務省と国家安全保障会議（NSC）は，戦略的意義が明確なことからデジタル貿易交渉を進めたがっていたが，「労働者中心の通商政策」に重点を置く米通商代表部（USTR）が慎重な構えを崩さず，政権内の足並みが揃っていなかったからだ。

2.　米中対立に揺らぐ通商秩序とサプライチェーン再編

　米中デカップリング（分断）が今後どのような展開を見せるか予断を許さない。対中包囲網に反発する中国は巻き返しに動き，RCEPへの参加を皮切りに，CPTPPへの新規加入を申請するなど，米国に対して揺さぶりをかけている。中国はRCEPやCPTPPを通じて対中依存度の高いサプライチェーンを構築し，経済的威圧（抑止力と反撃力）の強化を狙うなど，米国不在の間にこれらを梃子にアジアでの影響力を強める考えである。ただし，中国が本気でも，CPTPPの加入は非常に難しい。ハードルが高いからだ。

　尻に火が付いたバイデン政権は，米国がアジアから締め出されないようアジアとの関係強化のため，中国に対抗してインド太平洋地域の新たな経済枠組みの立ち上げを急いだ。

　バイデン政権は2022年5月にIPEFの立ち上げを東京で発表，米主導で9月にロサンゼルスで閣僚会合を開催し，日米豪印4カ国（Quad）のほか，韓国，ニュージーランド，ASEAN7カ国，フィジーの14カ国が，IPEFの4つの柱について交渉を開始することに合意した。裏を返せば，これで米国のTPP復帰の可能性は当面なくなったということだ。

　IPEFの最大の特色は「モジュール方式」の採用で，自由貿易協定（FTA）

とは大きく異なる。「貿易」,「サプライチェーン」,「クリーン経済」,「公正な経済」の４分野ごとに独立した枠組み（モジュール）で，分野別の参加を可能にした。参加国を増やす狙いからである。しかし，この小手先のやり方がどこまで功を奏するのか。

　IPEF には関税撤廃といった市場アクセスは含まれていない。それは米国の国内事情によるもので，関税引き下げとなると財政が絡み議会承認が必要となるからだ。足元の民主党の中が一枚岩となっておらず，議会の承認を得るのが難しいため，バイデン政権は議会を通さずに協定をまとめる考えである。

　アジアの国々からすると，米国と協定を結ぶメリットは米国への市場アクセスであるから，IPEF は魅力に欠ける。したがって，参加のインセンティブを確保するため，他にメリット（実利）を示せるか，たとえば，脱炭素化に向けたインフラ整備とか重要物資の供給確保のためのサプライチェーン強靭化，ハイテク分野の技術協力など，食いつきの良い餌をどれだけ用意することができるかがカギとなる。

　しかし，IPEF によって対中依存から完全に脱却できるわけではない。中国の王毅前外相が 2022 年５月,「中国を孤立させる試みは最終的に自分の首を絞めることになる」と脅しをかけている。このため，米中の「踏み絵」を嫌う国々への配慮も必要である。中国排除や対中包囲網の色を出し過ぎると，中国の反発と報復を恐れる国々の離反を招きかねない。中国を刺激しないように，今回，台湾の参加は見送りとなった[6]。

第 1-3 表　IPEF の骨子

4つの柱	主な内容
① 貿易: 　結びついた経済 (Connected Economy)	食料輸出で不当な制限回避，安全なデータ流通の推進，労働者や環境の保護など
② サプライチェーン: 　強靭な経済 (Resilient Economy)	半導体など重要物資の安定供給に向け連携した危機対応の仕組みづくり
③ クリーンエネルギー・脱炭素化・インフラ: 　クリーンな経済 (Clean Economy)	脱炭素化に向けたインフラ投資協力の拡大，途上国への技術支援
④ 税・腐敗防止: 　公正な経済 (Fair Economy)	汚職やマネーロンダリング（資金洗浄）の対策強化

（資料）外務省，経産省の資料により筆者作成。

3.　対中規制の強化に突き進むバイデン政権

　米中のハイテク分野をめぐる覇権争いが一段と激しくなっている。バイデン政権はトランプ前政権の対中強硬路線を踏襲し，軍事転用可能な先端技術の流出防止のため中国に対する輸出管理や対米投資規制を強化するなど，ハイテク分野を中心に米中デカップリングを加速させている。

　2022 年 10 月，半導体の先端技術に関して中国への輸出規制を拡大・強化する新たな措置を発表した。米国企業が人工知能（AI）やスーパーコンピューター向けの先端技術を中国に輸出する場合，商務省の許可制とする。ミサイルなどの兵器にも転用される懸念があるためだ。

　これに関連し，ファーウェイ（華為技術）など一部企業にとどまっていた輸出管理の措置も広範に拡げた。中国の 31 企業・団体を，米国の技術を使った半導体を軍事や兵器開発に転用している恐れがあるとし，安全保障上の輸出規制リスト（エンティティリスト）に追加すると発表した。

　また外国企業による対米投資についても，2022 年 9 月，バイデン大統領は審査を一段と厳しくする大統領令に署名した。中国を念頭に，米国の先端技術を狙った対米投資を阻止するのが狙いだ。

　対米投資の審査については，2018 年 8 月に外国投資リスク審査現代化法（FIRRMA）が成立し，対米外国投資委員会（CFIUS）の権限が強化された。今回は，米議会の法改正ではなく大統領令であるが，米国の技術的優位を守るため CFIUS による審査が厳しくなった。

　それだけではない。バイデン政権は，ハイテク分野を対象に米企業の対外投資を事前審査する制度を導入しようとしている。中国が進める国産化戦略がその誘因だ。中国は 2022 年 7 月，ハイテク分野の事業をする外国企業に設計や開発，生産のすべてを中国国内で行うよう求める方針を明らかにした。外国企業のもつ先端技術が狙いだ。技術を中国に渡すかそれとも中国からの撤退か，外国企業は苦しい選択を迫られつつある。

　米議会は中国に対抗するため包括的な法案の成立を目指し，上院が 2021 年 6 月に米国イノベーション・競争法案，下院が 2022 年 2 月に米国競争法案を可決した。しかし，上下両院による法案の一本化が難航したため，半導体の製

造と研究開発など合意し易い項目だけを切り出し，2022年8月に半導体補助金法（CHIPS法）が成立した[7]。

　米議会は22年秋の会期で未成立の項目の調整を目指した。最大の焦点は対外投資の審査制度であったが，米産業界が猛反発し，中間選挙に向けた与野党の思惑も絡んで調整は難航，仕切り直しとなった。

　そうした中，中国共産党の第20回大会が2022年10月開幕した。3期目が確実視された習近平総書記（国家主席）が，米国主導の国際秩序への対抗を念頭に今後も強国路線を進める方針を示した。国家目標の「社会主義現代化強国」について，建国100年にあたる2049年までに達成する方針を改めて強調した。

　また半導体など最先端技術をめぐり米中の間で進むデカップリングを踏まえ，米中対立の長期化を見据えた国家戦略として，科学技術の「自立自強」を進めることの重要性を訴えた。米国の覇権への挑戦を改めて宣言したもので，今後，米国による対中包囲網がさらに強まるのは必至である。

4．フレンド・ショアリングと中国排除

　米中デカップリングが加速する中，米国ではフレンド・ショアリング論が急浮上している。イエレン米財務長官は2022年4月の講演で，「フレンド・ショアリング（Friend Shoring）」の推進を提唱した。フレンド・ショアリングとは，法の支配や人権などの価値観の共有や安全保障の点で信頼できる国々でサプライチェーンを構築することである。

　しかし，それは，世界経済の分断とブロック化を助長し，世界貿易機関（WTO）が理念としている自由貿易主義からの後退，効率重視のサプライチェーンからの転換を意味するので，注意が必要だ。

　米国は，同盟国や友好国による連携強化の動きを加速させている。すでに日米豪印のクアッド（Quad），米英豪のオーカス（AUKUS）といった枠組みを設け，半導体などの戦略物資や人工知能（AI）などの先端技術を念頭に，サプライチェーンの再編や技術協力の推進が議論されている。

　さらに，バイデン米大統領が2022年5月に宣言したインド太平洋経済枠組

み（IPEF）の創設も，フレンド・ショアリングの一環と位置づけられる。4つの分野を対象としているが，具体的な協議はこれからだ。

　米主導のフレンド・ショアリングを通じて，同盟国・友好国間で先端技術の標準化やサプライチェーンの再構築が促進され，また戦略物資・先端技術の融通や貿易管理・投資審査による囲い込みが行われることになろう。

　フレンド・ショアリングには，中国を排除しようとする米国の意図が隠れている。だが，米国がインド太平洋戦略のパートナーに取り込みたいASEAN諸国は，中国排除に消極的である。さらに，クアッドのメンバーであるインドも中国との関係を完全には断ち切れないでいる。

　このように，中国との距離，価値観の共有はインド太平洋の国々でも一様でなく，フレンド・ショアリングをアジア諸国に展開していくのは容易なことではない。

5. 日本は米国とアジアの「懸け橋」となれるか

　米中対立に揺らぐアジアの通商秩序の再構築に向けて，調整役として日本への期待は大きい。米中デカップリングにどう向き合うべきか，日本にとって悩ましい問題だ。

　第1に，日本と米国は同盟関係であるから，中国への対応は米国との連携が基本だ。しかし，米国と共同歩調をとりつつ中国ともできるだけ安定した関係を維持したいというのが，日本の本音だろう。どうしたら米中の「踏み絵」を踏まずに，日本はしたたかな二股外交を貫くことができるか。

　第2に，IPEF交渉が二股外交の試金石だ。米国が中国排除に固執し過ぎると，中国の報復を恐れるASEANなどの取り込みは一筋縄ではいかなくなる。前のめりになる米国に自制を促し，米中デカップリングをできるだけ限定的，部分的なものにとどめるのが，日本の役割である。

　第3に，2022年7月，「日米経済版2プラス2」の大雑把な行動計画が発表された。今後，日本が米国の言いなりになるのか，それとも米国に対しブレーキとアクセルを巧みに使い分ける良き調整役となれるか，日本の真価が問われる場だと言える。

　第 4 に，米中対立が続く限り，日中関係は「冷たい平和」を脱することはできないだろう。しかし，台湾有事が起きた場合にはそれすら難しい。その影響はウクライナ危機の比ではなく，全面的デカップリングも避けられない。有事を回避するため最大限の外交努力は不可欠だが，日本の政府と企業はもはや絵空事でない有事への備えも急ぐべきだ。

　第 5 に，米国のアジアにおける経済的関与の強化に粘り強く取り組むべきである。IPEF 交渉の合意に向けて米国とアジアの間を上手に調整するだけでなく，過大な期待は禁物だが米国の TPP 復帰を諦めない姿勢も大事だ。米国とアジアをつなぐ「虹の架け橋」となることが日本の使命ではないか。

[注]
1 ）トランプ前政権が打ち出した米国の対中強硬策について，詳細は馬田（2021a）を参照。
2 ）White House（2021a）。
3 ）White House（2021b）。
4 ）SIA（2020）。
5 ）IC Insights（米市場調査会社）の予測。
6 ）詳細はジェトロ短信（2022）「特集・インド太平洋経済枠組み（IPEF）の動向」を参照。
7 ）　White House（2022）。

[参考文献]
馬田啓一（2021a），「米中対立の新たな構図と日本の役割」石川幸一・馬田啓一・清水一史編著『岐路に立つアジア経済－米中対立とコロナ禍への対応』文眞堂，2021 年 10 月。
馬田啓一（2021b），「中国に揺さぶられるバイデンの通商戦略」世界経済評論 IMPACT，No.2346，2021 年 11 月 22 日。
馬田啓一（2022a），「米中デカップリングとサプライチェーン再編」『USMCA や米中対立が生産ネットワークの再編に与える影響調査研究』ITI 調査研究シリーズ No.128（一財）国際貿易投資研究所，2022 年 3 月。
馬田啓一（2022b），「世界経済秩序の分断と変質するグローバル化」世界経済評論 IMPACT，No.2602，2022 年 7 月 18 日。
馬田啓一（2022c），「米中デカップリングの死角」世界経済評論 IMPACT，No.2721，2022 年 10 月 24 日。
ジェトロ（2021），「バイデン米政権，重要製品のサプライチェーン強化策発表」ジェトロ・ビジネス短信，2021 年 6 月 10 日。
三浦有史（2021），「習近平政権のサプライチェーン戦略―自立自強の実現可能性とリスク」環太平洋ビジネス情報，Vol.21，No.82，2021 年 8 月。
Semiconductor Industry Association (SIA) (2020), Government Incentives and US Competitiveness in Semiconductor Manufacturing, September 2020.
White House (2021a), Executive Order on Americas Supply Chains, Presidential Actions, February 24, 2021.

White House (2021b), Building Resilient Supply Chains, Revitalizing American Manufacturing, and Fostering Broad-Based Growth, June 2021.

White House (2022), Fact Sheet: CHIPS and Science Act Will Lower Costs, Create Jobs, Strengthen Supply Chains, and Counter China, August 9, 2022.

（馬田啓一）

第2章

米国の対中戦略と中国の対応

はじめに

　1972年の劇的なニクソン訪中から半世紀を経て，米中関係は再び転機を迎えている。米中接近・国交正常化以降，米国は中国による国際秩序の受容を支援し，中国を好意的で信頼できるパートナーに変容させるべく腐心してきた。しかし改革開放後，米国に匹敵する超大国に成長した中国は，米国の意向とは異なり，独自の理念・目標を追求する姿勢を強めていった。こうして米中関係では摩擦や軋轢が次第に顕在化することとなった。

　中国の挑戦に対して，2017年に成立したトランプ政権は，米国歴代政権の対中「関与」政策は誤りであったと断言し，貿易戦争を発動して中国との対立姿勢を強めた（White House 2017）。トランプ政権の単独主義的な外交姿勢を厳しく批判して成立したバイデン政権であるが，その対中政策に限っていえば，基本的にトランプ政権の政策措置を踏襲しており，時には従来以上に厳しい政策措置を発動している。

　本章では，まずバイデン政権の中国認識を確認したうえで，次に同政権が展開している対中戦略の具体的な政策措置を整理する。そして米国の対中政策に対して，中国がいかに対応しようとしているのかを検討してみたい。

第 1 節　米国の対中認識

1. 安全保障戦略

　バイデン政権の「国家安全保障戦略」(NSS) は，中国を「国際秩序を再構築する意図と，それを実現する経済力，外交力，軍事力，技術力を併せ持つ唯一の競争相手」と位置づけている (White House 2022d)。バイデン政権の成立にいたり，米国の対中政策は「関与」から「競争」へと完全に転換した。

　2021 年 11 月の米中首脳オンライン会談でバイデン大統領は，「競争を衝突にしないガードレールの設置」，「不測事態の回避」を強調した。2022 年 3 月に国防総省から議会に提出されたバイデン政権初の「国家防衛戦略」は，米国の安全保障のもっとも包括的で深刻な挑戦は中国であると明記し，ロシアのウクライナ侵攻の直後であるにもかかわらず，国防の最優先事項として，「欧州におけるロシア」ではなく，「インド太平洋地域における中国」をあげている (DOD 2022)。

　米中首脳は，ロシアのウクライナ侵攻後，また 2022 年夏のペロシ米下院議長の台湾訪問に際しても，オンライン会談を繰り返している。中国がペロシ訪台の対抗措置として大規模な軍事演習を実施し，「台湾有事」が現実味を増すなか，2022 年 11 月に対面で実施された米中首脳会談でも，バイデン大統領は「ガードレールの設置」，「不測事態の回避」を繰り返し強調した。

　このように米中関係は経済関係といえども安全保障の観点から捉えざるをえない段階にある。超大国間の競争で優位に立つには，何よりも先端技術の保有やその開発能力が鍵となる。そのため米中経済関係でも，先端技術分野が主要な関心事項となっている。米中経済関係の変質を反映して，米国の対中政策も，貿易不均衡が米国の製造業や雇用に及ぼした「チャイナ・ショック」への対応から，先端技術分野で「自立自強」を目指す中国の野心的な動きへの対応へと，大きな転換を遂げつつある。

2. 通商戦略

　バイデン政権の通商政策では，強大な非市場経済国＝中国の不公正で非市場・非競争的な経済慣行が市場を歪曲し，米国や同盟国・友好国の労働者や企業に多大な損失を与えているとの基本認識が示されている（USTR 2022）。またバイデン政権は中国の基本的労働権の不備，新疆ウイグル自治区の強制労働，さらに脆弱な環境対策を非難している。

　中国の非市場・非競争的な経済慣行に対して，これまで米国は二国間交渉，WTO での多国間交渉を通して，その是正に努めてきた。米国の歴代政権は，とくに米中貿易不均衡に対して，GATT/WTO のルールに則したアンチダンピング（AD）関税や相殺関税（CVD）で対応してきた（大橋 1998）。しかし米中関係において経済安全保障の比重が飛躍的に高まるにつれて，以下の通り，バイデン政権の対中政策措置はきわめて多元化・多様化している。

第 2 節　米国の対中戦略

1. 対中政策の展開

⑴　貿易制限措置

　トランプ政権が仕掛けた貿易戦争は，⑴1974 年通商法 201 条に基づく太陽光パネルと大型家庭用洗濯機の輸入に対するセーフガードの発動（2018 年 1 月），⑵1962 年通商拡大法 232 条に基づく鉄鋼・アルミニウム製品輸入に対する安全保障措置としての追加関税（2018 年 3 月），⑶1974 年通商法 301 条調査に基づく追加関税（2018 年 7 月）の貿易制限措置から始まった[1]。

　このうち，⑴と⑵は，もちろん中国だけを標的にした措置ではない。米国の輸入市場において中国が大きなシェアを占めていたために，対中制裁として受け取られた措置である。これに対して，⑶は不合理・差別的な貿易慣行，米国企業に負担や制限を課す中国製品を標的にした措置であり，トランプ政権が仕掛けた貿易戦争を象徴する措置である。この通商法 301 条に基づく追加関

税は，ウクライナ戦争勃発後のインフレ対策として，2022年5月に一旦見直し手続きが発表されたが，同年9月にはその継続が決定された。

(2)　輸出管理措置

　2018年8月にトランプ大統領は「国防権限法2019」（NDAA）に署名した。NDAAには，安全保障の観点から，「輸出管理改革法」（ECRA）と「対米投資規制に関する外国投資リスク審査現代化法」（FIRRMA）が組み込まれた。いずれも科学技術や製造部門において米国が主導的な立場にあることが，安全保障に不可欠であるとの認識に基づいている。

　米国の輸出管理では，防衛・原子力関連，経済制裁，機密技術などは個別の法律で管理されており，これに該当しない品目がECRA，及びこれに基づく輸出管理規則（EAR）により商務省産業安全保障局（BIS）の管轄下にある。ECRAでは，現行の輸出規制では捕捉できない「新興・基盤技術」[2]を特定して管理対象とした。その後，EARに基づき，米国の安全保障・外交政策の利益に反するとして，中国人・事業体がエンティティリスト（EL）に相次いで追加掲載されている。

BOX：半導体の対中輸出規制

　米国の対中輸出管理の焦点となっているのが半導体貿易である。たとえば，ELに掲載された華為や中芯国際集成電路製造（SMIC）に対して，米国製品・技術の輸出・再輸出及び国内移転は原則不許可となっている。ところが，下院外交委員会共和党グループが公開した華為とSMIC向けの輸出許可申請状況によると，2020年11月～2021年4月に半導体・関連製品1000億ドルの輸出許可申請が承認されている（House 2021）。

　2022年10月に発表された商務省の先端コンピュータと半導体製造に対する輸出管理の強化策では，関連製品は原則不許可，民生用途も禁輸対象とし，先端企業に限らず，半導体開発・製造全般を規制対象としている。しかもこの管理強化策では，米国人による中国の先端半導体開発・製造への関与を禁じており，ヒトの移動にも規制が及んでいる。さらに米国企業以外からの輸出も，中国にある外資の半導体工場への輸出も規制対象にしている（BIS 2022）*。

　バイデン政権の輸出管理では規制強化ばかりが注目されているが，その有効性に限界があることも指摘されている。たとえば，米国の半導体企業の多くが中国市場に依存している事実を考慮に入れると，米国の輸出規制が西側の半導体産業の研究開発と設備投資に与える損失額は，米国政府の半導体産業に対する補助金を 5 倍以上上回るとの見方もある**。

* これに対して中国商務部は，2022 年 12 月 12 日，米国による半導体などの対中輸出規制が不当であるとして WTO に提訴した（『新華網』2022 年 12 月 12 日）。

**たとえば，インテル，ラムリサーチ，アプライドマテリアルズの売上高に占める中国市場の比率は，それぞれ 27％，31％，33％にのぼる（Hufbauer and Hogan 2022）。

(3)　対内投資規制

　上記の FIRRMA に基づき，安全保障の観点から，外国投資を審査する対米外国投資委員会（CFIUS）の権限が強化された。CFIUS に関しては，これまでも 1980 年代の日本企業による対米投資や米国資産取得の急増に際して，また 2000 年代の外国国有企業による米国の重要インフラの買収時に，「エクソン・フロリオ条項」[3] の改正や「2007 年外国投資・国家安全保障法」（FINSA）により，その権限強化が図られてきた。

　FIRRMA では，まず ECRA の「新興・基盤技術」を含む重要なインフラ及び技術に対する投資審査の強化が掲げられた。またマイノリティ投資，安全保障上機微な場所への不動産投資，特定取引の事前審査，「懸念国」の関与など，審査対象・範囲が拡大された。その後も，外国の対米投資審査の強化は進められている。たとえば，2022 年 9 月にバイデン政権は，CFIUS が審査過程に含めるべき安全保障上の要素を詳述するとともに，追加的な監視が必要な技術リストを発表している（White House 2022c）。

(4)　対外投資規制

　バイデン政権は，以上のように，トランプ政権の政策措置を基本的に踏襲している。これに加えて，バイデン政権下では，対外投資に伴う技術流出の懸念から，また米国から中国の IT 企業などへの投資が増えていることもあり，対外投資に対する規制導入の動きもみられる。すでに米議会では，2022 年 6 月に超党派議員団により，中国を含む「懸念国」への投資に関する「2022 年国

家重要能力防衛法」（NCCDA）の草案が合意された。ここでは，対外投資に
も対内投資の CFIUS に相当する機関を設けて，投資審査を実施することが提
起されている。レモンド商務長官によると，対外投資審査制度はバイデン大統
領の支持も得ているという（『日本経済新聞』2022 年 6 月 11 日）。

　バイデン政権が対外投資規制に乗り出せば，中国に対する財・サービス・資
本の輸出入管理体制はほぼ完成する。ただし，もちろん産業界からは，技術流
出は既存の輸出管理体制で十分対応でき，投資機会の喪失やコスト増につなが
るとして，対外投資規制に対しては根強い反対の声がある（USCBC 2022）。

⑸　人権外交

　以上の政策措置に加えて，バイデン政権の人権外交をあげておく必要があ
る。バイデン政権は，その初年度の通商政策から，中国との関係では新疆ウイ
グル自治区の人権侵害が最優先課題であると指摘している（USTR 2021）。米
国では，新疆ウイグル自治区において強制労働の疑義がある製品に対して，税
関・国境警備局（CBP）が輸入貨物引き渡しの保留命令を発令してきたが，
2021 年 12 月に「ウイグル強制労働防止法」（UFLPA）が成立した。これによ
り CBP が例外と認めない限り，新疆ウイグル自治区の製品は強制労働下で生
産されたとみなされることとなった。

　このほか，中国に対しては，行政上の各種措置も講じられている。たとえ
ば，連邦通信委員会（FCC）は安全保障上の脅威となる機器・サービスのリ
ストに中国企業を掲載し，中国製電子機器の輸入・販売認証を禁止している。
また証券取引委員会（SEC）は，中国の軍事関連企業の証券売買・保有を禁止
し，中国企業の上場基準の厳格化，上場廃止を進めている。さらに国務省は中
国メディアを外国宣伝機関に認定するなど，中国企業・機関には行政上の規制
措置が適用されている。

　このようにバイデン政権の対中政策では，各種規制措置が強化されている。
しかし 2022 年 11 月の米中首脳会談でも繰り返されたように，気候変動，食料
安全保障，保健衛生，債務救済など，国際経済にとって重大な課題に関して，
米国が引き続き中国との協調・協力を模索していることも忘れてはならない。

2. 国内政策の推進

(1)　国内投資の強化

　レモンド商務長官によれば，戦略環境の急激な変化に対して，米国の優先事項は 21 世紀の世界経済をリードするために必要な人材，技術，製造能力を構築し，イノベーションの最前線に立つことである（DOC 2022）。中国の挑戦に対抗するために，米国では競争力の強化と安全保障の確保を目的として，戦略部門への大胆な投資計画が進められている。2021 年 11 月にバイデン大統領は，老朽インフラの刷新，高速通信網の整備，雇用の創出を目指す 1 兆 2000 億ドル規模の「インフラ投資法」に署名した。また 2022 年 8 月には，半導体産業を支援する総額 2800 億ドル規模の「CHIPS 法」及びエネルギー安全保障と気候変動対策に軸足を置いた総額 4370 億ドル規模の「インフレ削減法」が成立した。

(2)　サプライチェーンの再編・強靭化

　2021 年 2 月にバイデン大統領は，サプライチェーンに関する大統領令に署名し，エネルギー省，運輸省，農務省，保健福祉省，商務省，国土安全保障省，国防総省の 7 つの政府機関に 100 日間の産業レビューを義務づけた。米国では，医薬品有効成分，レアアース，鋳・鍛造品など，重要物資の多くのサプライチェーンが中国に集中している。しかも米国内の製造能力には限界があり，インセンティブも不十分である。そこで 2021 年 6 月，サプライチェーンの脆弱性と短期的混乱に対応し，産業基盤の構築と長期戦略からなるサプライチェーン強靭化策が打ち出された（White House 2021）。

　サプライチェーンの再編に関しては，その主要拠点を米国内に置くオンショアリング，米国内に回帰させるリショアリング，北中米に移転するニアショアリング，同盟国・友好国に集めるフレンド・ショアリングなど，国内雇用，製造基盤とエコシステム，生産コスト，地政学的リスクをめぐって，活発な議論が交わされている。

(3)　産業政策の展開

「CHIPS 法」は，米国内の半導体工場建設を補助金と設備投資に対する 25％の投資減税の両面で支援するものであり，半導体産業への資金援助 527 億ドル（商務省製造インセンティブ 390 億ドル，商務省研究開発 110 億ドル，その他 27 億ドル）が含まれている。CHIPS 法の成立により，インテルやマイクロンの大型投資，TSMC やサムスンといった半導体トップ企業の誘致が実現した。しかも「CHIPS 法」では，半導体関連投資で米国政府から補助金を受けた企業は，中国を含む「懸念国」で 10 年間半導体関連の製造能力を拡張する投資ができないとの要件が付されている。同様に，「インフレ削減法」でも，2023年以後，EV 普及のための税額控除対象車の条件として，バッテリーに含まれる重要鉱物・部品調達を「懸念国」以外に限定するという要件が追加されている。

3.　国際連携の強化

バイデン政権は，トランプ政権の単独主義的な外交を批判し，同盟国・友好国との連携を強化することにより，中国に対抗していく姿勢を明らかにしている。そこでバイデン政権は，EU，英国，日本に対して，トランプ政権が課した 1962 年通商拡大法 232 条に基づく鉄鋼・アルミニウム製品輸入に対する追加関税の適用を除外し，一定数量まで追加関税を賦課しない関税割当（TRQ）を導入するなどの措置を講じることにより，同盟関係の修復に乗り出した。

次いでバイデン政権は，日米豪印戦略枠組み（Quad），米英豪安全保障枠組み（AUKUS）を形成し，また「自由で開かれたインド太平洋」（FOIP）の推進を目指す「インド太平洋戦略」（White House 2022a）に基づきインド太平洋経済枠組み（IPEF）を主導している。同様に，大西洋地域では，2021 年 6月に EU と米 EU 貿易技術評議会（TTC）を設立し，新興技術や通商分野での協力を進めている。2021 年末にバイデン政権が開催した「民主主義サミット」も，この文脈で捉えることができよう。

第3節　中国の政策対応

1.　中国の対外・対米認識

　米国の対中戦略とは異なり，中国の対米戦略が体系的に提示されることはない[4]。しかし2022年10月の中国共産党第20回党大会における習近平総書記の活動報告は，数少ない体系的な政策文書でもあり，少なくとも中国が目指す方向性を明らかにしてくれる。

　第20回党大会報告では，中国の今後5年間の目標・任務として，(1)質の高い発展，(2)ハイレベルの開放型経済体制の樹立，(3)社会主義法治体系の構築，(4)精神文化生活の向上，(5)社会保障体系の改善，(6)居住環境の改善，(7)国家安全保障の確保，(8)国際的地位と影響力の拡大が掲げられた（習近平 2022）。この報告は，もちろん現行の「第14次5カ年計画・2035年長期目標」に則り，内需拡大・供給側構造改革と民生福祉の増進，とくに分配，雇用，社会保障，グリーン発展を重視しているところに特徴がある。

　このうち，対米関係の前提となる対外認識では，「国家安全保障体系・能力の現代化の推進，国家安全保障と社会安定の確保」が独立した項目として取り上げられた。従来の党大会では改革開放を中心とする経済問題が活動報告の基調をなしていた。ところが，第20回党大会報告では「国家安全」に対する比重が格段に高まり，まず「総体的安全保障の貫徹」が強調された。これは2014年に習近平総書記が提示した「総体的安全観」に基づいており，「国家安全」に関わる領域として，政治，国土，軍事，経済，文化，社会，科学技術，情報，生態，資源，核の11領域があげられた（習近平 2014）。第20回党大会報告では，経済に加えて，重要インフラ，金融，サイバー，データ，バイオ，資源，核，宇宙，海洋にまで「国家安全」の領域が広げられた。

　対米関係では，かつて中国が提起した「新型大国関係」[5]のような考え方が掲げられることはなく，「大国同士の協調とプラスの相互作用を促進し，『平和共存，全般的安定，均衡発展』を旨とする大国関係の枠組みの構築を推進する」にとどまった。

　しかし第20回党大会報告では，(1)断固として一切の覇権主義と強権政治に
反対し，冷戦思考，内政干渉，ダブルスタンダードに反対する，(2)障壁の設
置やデカップリング，産業チェーン・サプライチェーンの寸断行為に反対し，
一方的な制裁や極限まで圧力をかける行為に反対する，(3)あらゆる形の単独
主義に反対し，特定の国への敵対陣営化や排他的グループに反対することが明
記されている。米国を名指し批判してはいないが，(1)は一般論であるとして
も，(2)と(3)はまさに対米関係から汲み取った経験に基づいている[6]。

2. 「自立自強」的発展の追求

　第20回党大会報告によると，「質の高い発展」は社会主義現代化国家の全面
的建設の「最重要任務」である。物的・技術的基盤がなければ，社会主義現代
化強国の全面的完成はありえないことから，科学技術の「自立自強」能力を著
しく向上させる必要があるとされる。ここでの目標は，製造強国，品質強国，
宇宙開発強国，交通強国，インターネット強国となること，「デジタル中国」
の建設を加速させることである。また「安全発展に関連する分野における不足
部分の補充を急ぎ，戦略的資源の安定供給能力を高める」ことが肝要とされ
る。具体的には，次世代情報通信，人工知能，バイオテクノロジー，新エネル
ギー，新素材，ハイエンド設備，グリーン・環境保護など，2010年に指定さ
れた「戦略的新興産業」を中心に新たな成長に向けてのエンジンの構築が求め
られている。こうして「国家安全」を基軸に「自立自強」で科学技術を振興
し，「質の高い発展」が目指されることとなった。

3. グローバル・ガバナンスへの積極的関与

　第20回党大会報告では，大規模国内市場の優位性に依拠し，国内大循環を
主体として国内・国際循環が相互に促進しあう新たな「双循環」発展モデルが
あらためて確認された。同時に，国際分業体制に深く参与し，多角的で安定し
た国際経済，経済関係の維持も求められている。それにも増して重要なメッ
セージは，「中国の国際的地位と影響力をさらに高め，グローバル・ガバナン

スにおいてより大きな役割を果たす」ことである。「真の多国間主義を堅持し，国際関係の民主化を推進し，グローバル・ガバナンスのより公正で合理的な方向への発展を促す」ために，国連・国際法を基礎とする国際秩序，WTO，APECなどの多国間メカニズムに加えて，新興5カ国会議（BRICS）や上海協力機構（SCO）などを通して新興・発展途上国の発言力を高めることが強調されている。

　より具体的には，「反外国制裁・反内政干渉・反『管轄権域外適用』の仕組みを整える」ために，貿易戦争を契機として，外国政府の制裁・制限措置に対する報復を認める法制化が進められている（第2-1表）。たとえば，2020年12月施行の「輸出管理法」は，国際的義務・約束の履行，国際協調・協力の推進に加えて，まず「総体的安全観」が強調されている。これにより，「外国

第2-1表　外国政府の制裁・制限措置に対して報復を認める主要な中国法規

外国貿易法 （1994年～，2016年改正）	改正後，貿易面での他国の差別・禁止・制限措置に対して，対抗措置を採ることを認める。経済制裁に対して報復を認める中国初の法令である。
外国投資法 （2020年1月施行）	中国の国家支援による買収の増加に対する諸外国の監視強化に伴い導入された。中国人投資家への制限・差別的措置に対する相互措置を認める。
信頼できないエンティティリスト（2020年9月発布）	外国の制裁とブラックリストに応じて，中国企業・個人との市場取引を制限しようとする外国企業に対して賦課を伴う懲戒的措置を認める。
輸出管理法 （2020年12月施行）	大量破壊兵器や両用技術の輸出管制の国際的義務を履行するために制定されたが，貿易戦争により国家安全・産業保護がより重視されている。
不当域外適用阻止弁法 （2021年1月施行）	二次制裁などの外国法の不当な域外適用を阻止することを目的とする。国際的な規制や制裁措置に従って中国企業との商取引を停止する中国・外国企業に対抗策が適用される可能性がある。EUのブロッキング規制に相応。
データセキュリティ法 （2021年9月施行）	データに関連する投資・貿易，データ開発・利用の技術に関して，差別的禁止・制限措置に対して相互措置を認める。
反外国制裁法 （2021年6月施行）	外国の制裁・干渉・域外適用管轄権に対抗する法的手段として，中国企業・個人に対する外国政府の制裁遵守を罰する権限を中国政府に与える。
個人情報保護法 （2021年11月施行）	個人情報保護分野における差別的禁止・制限措置に対して対抗措置を認める。「EU一般データ保護規則」（GDPR）に相当。

（資料）「中国政府網」〈www.gov.cn〉より作成。

貿易法」,「国家安全保障法」,「情報セキュリティ法」,「原子力安全法」,「関税法」,「行政許可法」,「行政処罰法」のほか,「刑法」規制措置の実施など, 関連業務に強力な法的根拠が提供されるようになった（国務院新聞弁公室 2021）。

　「法治建設」の動きは,「第 14 次 5 カ年計画」（第 59 章「依法治国の全面推進」）でも重視されており, 2021 年 1 月の「法治中国建設計画（2020〜2025）」（第 25 章「渉外法治工作の強化」）では, 多国間のルール・メイキングへの参画, 中国法の域外適用の導入が強調されている（渡邉ほか 2021）。中国は諸外国の経験を参考にして, 自国の法規を国際規範とすり合わせながら, グローバル・ガバナンスに積極的に関与する方針を掲げている。

おわりに

　米中貿易戦争, コロナ禍, ウクライナ戦争を経験して, 世界では国際経済を安全保障の観点から捉えようとする風潮が強まっており, 米中関係はまさにその焦点となっている。実際に米中両国では, 食料やエネルギー資源の供給体制を確立し, 先端技術の移転に留意するとともに, その開発・生産能力を増強するための産業政策が展開されている。中国の産業政策を厳しく批判してきた米国においても, 政府補助金に支えられた産業振興が進められている[7]。

　しかしながら, 経済安全保障を確保するアプローチには顕著な差異がみられる。バイデン政権下の米国が同盟国・友好国との連携強化を通してその実現を図ろうとしているのに対して, 中国は国際協調・協力を唱えながらも「自立自強」を基本路線としている。このような対照的な動きは, 米国が覇権国としての地位を漸次低下させる一方で, 台頭著しい中国が覇権国に対する挑戦者の道を全力で駆け上がっているという客観的事実を反映しているともいえる。「自立自強」を主張する中国が, 皮肉なことに, 半ば機能不全に陥った国連やWTO など, パックス・アメリカーナのもとで構築された多国間枠組みの新たな擁護者として主体的な役割を演じようとしているのである。

＊本論は専修大学社会科学研究所特別研究「グローバルサウスと中国」（2023年度）の研究成果の一部である。

[注]
1）トランプ政権の成立前後から2020年1月の米中通商協議第一段階合意にいたる米中経済関係については，大橋（2020）を参照。
2）トランプ前政権は2020年10月に「国家安全保障戦略」に基づき「重要・新興技術のための国家戦略」を発表した。ここで提示された20分野からなる「重要・新興技術（C & ET）リスト」は，その後，2022年2月にバイデン政権の国家科学技術会議（NSTC）により更新されている（White House 2022b）。
3）1988年包括貿易競争力法が1950年国防生産法（DPA）721条を修正して設けた外資規制条項。
4）中国の対米通商関係に関する数少ない包括的な文献としては，米中貿易戦争に関する2つの「白皮書」（白書）・国務院新聞弁公室（2018），（2019）がある。
5）2013年6月のオバマ・習近平非公式会談では，中国側の報道によると，(1)「衝突せず，対抗せず」，(2)社会制度と発展の道及び「核心利益と重大な関心事」の「相互尊重」，(3)「協力・ウィンウィン」からなる「新型大国関係」が合意されたという（『新華網』2013年6月9日）。しかし「新型大国関係」は，中国の大国としての地位と「核心的利益」を是認することにつながりかねないことから，米国は「新型大国関係」の使用を回避してきた。
6）第20回党大会報告の経済分野の基調論文となったとみられる劉鶴（2022）では，「一部の国がわが国に対しデカップリング，サプライチェーンの切断を企図している」と述べられている。ここで「一部の国」が米国を指していることは明らかである。
7）「CHIPS法」の法制化の過程では，産業10団体が「前例のない市場介入」を回避すべきであるとの書簡を政府・議会に送付している（*Bloomberg*, April 14, 2022）。

[参考文献]（機関名が明記されているものは当該機関の Web サイト掲載分）
大橋英夫（1998），『米中経済摩擦―中国経済の国際展開』勁草書房。
大橋英夫（2020），『チャイナ・ショックの経済学―米中貿易戦争の検証』勁草書房。
渡邉真理子・加茂具樹・川島富士雄・川瀬剛志（2021），「中国のCPTPP参加意思表明の背景に関する考察」RIETI Policy Discussion Paper Series 21-P-016.
BIS (2022), "Commerce Implements New Export Controls on Advanced Computing and Semiconductor Manufacturing Items to the People's Republic of China (PRC)," Bureau of Industry and Security, Department of Commerce, October 7.
DOC (2022), "Remarks by U.S. Secretary of Commerce Gina Raimondo on the U.S. Competitiveness and the China Challenge," Department of Commerce, November 30.
DOD (2022), "Fact Sheet: 2022 National Defense Strategy," Department of Defense, March 28.
House (2021), "McCaul Brings Transparency to Tech Transferred to Blacklisted Chinese Companies," Foreign Affairs Committee, October 21 < https://gop-foreignaffairs.house.gov/press-release/mccaul-brings-transparency-to-tech-transferred-to-blacklisted-chinese-companies/>.
Hufbauer, Gary Clyde and Megan Hogan (2022), "Washington Won't Chip Away at China's Military with Semiconductor Sanctions," EASTASIAFORUM, December 11 <https://www.eastasiaforum.org/2022/12/11/washington-wont-chip-away-at-chinas-military-with-semiconductor-sanctions/#more-1411604>.
USCBC (2022), "USCBC Views on the "Make It in America Act"/USICA and the America COMPETES Act," US-China Business Council, March 9.

USTR (2021), *2021 Trade Policy Agenda and 2020 Annual Report*, United States Trade Representative, March.

USTR (2022), *2021 Report to Congress on China's WTO Compliance*, February.

White House (2017), *National Security Strategy of the United States of America*, December 18.

White House (2021), *Building Resilient Supply Chains, Revitalizing American Manufacturing, and Fostering Broad-Based Growth: 100-Day Review under Executive Order 14017*, June.

White House (2022a), *Indo-Pacific Strategy of the United States*, February.

White House (2022b), "Technologies for American Innovation and National Security," February 7.

White House (2022c), "Fact Sheet: President Biden Signs Executive Order to Ensure Robust Reviews of Evolving National Security Risks by the Committee on Foreign Investment in the United States," September 15.

White House (2022d), *National Security Strategy*, October 12.

国務院新聞弁公室（2018）「関於中美経貿摩擦的事実与中方立場」『新華網』9 月 24 日。

国務院新聞弁公室（2019）「関於中美経貿磋商的中方立場」『新華網』6 月 2 日。

国務院新聞弁公室（2021）「中国的出口管制」『新華網』12 月 29 日。

劉鶴（2022）「把実施拡大内需戦略同深化供給側結構性改革有機結合起来」『人民日報』11 月 4 日。

習近平（2014）「堅持総体国家安全観　走中国特色国家安全道路」『新華網』4 月 15 日。

習近平（2022）「高挙中国特色社会主義医大旗幟　為全面建設社会主義現代化国家爾団結奮闘─在中国共産党第二十次全国代表大会上的報告」『新華網』10 月 25 日。

（大橋英夫）

第3章

東アジアの生産ネットワークと外的ショックの影響

はじめに

　東アジア，北米，欧州では，グローバル・バリューチェーン（GVC）の精緻な形として，機械産業を中心とした国際的生産ネットワークの構築が進んでいる。新型コロナウイルス感染症（COVID-19）の世界的な蔓延当初，グローバリゼーションはもう終わったなどと声高に叫ばれることもあったが，果たして東アジアの生産ネットワークはどうだったのか。月次レベルの貿易統計を用いた分析によれば，過去のショックと同様，一時的には負の影響が認められるものの，とりわけ東アジアの生産ネットワークは，コロナ禍でもむしろその頑強で強靭な性質を呈している。

　また，米中貿易紛争が勃発すると，デカップリングの議論が盛んに行われるようになった。米国は，追加関税から輸出管理規制の強化へと舵を切り，直近ではさらなる規制強化を進めている。現在利用可能な貿易や企業関連の統計，計量的な実証分析からは，どのような影響が確認されるだろうか。直近のさらなる規制強化の影響は大いに懸念されるが，少なくとも米中関税戦争や2020年までに導入された輸出規制強化の影響は，いずれも限定的である。台湾系企業への影響や，特定企業を含んだサプライチェーンへの負の影響は認められるが，東アジアの生産ネットワークが再編されているというほどのエビデンスは現時点ではない。

　本稿ではこれらの影響を具体的に見ていく。第1節ではCOVID-19の影響に，第2節と第3節では，米中貿易紛争として追加関税や2020年までに導入された輸出管制強化の影響に焦点を当てて，エビデンスベースで東アジアの生

産ネットワークへの影響を議論する。そして第4節で，今後の懸念や課題について議論し本稿を締めくくる。

第1節　コロナ禍における東アジアの生産ネットワーク

　東アジア（北東アジアと東南アジアを含む）では，所得水準の異なる多くの国を巻き込む形で生産ネットワークが展開されている。生産工程レベルでの国際分業は，域外に広がれば，輸送費や通信費等の物理的費用が増すだけでなく，生産工程間のコーディネートや望ましいタイミングでの部品調達もしづらく，質の高いロジスティクスリンクも不可欠となるため，地理的に近い域内で形成される傾向にある。しかし，東アジアの生産ネットワークは，域内外のリンクが強い。経済規模や地理的距離などの基本的な要素を考慮した上で機械貿易額を評価するために，Ando et al.（2022）では，重力モデル分析から理論値を推計し，実測値と比較している。2019年の値をみると，東アジアの場合，域内向けで1.5，北米向けで2.1，欧州向けで1.5と，域内・域外ともに実際の貿易額が理論値を大きく上回る。東南アジア諸国連合（ASEAN）に限れば，いずれの値も一段と高くなる。域外向けがほぼ理論値水準かそれを大幅に下回っている北米や欧州とは対照的である。東アジア，とりわけASEANは，域内のみならず，北米や欧州の生産ネットワークにとっても重要な供給者となっていると言えよう。同年における産業別，部品・完成品別機械輸出上位20カ国をみても，一般・電気機械，精密機械の部品では半分が，完成品でも3〜4割が東アジア諸国・地域である。東アジアは，世界のなかでも，とくにこれらの機械部品・完成品の供給者として重要な地位を築いており，生産ネットワークを活用して競争力を維持している。

　コロナ禍での影響を見るために，世界全体に加え，大規模な生産ネットワークが構築されている東アジア，北米，欧州の機械輸出を見てみよう。第3−1図から明らかなように，産業による違いはあるものの，いずれの地域でも2020年4月〜5月を底としてV字回復している。なかでも東アジアの落ち込みは他地域よりはるかに小さい。とくに一般機械完成品は，ノートPCなどへ

の需要の急増を反映して，2020年4月の時点でコロナ禍前の水準を超えたほどである。同年7月には一般機械，電気機械，精密機械の完成品・部品のいずれもコロナ禍前の水準に戻っており，世界全体（9月）と比較しても，東アジアの回復時期は早い。また，もっとも負の影響が大きい輸送機器に関しても，北米や欧州では前年同月比で最大8割ほど減少したのに対し，東アジアでは約4割減にとどまっている。

　そのような頑強で強靭な性質の背景には何があるのか。日本の機械貿易について詳細な統計を用いて分析したAndo et al.（2021）では，貿易額が一時的に減少することはあっても生産ネットワークの中での取引関係は途切れにくいことが確認されている。企業は費用削減とリスクマネージメントを考慮しつつ，多大な固定費用をかけて取引関係を築き，生産ネットワークの最適化を図っている。また，世界の主要国を対象とした分析として，Ando and Hayakawa（2022）ではCOVID-19によって不確実性が急速に高まった時期において部品輸入の多元化が完成品輸出への負の影響を軽減したことが，Hayakawa et al.（2023b）では輸入国での電子商取引市場の発展が感染拡大による輸入減少を和らげたことが，統計的に示されている[1]。さらに，先述の日本の分析では，テレワークやステイホーム関連などCOVID-19ゆえに特需が生じた製品による正の需要ショックが，負の供給ショックや負の需要ショックを部分的に相殺したことも明らかになっている。

　東アジアでは，操業規制の例外などといった生産ネットワークを重視した政策対応がとられたことや，他地域より感染拡大が抑えられていたことで負の供給・需要ショックが相対的に小さかったことに加え，電子商取引がしやすい製品や正の需要ショック製品による影響が大きかった。既述したように，東アジアは，とくにこれらの機械部品・完成品の供給者として重要な地位を築き，生産ネットワークを活用して競争力を維持している。それが，コロナ禍での負の影響の抑制につながったと考えられる。

　2021年になると，半導体不足，コンテナ不足，デルタ株の出現などといった新たな課題も発生し，その影響が懸念された。実際，東アジア諸国の中でも一時的に輸出が下落した国・業種はある。その背景には，感染拡大の影響のみならず，電気自動車への生産移行の加速，5Gスマホの需要増，HDD型から

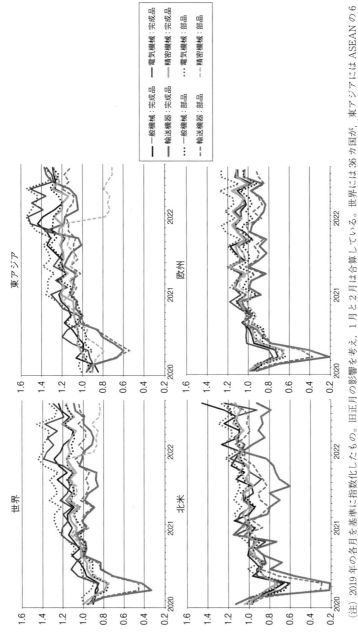

第 3 - 1 図　2020 年から 2022 年 9 月までの機械輸出

(注) 2019 年の各月を基準に指数化したもの。旧正月の影響を考え、1 月と 2 月は合算している。世界には 36 カ国が、東アジアには ASEAN の 6 カ国、中国、台湾、香港、韓国、日本が、北米には米国、カナダ、メキシコが、欧州には EU の 14 カ国、英国、スイスが含まれる。機械部品は Kimura and Obashi (2010) の定義に基づいており、部品以外の機械製品を機械完成品とみなしている。
(資料) Global Trade Atlas をもとに作成。

SSD 型ノート PC への需要移行といった構造的変化もある。しかし，第 3-1 図が示すように，他地域と違って，少なくとも東アジア全体としてはコロナ禍前を上回る水準を維持している。

　さらに，2022 年には，ロシアのウクライナ侵攻，中国の「ゼロコロナ」政策の継続，米国の輸出管理強化など，さまざまな直接的・間接的懸念材料が生じた。半導体への需要増加を反映してか，世界全体で 2019 年と比べた 2022 年の増加率が最も高いのは電気機械部品である。とりわけ，東アジアの電気機械部品の伸びは大きい。その一方で，東アジアの精密機械部品は 2019 年水準以下に落ち込んでおり，世界全体で見ても，その増加率が最も低い[2]。ただし，その主要輸出国である中国と日本の 2 カ国について，注 2 で言及した HS85 の新設項目を旧分類の精密機械部品とみなして 2022 年の貿易額を計算してみると，精密機械部品でも世界や東アジアでコロナ禍前の水準かそれ以上となる傾向が確認できる。また，2022 年に入って急増している世界や東アジアの電気機械完成品について逆の計算をすると，これらの増加率は若干下がるものの，基本的な傾向は変わらない。したがって，9 月までの動向を見る限り，すべての機械完成品・部品において，東アジア全体としては 2022 年もコロナ禍前の水準を上回り，多くのケースで 2021 年よりも輸出が拡大する傾向にあると言えよう。北米や欧州では，輸送機器産業でコロナ禍前の水準を下回ることもあり，それ以外の機械産業でもコロナ禍前の水準かそれをやや上回る程度にとどまっていることを鑑みれば，東アジアの好調さがうかがえる。

第 2 節　米中貿易紛争：追加関税の影響

　2018 年 7 月以降，米国は通商法 301 条に基づき，幾度にも渡って中国からの輸入に対して追加関税[3]を課し，こうした一連の追加関税措置に対抗する形で，中国も米国からの輸入に対して追加関税を課した。その結果，たった 2 年間で米中間の平均関税率は急激に上昇した（第 3-2 図）。これまでの研究において，追加関税を課された品目の輸出は互いに大きく減少したが，輸出単価に変化はなく，追加関税分はそのまま消費者が負担する形になっていること[4]や，

第3-2図　米国の対中関税と中国の対米関税（%）

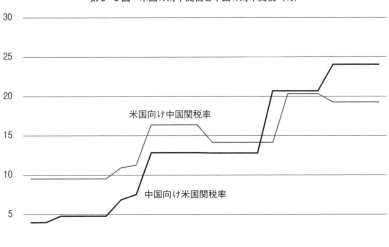

（資料）World Integrated Trade Solutions 及び官報をもとに作成。

　中国から輸入した中間財を利用して米国で生産される下流製品の近隣諸国への輸出が減少したという，サプライチェーンを通じた影響が統計的に認められている[5]。いずれも，追加関税による自国民や自国産業への負担の大きさを示唆している。では，この米中間の関税ショックが東アジアの貿易や生産ネットワークにどのような影響を与えたのだろうか。以下では，日本・韓国・台湾とASEAN に分けて議論していく。

1.　日本・韓国・台湾への影響

　日本，韓国，台湾に着目すると，米中関税戦争は，台湾に大きな影響をもたらした一方で，日本や韓国の米国向け，中国向け輸出には大きな変化をもたらしていないことが明らかになっている。たとえば，Hayakawa et al.（2022）は機械産業に着目し，中国の対米完成品輸出の減少が東アジア諸国の中国向け中間財輸出にどのような影響を与えたかを統計的に分析した。その結果，日本や

韓国の中間財輸出は大きく変化していない一方で，台湾の輸出への影響は大きく，中国の対米完成品輸出が1％減少すると，台湾の対中部品輸出が平均的に0.8％減少するという量的影響が観察された。また，Yang and Hayakawa（2022）では，中国の対米輸出の代わりに日本，韓国，台湾の対米輸出が増加したかを検証したところ，日本と韓国では大きな変化は認められなかった。その一方で，台湾の対米輸出は大きく増加するとともに，台湾の対中中間財輸入も大きく増加したことが明らかになっている。

このような日本・韓国と台湾の違いの要因の一つに，中国における現地法人の役割の違いが挙げられる。日系や韓国系は主に中国市場向けの生産基地となっている。たとえば，経済産業省の海外事業活動基本調査で在中国・日系製造業現地法人の調達元・販売先比率を見ると，少なくとも2012年以降，いずれも半分以上を現地（中国）が占め，北米向けはほとんどゼロである。また，第3-3図は，日本企業による米国販売額を，在米現地法人による現地販売，日本からの対米輸出，米国以外の現地法人からの対北米輸出（カナダも含む）別に見たものであるが，日本企業による米国市場アクセス手段として最も主要なのは在米現地法人による現地販売である。したがって，在中国・日系現地法人は以前から北米市場にはあまり販売しておらず，米中関税戦争の直接的な影響は受けづらい構造になっていたと考えられる。

第3-3図　日本企業による米国販売額と市場アクセス手段（販売・輸出額，製造業，兆円）

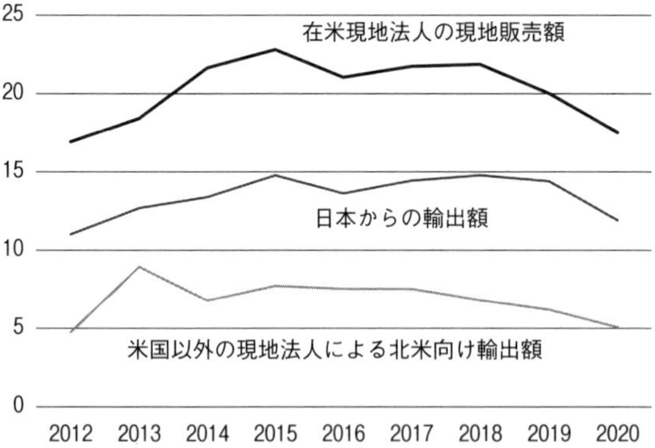

（資料）BACI（CEPII），海外事業活動基本調査（経済産業省）をもとに作成。

第 3-1 表　台湾系輸出企業の地域割合（%）：企業数ベース

	台湾	中国・香港	ASEAN	アメリカ大陸	欧州	その他
化学品	91	3	1	1	0	4
プラスチック・ゴム	90	6	3	0	0	1
縫製品	62	4	30	1	0	3
卑金属製品	93	6	1	0	0	0
電子製品	57	31	4	2	1	5
一般機械	85	10	1	1	0	3
電気機械	28	68	4	0	0	0
情報通信機械	10	77	3	5	3	2
輸送機械	93	6	1	0	0	0
精密機械	55	44	1	0	0	0
鉱物	99	0	1	0	0	0
その他	41	52	6	0	0	1
合計	48.4	42.4	3.2	2.2	1.3	2.5

（資料）外銷訂單海外生産實況調査結果（MOEA）をもとに作成。（資料）外銷訂單海外生産實況調査結果（MOEA）をもとに作成。

　一方，台湾系は主として米国市場向けの輸出基地となっているため，追加関税によって中国の対米輸出が難しくなると，一部生産ラインを台湾内に移して台湾から輸出するようになり，その生産に必要な中間財をすべて台湾内で調達しきれないために中国からの部品調達が増えたと考えられる。第 3-1 表は，台湾系輸出企業の所在地別割合を示したものであるが，全産業では，台湾と中国が拮抗しているのに対し，電気機械や情報通信機械産業では，台湾系企業による輸出の 7 割，8 割（企業数ベース）が中国で生産されており，中国が台湾系企業にとって重要な輸出拠点になっていると示唆される。

2.　ASEAN への影響

　ASEAN 諸国については，米国が中国に追加関税を課した製品に関して，中国からの輸入や米国への輸出を増加させた国があることが統計的に明らかになっている（Hayakawa, 2022）。前者は米国市場への輸出が困難になって行き場を失った中国製品が流入している，後者は中国による輸出を代替していると考えられ，これら 2 種類の増加はそれぞれ異なった国で観察される傾向にあ

る。ただし，カンボジアやベトナムではどちらの貿易も増加しており，米国に
よる追加関税回避を目的とした中国からの迂回輸出，すなわち，中国から輸入
された製品が，十分な変化がないまま，カンボジア産もしくはベトナム産とし
て米国に再輸出されているようなケースも含まれるかもしれない。

　ASEANにおける直接投資や外資系企業の活動を見てみよう。第3-4図は，
日系現地法人の進出・撤退状況を示している。コロナ禍の影響の大きい2020
年を除けば，中国からの撤退企業数は2016年を底にむしろ減少傾向にある一
方で，ASEANへの進出企業数が増加傾向にあるとは言い難い。また，在
ASEANの日系製造業現地法人の販売先を見ても，先ほどの中国のケースと同
様，少なくとも2012年以降，北米向けの比率は数％程度でほとんど変化がな
い。したがって，一部の生産を中国からASEANに移管した企業も多少はい
るものの[6]，米中関税戦争を機に，際立って大きな生産・輸出拠点の変化が起
きたとは言えない[7]。

　日系企業のケースとは異なり，ASEANに進出してきた中国系企業の影響は
大きいかもしれない。製造業分野におけるASEANへの直接投資額をみると，

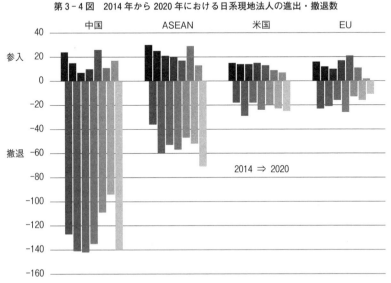

第3-4図　2014年から2020年における日系現地法人の進出・撤退数

（資料）海外事業活動基本調査（経済産業省）をもとに作成。

中国からの投資が近年急増しており，2020年にいたっては，コロナ禍という特殊な年とは言え，日本を上回るほどである（第3-5図）。とくに，ベトナムにおける中国系製造業企業の増加は顕著であり，2016年から2020年にかけて倍増している（第3-2表）。中国系製造業企業のASEAN進出増加に伴って，在ASEAN中国企業による米国向け輸出が増えている可能性がある。

第3-5図　アセアンの対内直接投資額（フロー，10億米ドル，製造業）

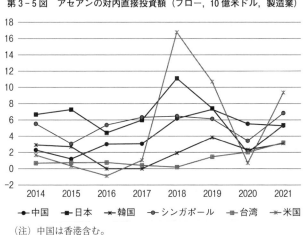

（注）中国は香港含む。
（資料）ASEANStat（ASEAN事務局）をもとに作成。

第3-2表　ベトナムの製造業における企業数

企業国籍	企業数			平均従業員数		
	2016	2020	増加率	2016	2020	増加率
中国本土	862	1,743	102%	304	386	27%
香港	57	125	119%	1,053	958	-9%
台湾	1,559	1,758	13%	644	626	-3%
日本	1,160	1,276	10%	472	421	-11%
韓国	2,210	3,112	41%	527	406	-23%
米国	104	126	21%	287	388	35%
シンガポール	96	101	5%	428	542	27%
その他	718	849	18%	442	398	-10%

（資料）Enterprise Survey for 2017 and 2021（General Statistics Office of Vietnam）をもとに作成。

第3節　米中貿易紛争：輸出規制の影響

　米国は，2018年8月における輸出管理改革法の再立法化を皮切りに，輸出側からの規制も強化し始めた。輸出管理規則（EAR）による許可申請の必要性の有無は，対象製品，輸出先国，輸入者，輸出用途などにより異なるが，米国の安全保障・外交政策上の利益に反する顧客等のリストであるエンティティリスト（EL）に掲載されている者とEAR対象品目にかかる取引を行う場合，特定のライセンス条件に従うことが義務づけられている。2019年5月，このELに華為技術（ファーウェイ）などが追加された。ファーウェイのサプライチェーンにはソニー，三菱電機，パナソニックなど日本の大企業も含まれることから，日本企業にも大きな影響を及ぼすと不安視されたが，規制対象が米国原産品を25％以上含む品目に限定されていたこともあり，2019年に目立った影響は聞かれなかった[8]。

　2020年5月，米国はさらに輸出規制を強化し，米国由来の技術またはソフトウェアを直接用いて製造された直接製品が，ファーウェイなどが設計したチップセットなどの生産・開発に使用される場合にも事前許可が必要になった（外国直接製品ルール（FDPR））。さらに，2020年8月には，ファーウェイなどが購入，注文する部品・機器の直接製品も規制対象となった。これらの輸出規制強化を受けて，2020年8月には台湾の情報技術企業によるファーウェイ向けの駆け込み輸出が起こったものの[9]，9月中旬以降には，ファーウェイへの出荷を停止した企業が出てきた[10]。ただし，5Gレベルに達しないなど，輸出品目の技術水準によってケースバイケースで審査されるため，たとえば米半導体大手のクアルコムが通信規格4Gのスマートフォン向け製品で，米インテルがパソコン向けと見られる製品で，ソニーが画像センサーで，ファーウェイへの供給許可を得ており[11]，自動車部品用半導体でも輸出許可がおりている[12]。

　第3-6図は，半導体（HS8541），集積回路（HS8542），（ファーウェイ向け製品として）電話機及びその他の機器（HS8517）の日本，韓国，台湾，米国から中国への輸出額について，FDPRが厳しくなった2020年5月を1として

第3-6図　輸出管理対象品目の中国向け輸出 (2020年5月=1)：日本、韓国、台湾、米国

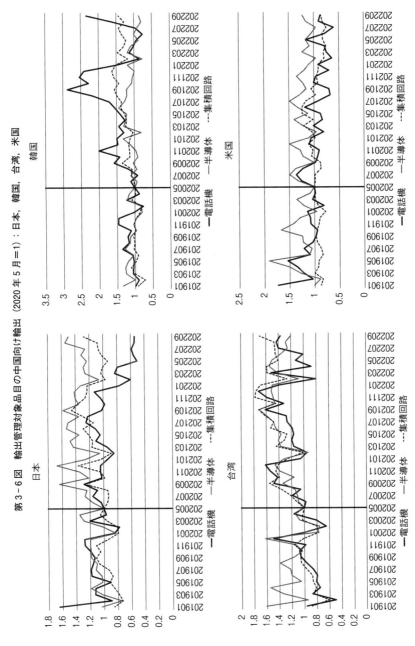

（資料）Global Trade Atlas をもとに作成。

基準化した値を示したものである。日本の 2021 年下半期以降の電話機関連製品や米国の電話機関連製品や集積回路は減少傾向にあるように見えるが，それ以外のケースは，あまり変わらないか，むしろ増加傾向にある。同一コード内の商品に共通して課される追加関税と違って，EAR の場合には最も細かい貿易商品コードで見たとしても規制の対象とそうでないものがあり，貿易統計での捕捉には不十分な部分もあるが，少なくとも単純な貿易額の推移からは，一部のケースを除き，米国の輸出管理強化による顕著な影響は見てとれない[13]。

　ただし，中国向け輸出の減少が統計的に確認されているケースは確かにある。第 3 - 6 図で 2021 年の下半期以降減少傾向を示す日本の電話機関連製品に着目してみよう。Hayakawa et al.（2023a）では，この製品について，輸入国における需要変化や日本における技術変化などの影響を除去した上で，米国のFDPR が日本の対中輸出に与えた影響を検証している。その結果，確かにFDPR 厳格化後に，当該製品の中国向け輸出は 2～3 割減少したことが明らかになっている[14]。

第 4 節　今後の懸念と課題

　COVID-19 や米中貿易紛争の東アジア生産ネットワークへの影響は現時点では限定的であるとは言え，第 2 節で示した通り，中国を米国への輸出拠点としてきた台湾企業は再編を迫られている。さらに，中国企業による ASEAN進出の増加は，今後の ASEAN における生産環境を変える可能性がある。現地労働市場を逼迫させ，賃金の上昇スピードを加速させかねない一方，中国企業の進出により裾野産業が拡大するかもしれない。近年，中国国内の賃金上昇により，もはや中国では労働集約的な産業は必ずしも競争力を持たなくなりつつある。これに ASEAN における裾野産業の成長が加わると，さらに中国の優位な産業範囲が縮小し，脱中国，さらなる ASEAN シフトが日本企業においても進むかもしれない。

　また，今後懸念されるのは，米国が 2022 年 10 月，中国を念頭に，最先端の半導体やその製造装置，先端コンピューティング，スーパーコンピュータなど

の半導体関連製品に対する輸出規制をさらに強化したことである。これまでは規制の対象が特定企業に限定されていたが，この規制強化で在中国・日系現地法人を含め中国にいる全企業が対象となった。中国向けの輸出全体に網をかける形になるため，これまでとは比べ物にならないほどの影響が出る可能性がある。実際，TSMC は中国の AI チップ開発企業との取引を中止したり[15]，アップルも中国の半導体企業の製品を iPhone などに採用する計画を保留した[16]。この規制強化により，最先端技術を必要とする製品に関する国際的な生産ネットワークから中国を切り離す動きが加速するかもしれない。

　感染症の影響は時間とともに縮小していく一方，関税や輸出規制の影響は，そのルールが変更されない限り，永続する。関税率の変化は，自由貿易協定に基づく削減，貿易救済措置による上昇など，これまでも経験してきたショックであり，費用変化に応じた生産拠点・販売チャネルの再編が行われていく。一方，近年の輸出規制は利用する技術水準を規定するものであり，企業が事業再編に際して考慮すべき新しい要素となる。この新たな制約条件の追加により，これまでとは質，規模ともに異なったレベルの再編が必要となるかもしれない。そして，輸出規制は今後もさらに厳しくなることはあっても，緩和されることはしばらくないであろう。これを所与とするならば，各国政府は正確な情報やコンサルティング・サービスの提供を通じて，企業活動を支えていくことが重要である。

[注]
1）フランス企業の統計を用いて中国における感染第 1 波の影響を分析した Lafrogne-Joussier et al. (2022) では，中国から調達していた企業ほど国内販売，輸出ともに減少したことに加え，在庫量の多い企業ほど負の影響が小さかったことが示されている。
2）2019 年における精密機械部品の主要輸出国を見ると，第 1 位が中国（世界輸出の 22%），第 2 位が日本（10%）である。いずれの国でも 2022 年の当該輸出は減っており，とりわけ中国の減少が著しい。2022 年の世界全体や東アジアの精密機械部品の大幅な減少の要因としては，2022 年から貿易統計分類（HS）が 2022 年版となり，これまで精密機械部品に分類されていた HS901380 の貿易の大部分が，2022 年版で新設された HS8524（フラットパネルディスプレイモジュール）として計上されていることが考えられる。この HS8524 は部品と完成品が混在していると思われるため，部品とはみなしておらず，この図で HS8524 は電気機械完成品に分類されている。
3）米国は，中国からの輸入に対し，2018 年 7 月に第 1 弾目の対象品目に 25%，8 月に第 2 弾目の対象品目に 25%，9 月に第 3 弾目の対象品目に 10% の追加関税措置を課し（2019 年 5 月に 25% に引き上げ），さらに，2019 年 9 月には第 4 弾目の対象品目の一部に 15% の追加関税措置を適用し

た。

4）たとえば，Amiti et al.（2019, 2020），Fajgelbaum et al.（2020），Ma et al.（2021）などを参照せよ。

5）たとえば，Mao and Görg（2020）などを参照せよ。

6）「2019年度 アジア・オセアニア進出日系企業実態調査（JETRO）」によると，在中国の日系現地法人の9％程度は生産地を移管する（移管済や時期未定を含む）と回答し，移管先としてとくにベトナムやタイ，フィリピンなどのASEAN諸国を挙げている。

7）総額ベースで在ASEAN日系現地法人による北米向け販売が小さいことや目立って増加していない理由としては，移管していた販売規模が小さいことや，大企業は既に在米現地法人を有し，現地生産・現地販売を行っていることなどが考えられる。

8）ファーウェイに部品などを納入する日本のサプライヤー約30社を対象とした日本経済新聞社の調査によれば，EL入りを機に取引を完全にやめた企業は1社もなかった。https://www.nikkei.com/article/DGKKZO50417540Q9A930C1TJ1000/

9）半導体設計開発で台湾最大手の聯発科技（メディアテック）では，次世代通信規格5G対応したスマートフォンに搭載する半導体の新規受注が急増し（42％），単月として過去最高の売上高を記録した。同様に，台湾積体電路製造（TSMC）でも単月として過去最高の売上高・16％の大幅増収となった。https://www.nikkei.com/nkd/industry/article/?DisplayType=2&n_m_code=034&ng=DGKKZO63816960U0A910C2FFJ000

10）たとえば，TSMC，メディアテック，米クアルコム，韓国のサムスン電子，韓国のSKハイニックスなどが挙げられる。https://www.nikkei.com/article/DGXMZO64178390U0A920C2000000/

11）https://www.nikkei.com/article/DGXMZO66322650X11C20A1FFE000/

12）https://jp.reuters.com/article/usa-china-huawei-tech-idJPKBN2FQ056

13）細品目レベルで見たとしても，EARを受けて最先端製品から最先端でない製品に対する代替需要が生まれれば，同一の貿易商品コード内で輸出が増加する商品と減少する商品が混在することになる。

14）この分析でも，同一商品内の製品間における技術水準の違いがもたらす影響は除去できていないため，もし最先端でない製品に対する代替需要が発生していれば，量的効果はさらに大きくなるかもしれない。

15）https://www.bloomberg.co.jp/news/articles/2022-10-23/RK6H9VDWRGG001

16）https://www.nikkei.com/article/DGKKZO65212340X11C22A0FFJ000/

[参考文献]

Amiti, M., Redding, S., and Weinstein, D. (2019), "The Impact of the 2018 Tariffs on Prices and Welfare," Journal of Economic Perspectives, 33 (4): 187-210.

Amiti, M., Redding, S., and Weinstein, D, (2020), "Who's Paying for the US Tariffs? A Longer-Term Perspective," AEA Papers and Proceedings, 110: 541-46.

Ando, M., Kimura, F., and Obashi, A. (2021), "International Production Networks Are Overcoming COVID-19 Shocks: Evidence from Japan's Machinery Trade," Asian Economic Papers, Vol. 20, No. 3. 2021. pp.40-72.

Ando, M., Kimura, F., and Yamanouchi, K. (2022), "East Asian Production Networks Go Beyond the Gravity Prediction", Asia Economic Papers, Vol.21, No.2, pp.78-101.

Ando, M. and Hayakawa, K. (2022), "Does the Import Diversity of Inputs Mitigate the Negative Impact of COVID-19 on Global Value Chains?", The Journal of International Trade and Economic Development, Vol.31 Issue.2, pp.299-320.

Fajgelbaum, P., Goldberg, P., Kennedy, P., Khandelwal, A. (2020), "The Return to Protectionism,"

Quarterly Journal of Economics, 135 (1): 1-55.

Lafrogne-Joussier, R., Martin, J., and Mejean, I. (2022), "Supply Shocks in Supply Chains: Evidence from the Early Lockdown in China," IMF Economic Review (2022). https://doi.org/10.1057/s41308-022-00166-8.

Hayakawa, K. (2022), "The Trade Impact of U.S.-China Conflict in Southeast Asia," IDE Discussion Papers 873, IDE-JETRO.

Hayakawa, K., Ju, H., Yamashita, N., and Yang, C. (2022), "Ripple Effects in Global Value Chains: Evidence from an Episode of the US–China Trade War," IDE Discussion Papers 853, IDE-JETRO.

Hayakawa, K., K. Ito, K. Fukao, and I. Deseatnicov (2023a), "The Impact of the Strengthening of Export Controls on Japanese Exports of Dual-use Goods", *International Economics*, 174, pp. 160-179.

Hayakawa, K., Mukunoki, H., and Urata, S. (2023b), "Can E-commerce Mitigate the Negative Impact of COVID-19 on International Trade?," *The Japanese Economic Review*, 74: 215-232.

Kimura, F. and A. Obashi (2010), 'International Production Networks in Machinery Industries: Structure and Its Evolution', *ERIA Discussion Paper Series*, No. 09, Jakarta: ERIA.

Ma, H., Ning, J., and Xu, M. (2021), "An Eye for an Eye? The Trade and Price Effects of China's Retaliatory Tariffs on U.S. Exports," China Economic Review, 69: 101685.

Mao, H. and Görg, H. (2020), "Friends Like This: The Impact of the US–China Trade War on Global Value Chains," The World Economy, 43 (7): 1776-1791.

Yang, C. and Hayakawa, K. (2022), "The Substitution Effect of U.S.-China Trade War on Taiwanese Trade," IDE Discussion Papers 864, IDE-JETRO.

（安藤光代・早川和伸）

第4章

米中対立とグローバル・バリュー・チェーンの再編

はじめに

　2018年春以降，米国による対中制裁関税の発動が続き，中国も報復関税をもってこれに対抗した。制裁と報復の応酬は米中貿易戦争と呼ばれるまでにエスカレートしていったのである。その後，米中対立は貿易だけでなく，通信技術や半導体などのハイテク技術を巡る技術覇権争いの様相を呈すようになった。また，ウクライナ危機ではロシアを非難する米国とロシアを擁護する中国という構図が浮き彫りとなり，改めて民主主義と専制主義といった米中間の政治体制の差異が意識された。さらに，米中間には中国のウイグル族に対する人権侵害を巡る対立や台湾を巡る対立も顕在化している。とくに台湾問題では台湾周辺海域における中国軍による大規模軍事演習の強行と，米国が艦船を派遣して警戒監視にあたるなど軍事的な緊張が一時期高まった。このように米中対立は，貿易，技術，政治，人権，軍事に至る広い分野で対立軸が露わとなり，短期的な解決は期待できない状況となっている。

　国家間で新たな対立が生まれ，デカップリング（分断）が引き起こされると，国境を越えた相互依存関係の深化によって構築された企業間の取引関係，すなわちグローバル・バリュー・チェーン（以下GVCとする）も大きな影響を受けることになる。本章では，米中対立によって影響を受けるアジア地域のGVCの現状把握，再編の要否，再編の方向性などを議論したい。

第 1 節　グローバル・バリュー・チェーン（GVC）の現状

1.　GVC の誕生

　戦後の世界経済は比較優位を原則とする自由貿易の通商秩序を是として発展してきた。自由貿易は国境を越えるモノの移動を促進しただけでなく，人や資本の移動も活発にした。企業は拡大する世界市場での競争に打ち勝つため，より最適となる生産立地を求め対外直接投資を重ねていった。国連貿易開発会議（UNCTAD）の統計によれば，2021 年末の世界の直接投資残高は 41 兆 7985億ドルと 1980 年比で 75 倍，2010 年比で 2 倍に拡大したのである。

　日本企業の海外直接投資は 1980 年代中ごろまでは消費市場の近くで製品製造やサービス提供を行う輸入代替型かつ地産地消型での進出が主流であった。サービス業では百貨店，国際輸送，不動産，銀行などが代表的な業種で，製造業では単位輸送費が高くなる白物家電や自動車など大きくて重たい耐久消費財が中心であった。その後，1985 年のプラザ合意による円高ドル安，1990 年代初頭の東西冷戦終結による世界市場の拡大など，日本を取り巻く世界経済の環境は劇的に変化した。世界市場の拡大は日本企業のみならず世界各国企業のグローバル化を加速させた。先進国企業はこれまでの地産地消的な投資に加え，輸出製品の低コスト生産のための直接投資を拡大していった。そして，2000年代以降，中国が世界の工場として頭角を現すと，製造業の生産工程は比較優位に応じた最適地生産がさらに進み，フラグメンテーション（断片化）と呼ばれる工程間分業が産業内，企業内で採用され，GVC も拡延していった。フラグメンテーションは従来の一貫生産が工程間分業へと分離されていくので，製品を構成する部品類も機構毎にモジュラー化されていった。フラグメンテーションによって，市場を介した部品やモジュラー取引が国境を越えて活発に行われるようになり，世界貿易額も急拡大したのである[1]。

　GVC とは特定の財やサービスが市場で提供されるまでの間に必要とされる材料，部品，サービスの供給ネットワークや付加価値連鎖のことである。自由貿易の進展は世界市場の拡大と企業のグローバル化を促し，国境を越えた企業

間の重層的な相互依存関係を深化させた。GVC はいうなれば，自由貿易が生み出した成果物である。

2.　GVC への参加率

　世界貿易機関（WTO）による自由貿易の推進に加え，環太平洋パートナーシップに関する包括的及び先進的な協定（CPTPP），地域的な包括的経済連携（RCEP）協定などの複数国間による大型の自由貿易協定（FTA）も発効した。また，日本貿易振興機構（JETRO）によれば世界で発効済みの 2 国間 FTA は 1990 年に約 20 件であったが，2000 年には約 60 件，2020 年には約 380 件にまで増加した[2]。

　自由貿易による国境を越えた相互依存関係が強まると，部品や加工品などの中間投入財のグループ企業内や市場を介した企業間取引が増加する。産業連関表に基づいて整理された経済産業研究所（RIETI）の貿易データベース（TID）で確認すると，1980 年の世界貿易総額に占める部品・コンポーネントのシェアは 9.2％であったが，2020 年には 17.3％へと大幅に増加した。GVC の規模を計測することは難しいが，世界貿易に占める部品・コンポーネント比率の上昇は，グローバル企業の生産拠点の配置や調達先が国境を越えて広く世界に分布したことの証左といっていいであろう。

　第 4-1 図及び第 4-2 図は OECD が定義する GVC への参加率[3]を示す。後方参加率は自国が中間財の調達国としての GVC への参加度合いを示す。後方参加率が高い国は自国の輸出生産に必要な中間財の輸入依存が高いことから，労働集約的な組立加工など，川下工程を担っていると推測できる。一方，前方参加率は自国が中間財の供給国として GVC に参加している度合いを示しており，中間財生産国であることを示すものである。

　第 4-1 図で後方参加率についてみると，OECD 加盟国は先進国 38 カ国の平均で，1995 年に 3.5％，ピークは 2012 年の 10.1％，2018 年に 8.4％となった。OECD 加盟国は先進国の集合体でもあるので，この図によると先進国においても，後方参加率が 2000 年代初頭から徐々に上昇したことが分かる。後方参加率が上昇するということは，中間財の輸入依存度が上昇したことを意味して

いる。この背景に何があったのかは詳細な分析を要するが，モジュラー化など
の生産技術の進展で人件費の高い先進国においても GVC への後方参加が以前
よりも容易となった可能性が推測できる。

　次に中国をみると，後方参加率は1995年に15.8％，ピークは2004年の
23.8％，2018年に17.2％となった。中間財を輸入して輸出品の生産を拡大し
てきた「世界の工場」中国も，産業構造の高度化などを背景に後方参加率を
徐々に低下させつつある。それでも，中国の後方参加率は OECD 平均と比
べ依然2倍超の水準にある。一方，東南アジア諸国連合（ASEAN）は1995
年に26.8％，ピークは2005年の32.7％，2018年も32.0％と高水準であった。
ASEAN は輸出生産に必要な中間投入財の3割超を輸入に依存する後方参加率
の高い地域であり，最終財などの後工程を担う生産地として GVC に参加して
いる様子がうかがえる。日本の後方参加率は近年になって急上昇しているが，
最終財の海外生産が進み分母となる輸出額が低下していることなどが背景にあ
るかもしれない。

　では，第4-2図が示す前方参加率について見てみると，図示したすべての
国・地域が1995年比で上昇したことが分かる。前方参加率は中間財の供給
国・地域としての GVC への参加を示しており，工業化の進んだ国・地域が高
い水準となる。この点，OECD の平均値は1995年に18.4％，ピークの2005
年に23.6％，2018年は19.7％と相対的に高い数値を示した。中国は1995年の
12.6％から緩やかに上昇を続け2018年に19.3％と先進国並み水準に到達した。
ASEAN は1995年の11.6％，ピークは2008年の17.4％，2018年は14.9％で
あった。日本と米国は25％超という高い水準にあった。

　さて，第4-1図と第4-2図で示した GVC 参加率をみると，いずれも1995
年以降，2000年代中ごろに一度ピークを迎えた後は緩やかな下降傾向がみら
れた。急拡大を続けてきた貿易・投資などの経済のグローバル化が2010年代
以降は横ばいに転じ，いわゆるグローバリゼーションが到達点を迎えたことを
示唆しているのかもしれない[4]。

第4-1図　GVCへの後方参加率

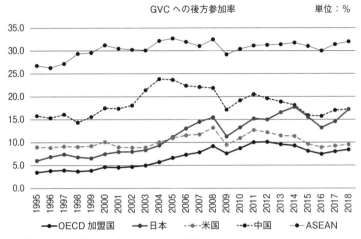

（注）OECD加盟国は日米含む38カ国の数値。
（資料）OECD"Trade in Value Added（TiVA）"より作成。

第4-2図　GVCへの前方参加率

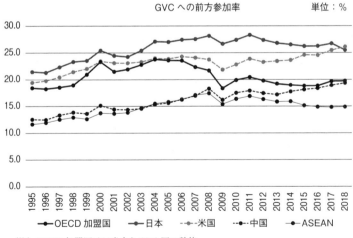

（注）OECD加盟国は日米含む38カ国の数値。
（資料）OECD"Trade in Value Added（TiVA）"より作成。

3.　アジア主要国の部品貿易動向

　既述のとおり世界貿易に占める部品・コンポーネントのシェアは過去 40 年間でおよそ 2 倍に増加し，後方か前方かを問わず主要国・地域の GVC 参加率は 1995 年比で概ね上昇したことを確認した。

　本項では世界で拡大した GVC が扱う中間財貿易について，貿易結合度によって国や地域間の結びつきの度合いを確認していく。輸出結合度の求め方は A 国の輸出に占める B 国への輸出シェアを，世界の輸出総額に占める B 国の輸入シェアで除したものとする。第 4 - 1 表はアジア等主要国の部品・コンポーネントの輸出結合度を示す。1.0 であれば世界平均と同等の結合度であり，3.0 であれば世界平均の 3 倍の緊密さで結合していることを示し，0.3 であれば世界平均の 3 割程度の薄い結合度であることを示す。

　表は 2020 年の輸出結合度とカッコ内には 2010 年時点の結合度を示す。香港への輸出結合度はシンガポール（87.3），中国（40.5），フィリピン（35.6），マレーシア（24.9）が突出して高く，いずれも 2010 年比で大きく上昇していた。香港向けの輸出は中国との間の加工貿易のみならず，アジア全域の部品・コンポーネントのハブであることから高い輸出結合度を示している。中継貿易のハブとしてはシンガポールも注目されるが，輸入結合度をみると，マレーシア（5.0），フィリピン（4.5），米国（2.2）が相対的に高いものの，香港ほどの結合度は見られなかった。また，香港向けの結合度は多くの国・地域が 2010 年比で上昇させた一方で，対シンガポールではすべての国・地域が低下する結果となった。いずれにせよ，香港は部品・コンポーネントのような中間財貿易の集散地の役割を担っていることが推測できる。

　では，米中対立の当事国である中国の輸出結合度についてみていく。中国の対香港輸出結合度は加工貿易などの商流から 40.5 と高い水準にあるが，このほかにベトナム（1.9），台湾（1.3），シンガポール（1.1）向けが高い水準を示した。逆に，中国に対する輸出結合度の多寡をみると，韓国とベトナムの 2.3 が最も高く，台湾（1.7），日本とマレーシアが 1.6 でこれに続いた。次に米国の輸出結合度をみると，香港（5.4），シンガポール（2.2），台湾（1.2）の順であり，その他の国は皆 1.0 を下回る数値であった。米国に対する輸出結合度は

第4-1表　2020年アジア等主要国の部品・コンポネントの輸出結合度

輸出先／輸出国	中国	香港	台湾	日本	韓国	米国	マレーシア	フィリピン	シンガポール	タイ	ベトナム
中国		40.5 (34.3)	1.3 (0.9)	0.7 (0.7)	0.9 (0.8)	1.0 (1.2)	0.5 (0.6)	0.5 (0.3)	1.1 (1.2)	1.0 (1.0)	1.9 (2.6)
香港	0.3 (1.4)		0.1 (0.3)	0.1 (0.1)	0.7 (0.9)	0.1 (0.2)	2.0 (4.1)	7.9 (4.7)	1.6 (2.8)	0.3 (2.1)	1.2 (0.8)
台湾	1.7 (2.0)	19.1 (37.2)		0.7 (0.8)	0.4 (0.9)	2.1 (0.8)	0.4 (0.6)	0.7 (1.5)	1.1 (2.7)	0.6 (0.8)	1.0 (1.9)
日本	1.6 (1.8)	13.4 (12.0)	2.2 (1.3)		0.6 (0.8)	1.5 (1.2)	0.6 (0.9)	1.1 (1.0)	1.2 (1.4)	2.3 (3.3)	1.6 (2.8)
韓国	2.3 (2.6)	19.7 (11.1)	0.4 (1.0)	0.3 (0.5)		1.2 (0.8)	0.3 (0.8)	1.1 (0.7)	1.7 (2.4)	0.4 (0.6)	3.6 (3.7)
米国	0.6 (0.6)	5.4 (4.8)	1.2 (0.5)	0.5 (0.5)	0.4 (0.5)		0.6 (1.0)	0.6 (0.9)	2.2 (2.4)	0.7 (0.6)	0.8 (0.5)
マレーシア	1.6 (2.4)	24.9 (15.5)	0.3 (0.6)	0.2 (0.3)	0.2 (0.3)	1.8 (0.8)		0.4 (0.5)	5.0 (5.9)	0.8 (1.7)	0.6 (1.1)
フィリピン	1.5 (1.6)	35.6 (17.6)	0.4 (0.8)	0.8 (0.6)	0.4 (0.6)	1.0 (0.6)	0.5 (2.0)		4.5 (7.7)	2.1 (1.5)	0.7 (1.0)
シンガポール	0.7 (0.9)	87.3 (57.0)	1.3 (1.5)	0.2 (0.3)	0.4 (1.0)	0.6 (0.5)	1.6 (2.5)	1.7 (2.1)		0.6 (1.4)	0.5 (1.2)
タイ	1.2 (1.4)	16.2 (16.4)	0.7 (0.6)	1.1 (0.9)	0.3 (0.3)	1.7 (0.7)	0.9 (2.3)	1.2 (1.3)	1.8 (2.7)		1.6 (8.4)
ベトナム	2.3 (1.1)	23.7 (24.2)	0.3 (0.3)	0.8 (3.4)	0.5 (0.4)	1.5 (0.8)	0.3 (0.5)	0.2 (1.2)	0.8 (0.9)	0.6 (2.5)	

(注) カッコ内の数値は2010年の結合度。
(資料) RIETI-TIDより作成。

高い順に，台湾（2.1），マレーシア（1.8），タイ（1.7）であった。

　貿易結合度から確認できたことを整理すると，① 中国の対米輸出結合度は世界平均並みで 2010 年比では低下したこと，② 米国の対中輸出結合度は世界平均の 6 割程度と低い水準であったこと，③ 台湾の輸出結合度が最も高いのは香港を除くと米国（2.1）と中国（1.7）であったこと，④ 対ベトナム輸出結合度が高いのは，韓国（3.6）と中国（1.9）であり，対中国輸出結合度でも韓国とベトナムが 2.3 と高い水準となったことである。ここから読み取れることは，米中間の直接的な部品・コンポーネントの結合度は高くないものの，台湾は両国にとって中間財貿易の重要なパートナーとなっていることである。また，中国・韓国・ベトナムの 3 国間の中間財の水平的分業が緊密であることが分かった。これはサムスン電子に代表されるスマートフォンの GVC が大規模な分業を行っており，これが 3 国間の結合度を高めたと考えられる。

第2節　米中デカップリングへの備え

1. 米中対立の概観

　米中対立は貿易問題のみならず，技術，政治，人権，軍事に至るさまざまな場面で顕在化してきている。米国は 5G など次世代型通信技術を巡り，中国通信機器大手の中興通訊迅（ZTE）と米国企業との取引を禁じ，その後，対中貿易赤字削減のために対中制裁関税を段階的に発動した。中国は報復関税でこれに応じ，米中間での関税合戦が激化するなか，同年末には中国通信機器大手の華為技術（ファーウェイ）の副会長がカナダで拘束されるなど，貿易不均衡と通信技術を巡る対立が次々と噴出したのである[5]。

　米国のトランプ政権がバイデン政権へと代わってからも，米中対立は緩和されるどころか，米国は中国に対する技術封鎖政策を次々と実施してきた。たとえば，米国は半導体の国産化や開発に対して約 7 兆円の補助金を投じる法案を成立させた。補助金は米系インテルをはじめ，韓国系サムスン電子，世界最大の半導体受託製造企業の台湾積体電路製造（TSMC）などの半導体の新

工場を米国で建設する費用に対して拠出される見通しとされる[6]。また，米国は経済安全保障の観点から半導体の GVC を日米台韓で強化する「半導体同盟（Chip4）」の結成を目指しているとも報じられる[7]。

　このほか，米国は中国に対抗する米国主導の経済圏構想として，「インド太平洋経済枠組み（IPEF）」を提唱している。これは，① デジタル貿易，② GVC，③ インフラ・脱炭素，④ 税・反汚職，の 4 分野でのルール作りを目指すものとされる[8]。IPEF には日米韓やインド，東南アジア諸国など計 14 カ国が参加を表明したが，IPEF は自由貿易化に向けた措置を求めるものではなく，実効性に限界があるとする指摘も少なくない。

　一方の中国も安全保障貿易管理の観点から 2020 年末に「輸出管理法」を制定している。軍事にも転用可能な財・技術・サービスの輸出に対して適用されるもので，輸出管理部門は，管理規制品目の輸出や特定の仕向け国・地域，特定の組織及び個人に対する輸出を禁止することができるとされている[9]。

　米中貿易戦争は小康状態となったものの，米国は依然として 3700 億ドル相当の対中輸入品に制裁関税を課す異常な状態が続いている[10]。また，今後は貿易摩擦よりも技術覇権を巡る両国の争いが激しさを増しそうである。情報通信技術，半導体のみならず，電気自動車，レア・アースといった戦略物資にもその対象が広がりつつある。

2.　米中貿易戦争への対処

　2018 年以降の米中貿易戦争によって，ハイテク製品はもとより衣類，家具，履物，玩具など日用品の多くも，中国生産から中国以外の国へと生産立地の転換が余儀なくされた。輸入関税は原産地規則に基づき課税されるものであり，一般的に GVC の最終製品の原産地は最終加工地となる。米国の対中輸入について考えるならば，最終製品の組み立て工場を中国以外の国に移すことで，原産国は中国ではなくなる。すなわち，部品や材料は中国製でも最終財加工地，いうなれば GVC の出口をベトナムやバングラデシュなどに移転することで対中制裁は回避できる。

　国際協力銀行（JBIC）（2019）[11]のレポートによると，日本企業（製造業）

の本社に対して有望投資先国（今後3年程度）について聞いたところ，中国が前年の1位から2位に低下し，インド，ベトナム，フィリピンが上昇した。レポートでは中国人気の低下の要因として米中対立に加え中国の景気減速への警戒感が高まったことが背景にあると指摘している。

　しかしながら，技術者の確保，生産設備の現地調達やメンテナンス，部品や原材料の現地調達，労働者の技能の高さなど総合的な事業環境で中国を代替できる国や地域が少ないのも事実である。そして貿易摩擦の回避という観点でGVCを再編するのであれば，基本的には地産地消化が最適となるであろう。中国で売るモノは中国で作り，米国で売るモノは米国で作るのである。また，米中以外の市場へ輸出する製品は米国か中国で作って輸出するか，あるいは東南アジア諸国やインドなどで輸出生産することになるであろう。すなわち，GVCは地産地消的か中立的かの観点で再編することが今できる最大限のリスク回避の方策となろう。

3.　技術覇権争いへの対処

　先進技術や重要技術を巡る覇権争いに際して，GVCにとっての選択肢は地産地消化と中立化の2つがあると述べた[12]。中立化では技術面，生産場所，関与する企業の国籍などを考慮する必要がある。たとえば，台湾の半導体メーカーが米国の設計ソフトと日本の半導体製造装置を使ってインドで半導体を生産する場合，技術面では米国系あるいは日本系ということになるが，生産場所はインドなのでこの半導体の原産地は米中どちらにも与しない中立的な場所といえる。しかし，貿易不均衡の対立は原産地，すなわち生産場所が争点となる一方，技術覇権は生産場所のみならず，設計と製造装置といった技術由来，GVCの頂点に立つ企業のオリジナルの国籍などが争点となる。

　米中は自国が守りたい技術や希少資源を相手に渡さないための禁輸措置をとり，第三国企業に対しても同じことを要求するようになる。デカップリングのリスクを最小化するのであれば，技術，原料，生産立地，企業の属性について，米中のどちらにも加担しない完全に中立的なGVCを構築することが望ましいであろう。しかし，今日の複雑化したGVCの完全なる米国フリーと中国

フリーの実現は不可能であろう。現在のところグローバル企業は，中立化に少しでも近づくような努力を続け，その過程でGVCの脆弱性がみつかれば複数社購買や生産場所の分散など，強靱化を図っていくしかない。

　今後，世界は米中2大国によってハイテク技術や希少資源を巡るデカップリングが進行する可能性が高い。しかし，グローバル企業は米中市場の両方が重要と考えており，どちらか一方のみを選択することはできない。既に米国は同盟国でGVCを完結させるフレンド・ショアリングを提唱し始めている。半導体やレア・アース，医薬や高性能蓄電池などの政策リスクの高い製品に携わる企業は，生産立地を同盟諸国内に制限されていく可能性がある。そのほかのグローバル企業は，このフレンド・ショアリングに同調することはできないと考えるであろう。なぜならば，フレンド・ショアリングに取り込まれた企業は，自社の中立性を放棄することになり，自らの商圏を米国か中国のどちらかに限定させることになるからである。

4．日本企業の対処

　JBIC（2021年）の調査で，日本の製造業企業に対し，脅威に感じている外的要因を聞いたところ，物流の途絶（43％），疫病（37％），政治的リスク（11％）が回答の上位を占めた。調査時期が新型コロナウイルス禍の時期と重なり，都市ロックダウンや港湾の閉鎖，コンテナ不足による物流ひっ迫などが問題となっていた時期であるため，回答はその影響を受けていると考えられる。一方，ウクライナ危機が発生する前の時期であることから，政治的リスクへの脅威はやや低くなっていると思われる。

　また，GVCの強靱化にとって重要な要素（複数回答）は何かという設問では，生産拠点・調達先の多元化（57％），リスク・シナリオや事業継続計画（BCP）などの備え（56％），取引先・協力企業間の緊密な連携体制（44％）が上位となった。

　さらに，米中デカップリングへの対応（複数回答）についての設問では，とくに議論になっていない（54％），米国と中国の事業は既に切り離している（23％），米国と中国の事業を切り離す必要はない（10％）が回答の上位であ

り，製造業本社に対する質問でありながら米中デカップリングへの警戒は大きくなかった。実際，こうした GVC の再編は，その頂点となるグローバル企業の戦略と号令によって決定されるもので，GVC に参加する個々の企業が勝手に生産立地を変更することは出来ないであろう。また，既に切り離していると回答した企業も，使用する技術や特許にどれだけ米国と中国の要素が含まれるのかを検証していない可能性もある。自社の生産工程は米中で別個に切り離していても，そこで使われる部品や素材の調達先は切り離されていないというケースもあるかもしれない。いずれにしても，この調査からは日本の製造業企業（本社）において，デカップリングを懸念する声は今のところ大きくないことが分かった。

おわりに

　自由貿易を原則とする通商秩序のなかで，グローバル企業は GVC を拡延してきた。しかし，グローバリゼーションは米中対立やウクライナ危機などによって，逆回転を余儀なくされ，GVC をどのように安全で安心なものに再編していけるかという難題に直面している。当然のことながら，地政学的リスクが高まるなか，GVC が原則としてきた比較生産費に基づく最適地生産は一度横に置く必要がある。

　本文で触れなかったが，ウクライナ危機が顕在化させたリスクには，地政学的リスクのほかに政治体制の差異という分断リスクも含まれている。米国が唱える民主主義は万能ではないにせよ，日本をはじめ多くの国が共通の価値観として重視している。一方で，軍事政権の国や一党独裁国家，専制主義的な国家指導者がトップにいる国など，民主主義とは相いれない政治体制の国も少なくない。ウクライナ危機の直後，ロシアから米系マクドナルドやスターバックス，日系ではユニクロ，トヨタ自動車などが撤退したように，経済制裁で取引が困難になったからだけでなく，専制主義的な国家で収益を上げることの是非が企業としても問われるようになってきたのである。すなわち，GVC は中立であったとしても，今度は製品の販売先，あるいは部品や材料の調達先に専制

主義的で人権を無視するような国家が含まれていないかという点も従来以上に加味しなければならない要素となる。

　もう一つ，踏まえておいた方がいいこととして，大国間の対立は一定程度のところで和解する可能性があるということである[13]。東西冷戦下の米ソ対立の終結や米国が中華人民共和国と国交を結ぶ方針に転換したニクソン・ショックなどである。利害関係国や周辺国は，歴史的に大国間の対立と和解に翻弄されてきた。米中デカップリングに即応して費用をかけて体制を構築しても，ある日突然，米中対立が部分的にではあっても和解に転じることも起こり得る。米国陣営のフレンド・ショアリングGVCに加わり，中国との取引関係を断っていた日本企業があるとして，そうした日本企業を中国は許すであろうか。GVCにとって対立もリスクであるが，デタント（緊張緩和）もまたリスクとなるのである。この意味からも中立的なGVCは分断と和解の両方のリスクに備えた体制という側面も持っているのである。

　とはいえ技術覇権争いという特性から対立が短期間で決着するとは考え難く，10年の単位で続く可能性がある。筆者は，日本企業は米国向けのGVCは米国内あるいはカナダやメキシコなどを中心に構築し，中国向けのGVCはなるべく中国内で完結するようにし，中立的なGVCを東南アジアやインドで構築するという方向性が望ましいのではないかと考えている。しかしながら，半導体，高性能蓄電池，情報通信技術，レア・アース，製薬などの政策リスクの高い産業分野では，米国との結びつきを強化する方向でGVC再編が進められる可能性が高い。日本は同盟国として米国陣営から離反することができず，日本企業が好む好まざるに関係なく，対象となる技術や資源が米国にとって安全保障上の重要産業とみなされるからである。

　GVCの再編について議論したが，そもそもGVCは完成したものではなく，常に最適解を求めて変化していくものである。未完であり続けるGVCは，時代の要請に応じて柔軟に再編できることがむしろ競争力の高いGVCなのである。

［注］
　1）以上，世界市場やアジア地域での直接投資の動向については池部（2013）pp. 17-42を参照さ

れたい。

2）JETRO『世界の FTA データベース』https://www.jetro.go.jp/theme/wto-fta/ftalist/（2022 年
　11 月 16 日参照）。

3）OECD による定義は，GVC への後方参加率は「自国の輸出生産に投入される他国からの輸入額
　が自国の輸出総額に占める割合」のことで，前方参加率は「他国の輸出総額に具現化された自国の
　付加価値額が自国の輸出総額に占める割合」とされる。

4）小山（2022）pp. 53-54 など。

5）『日本経済新聞』（2018 年 4 月 16 日，12 月 6 日）。

6）『日本経済新聞』（2022 年 8 月 10）。

7）『時事ドットコムニュース』（2022 年 5 月 20 日）https://www.jiji.com/jc/article?k=2022052000
　854&g=int（2022 年 8 月 25 日参照）。

8）『日本経済新聞』（2022 年 6 月 5 日）。

9）JETRO 上海事務所『中国の輸出管理法の概要』2021 年 8 月。

10）『時事ドットコムニュース』（2022 年 7 月 6 日）https://www.jiji.com/jc/article?k=2022070600
　242&g=int（2022 年 8 月 27 日参照）。

11）JBIC が毎年日本製造業企業の本社に対して実施する「わが国製造業企業の海外事業展開に関す
　る調査報告」の 2019 年度版による。

12）池部（2021）pp. 129-131 は GVC の地産地消化と中立化について試論を展開している。その中
　で，中立化委員会のような第三者機関を設立し，技術的な中立を証明する方法などを提案してい
　る。

13）佐橋（2021）pp. 263-265 は米ソ冷戦期のデタント（緊張緩和）などを引き合いに米中対立のデ
　タントの可能性について論じている。

[参考文献]

池部亮（2013），『東アジアの国際分業と「華越経済圏」』新評論。

池部亮（2021），「ベトナムの〈非対称性の管理〉と対外関係」北岡伸一編『西太平洋連合のすすめ』
　　東洋経済新報社。

小山大介（2022），「付加価値貿易から見た米中貿易―もう 1 つの「国際分業」の形」中本悟・松村博
　　行編著『米中経済摩擦の政治経済学』晃洋書房。

佐橋亮（2021），『米中対立―アメリカの戦略転換と分断される世界』中公新書。

経済産業研究所（RIETI）"Trade Industry Database（TID）" https://www.rieti.go.jp/jp/projects/
　　rieti-tid/。

国際協力銀行（JBIC）『わが国製造業企業の海外事業展開に関する調査報告』（各年版）https://
　　www.jbic.go.jp/ja/information/research.htm。

国連貿易開発会議（UNCTAD）Stat　https://unctadstat.unctad.org/EN/Index.html。

（池部　亮）

第 **II** 部

ロシアのウクライナ侵攻と
経済制裁

第5章

ロシアのウクライナ侵攻の世界秩序への衝撃
―活性化する日本外交―

はじめに

　2022年2月の，ロシアのウクライナへの侵攻は，戦後の国際秩序の根幹である主権・領土の尊重を一方的に踏みにじり，世界に衝撃を与えた。露ウ戦争は，単に，ロシアとウクライナの戦いではない。地続きの欧州は危機感を高め，NATOの結束を強化したが，衝撃はアジア・台湾情勢にも波乱を及ぼし，米中対立を激化させ，世界秩序に衝撃を及ぼしている。2022年12月策定の日本の安全保障・防衛戦略も防衛力の抜本的増強を宣言した。以下，露ウ戦争，中露枢軸，米国の状況，日本の対応について考察する。

第1節　露ウ戦と世界

1. 善戦のウクライナ軍

　軍事面で見ると，当初はロシア軍の圧倒的優勢が予想されたが，侵攻後のキエフ正面でウクライナ側の巧妙な反撃にあい，退却した。その後，ロシア軍は，軍事力を再編し，東部での膨大な火力注入の戦闘により，プーチンの特別軍事作戦はかなりの成果を収めた。しかし，ウクライナ軍は，9月ハルキュウ州全域を開放し，11月南部ヘルソン市を奪還し，ドニエプル川西岸を解放した。ウクライナ軍の善戦には，米国の武器供与と情報の提供が貢献だが，それ以上に，ウクライナ軍の巧妙さが，ロシア軍に苦戦を強いている。

　ロシア軍が，兵員，兵器に大損害を受ける状況で，プーチン大統領は，2022年9月，予備役の30万人を招集するとともに，東部2州，南部2州のロシア領編入の暴挙に出た。その後，露ウ戦は冬場，膠着したが，春以降，激しい消耗戦に突入している。

2.　露ウ戦の今後

　プーチン氏は，2023年2月21日の「年次教書演説」で，「戦争を始めたのは西側だ，西側の制裁は効いていない，敗北はなく，長期も辞さない」と強気である。多くのロシア人は冷戦で敗北したと思っていない。プーチン氏の愛国主義に共鳴し，支持率はなお80％に上る。プーチン氏の戦略は戦争長期化により，消耗戦の有利を勝ち取る作戦である。ロシアは，西側の制裁があるとはいえ，抜け穴も多く，兵器の生産もかなりの水準である上，古いながら兵器・弾薬の在庫が大きい。プリゴジンの乱の影響は不明だが，守備に回ったロシア軍はしたたかである。

　他方，ゼレンスキー大統領の支持率は9割を超え，「徹底抗戦し，年内勝利に全力を尽くす。」とする。ウ側は全土のミサイル攻撃にさらされ，インフラに大きな損害の出る状況で，兵器の国内生産には限りがあり，多くの兵器・弾薬は西側依存である。西側の兵器供給はかなりだが，供給には制約がある。戦車をはじめ，蓄積された兵器により，6月には，大規模反転攻勢に踏み切り，年内の，南部奪回を目指すが，ロシア軍との激戦が続いている。

　露ウ軍の主戦場は，東部のバフムト周辺，南部のドネック州西部及びザポリージャ州，ヘルソン州に分かれる。ウ軍の主戦略は，南部での戦果により，アゾフ海まで縦断し，ロシア軍を分断するとされる。しかし，南部でのロシア軍の防御が硬く，ウ軍は苦戦を強いられている。反転攻勢は，露ウ戦争の重要な分岐点であり，今後の推移が注目される。なお，ヘルソン州はロシアのダム破壊により，戦線停滞だが，今後の渡河作戦の戦果の可能性は残っている。バイデン政権はウクライナ軍への積極的な支持継続を表明し，兵器も供給しているが，共和党の一部は，大規模援助の継続に反対の声もあり，さらに，欧州諸国にも消極的な国もある。

3．有効でなかった金融制裁

　西側は，ロシアの無法な侵攻に対し，大規模，強力な経済・金融制裁を科した。ロシア中銀資産の凍結，SWIFT からの排除や技術取引の制限などで，ロシア経済は混迷するとみられたが，ロシア経済の強靭性が目立つ。ロシアは，エネルギー，食料など基本資源の自給があり，インド，中国をはじめ，石油，天然ガスの国際取引の増加により，ルーブルも，値を戻した。冬場の中，欧州諸国への天然ガスの供給遮断は，西側の団結にくさびを打つ狙いがある。但し，ロシアの石油収入も 2023 年は減少し，また，西側の半導体の禁輸の影響は厳しく，兵器生産にも制約となっている。

4．ロシアの人気

　ロシアをめぐる国連特別総会の決議は過去 4 回行われた。国連安保理が機能しない状況で，国連特別総会決議に拘束力はないが，国際世論としての力はある。2023 年 2 月 23 日の「ロシア軍撤退要求」決議は賛成 141，反対 7，棄権 32，無投票 13 だったが，侵攻直後の 2022 年 3 月の第 1 回の決議に酷似し，ロシアへの厳しさは続いている。しかし，この決議でも，棄権・無投票が 45 カ国に上り，厳しさは限界があるといえる。

　この決議の 141 の賛成には，欧米日豪など 50 近い先進国が核である。反対 7 国は，露，ベラルーシ，北朝鮮，エルトリア，シリア，マリ，ニカラグアでロシアと関係の深い国である。棄権・無投票の 45 国には，旧ソ連 7，中国，インド，イランなどアジア 10 カ国，キューバなど中南米 7 の他，20 カ国を超えるアフリカ諸国が含まれる。ラブロフ外相の頻繁なアフリカ訪問が目立つが，ロシアの兵器や穀物供与が効いているようだが，中国の影響も大きい。

5．東西国家群の新冷戦

　残酷な，大規模な戦争の継続・長期化は，各国の対立を，国家群として深めている。欧州では，フィンランドとスウェーデンが NATO 加盟を申請したが，

危機はアジアに伝播し，台湾危機が浮上する。北米，欧州，日本，韓国，豪州が，軍事力を強化し，共同の演習を行っている。他方，ロシアと中国は枢軸を強め，共同演習を行っているが，ベラルーシ，北朝鮮が支援に加わり，イランもドローン供与など，中露との関係を深めている。2022年9月のボストーク2022には，露，中，ベラルーシなど旧ソ連諸国，ラオス，シリア，ニカラグア，インドなど14カ国が参加した。戦争が長期化し，核の脅威もある中で，対立国群の形成は危険である。欧州での国際会議では第3次大戦への危機も議論されるという。現に，米国の無人機にロシアの戦闘機が衝突するという事件があった。残酷な侵略者が得をする平和は許せるものでないが，第3次大戦への危機も避けなければならない。世界は，今後も難しい局面にある。

6．中国停戦案の行方

　中国は2023年2月24日12項目の和平提案を行った。中国提案は，主権尊重や核兵器使用禁止などロシアにとって好ましいものばかりでないが，停戦優先は現状を固定するもので，ロシアに有利だが，ウクライナ側の受け入れられるものではない。習氏は，3月中旬のモスクワ訪問に続き，4月26日，ゼレンスキー大統領とオンライン協議を持った。習氏は対話と交渉が重要というが，露ウ軍とも戦果を求めており，簡単ではない。しかし，中国提案は，西側の援助疲れや途上国の反応をうかがい巧妙だが，中国売込みにとどまらないか。

第2節　世界の覇権を目指す中国

1．ウクライナ戦がもたらす中国優位の中露枢軸

　2002年2月北京オリンピック時の，中露首脳の共同声明は，米国は衰退過程にあり，中露の権威主義は優位で，中露の協力は上限がないとした。しかし，その後のウクライナ侵攻は，主権尊重・領土不可侵を唱える中国には負担だった上，初戦のロシア軍の失敗は，中国内でのロシア断絶論を誘った。その

後，ロシア軍が巻き返し，ロシアの経済制裁への強靱性が示される中，中国は，再び枢軸強化を進めている。

　中国にはロシア枢軸に多くの利益がある。第 1 は，対米を見据えての，専制主義優位の主張の共有だが，第 2 に，① 食料・エネルギー大国・ロシアと工業大国・中国の有効な補完関係で，中国も西側制裁への耐久力を増加できる。② 軍事技術，核大国ロシアも，対米対抗に必須のものだが，③ 今回の金融制裁の中，ロシアは中国と人民元で決済し，中国版 SWIFT の CIPS を活性化できた。第 3 に，中露が常任理事国の国連安保理での協力も 2 国がより有利だが，中国が最近外交姿勢とする Global Security Initiative により，Global South を推進するにも資する。第 4 に台湾情勢の対応には，背後にあるロシアの協調は欠かせない。露ウ戦が米国に 2 正面作戦を強い，台湾問題への関与減少の効果も期待しよう。

2.　強国志向・習氏の権力集中

　習近平氏は，2022 年 10 月の第 20 回党大会において，党総書記に 3 選され，それとともに政治局常務委員からは，江沢民派，共青団派を除外し，党での権力集中を強めた。2023 年 3 月の人民代表者会議で，国家主席 3 選を果し，国務院政府関係の人事においても，李強氏が首相に就任し，副首相に，筆頭に丁氏を，経済担当に何立峰を据えるなど，習氏の側近で固めた。

　習氏は，これまでも，共産党がすべてを統括する体制を作るとし，党の中に多くの領導小組や，委員会を組織し，その長となり権限を強め，国務院の業務への介入及び業務の党への移管を行ってきたが，今回の国務院の人事により，習氏への権限集中を一層強める状況となっている。

　習主席は，人民代表者会議の閉幕時の演説で，3 期目の国家主席を担うことは崇高な任務だ，中国の特色ある社会主義現代強国を建設し，中華民族の偉大な復興を目指す。科学技術の自立・自強により，経済力・技術力・総合的を強大にする。国民重視を堅持し，共同富裕により，国民を団結させる。国家安全保障の体制を増強し，公共の安全，社会管理の体制を整備する。国防と軍隊の現代化により，鋼鉄の長城の軍隊を建設する。その上で，台湾統一は民族復興

のカギだとした。

3. 厳しい経済運営の道

　ただし，李克強前首相が行った人民代表者会議冒頭の政府活動報告では，23年の成長率は5%を目標とするが（22年は3%），直面する課題として，多くの中小企業が困難を抱え，雇用対策が重要である，不動産市場が多くのリスクを抱え，地方政府の財政難が深刻で，経済全体の需要不足に対応すべきと警戒気味であった。しかし，国防費は7.2%の増強である。

　中国経済は，2020年にはコロナ猖獗もあり，成長率は2%に低下したが，21年にはコロナ閉じ込めもあり，成長率は8.1%に増加した。しかし，2022年には，コロナ再燃からロックダウンが頻発したうえ，習主席の共同富裕政策は，不動産業，教育産業やアリババなどのIT産業を直撃した。経済は停滞し，雇用が伸びず，若年層の失業が増えた。不動産業は中国経済の3割を占めるとの試算もあるくらい経済全体への影響は大きい。とくに，不動産売買に依存の高い地方財政を悪化させたのみでなく，住宅ローンの不払いなど，一部地方銀行を危機に陥れた。このような状況で，政府・中央銀行は，不動産業への融資を増やすとともに，インフラ投資促進もあり，地方政府の債券増発を認め，さらに，国有企業などへの金融を緩慢にした。

　2022年の経済は3%の低成長となったが，国全体の債務はGDPの3倍となる。とくに政府部門の債務が急増だが，地方政府の赤字が大きい。家計や民営企業の債務も増大し，消費や投資に慎重である。IMFは最近の中国経済審査で，短期的には不動産投資へのテコ入れ，拡張的財政政策が必要だが，中期的には，不動産の規模縮小，生産性向上のための国営企業より民営企業の振興，インフラ投資よりも社会保障充実による家計消費の拡大を勧告している。

　習政権は，2035年までに所得を倍増する目標を持つ。そのための5%の成長率維持は必須だが，人口減少や債務累積など諸種の制約要因の存在するなか次第に困難になろう。習氏は，しかし，マルクス主義の中国化の理念を持ち，共同富裕の推進，国有企業優遇を進め，さらに，先端科学技術振興への期待が高い。李強氏は，就任直後の記者会見で，経済運営の難しさを述べたが，民間企

業の発展や社会保障問題などで，習氏との意見調整を如何にするかである。

4. 習政権と台湾情勢

　習近平は，就任以来，闘って勝つ軍隊を目指してきたが，台湾問題には，「独立に反対し，統一を成し遂げる」と繰り返してきた。2022 年 7 月のペロシ訪台に対しては，一週間に及ぶ海上封鎖を行ったが，その後も示威行動を頻繁に行い，台湾に圧力をかけている。蔡英文総統の 2003 年 4 月中旬訪米時のマッカシー下院議長との対談は慎重だった。

　ハル・ブランズは，独裁国家が自国の国力のピークを自覚したとき，対外政策で強硬になるとする（日経 6 月 2 日）。米インド太平洋軍司令官が台湾危機の近さを述べるが，中国の軍事力は海軍艦艇の数では世界一であり，空母も 3-4 隻体制となる日は近い。空軍機の数も，西太平洋に限れば，日米合同を抜く。何よりも強いのはミサイルだが，A2/AD 能力の中核であり，増強が続く。また，核弾頭は 2030 年 1000 発に達するとされる。しかし，巨大な兵器・設備を保有すると，維持補修費も増大し，新規軍事力の増強は抑制される。中国の国力増加のピークは，2020 年代後半になるとの予測が多いが，折から 2027 年は PLA 設立 100 年で，習氏 4 期目への発足の年になる。台湾解放のきっかけになるかである。

第 3 節　米国の戦略

1. 中国シフトのアジア戦略

　トランプ大統領は，2017 年末の国家安全保障戦略で，中国とロシアを，米国の憂慮すべき競争国と定義し，対中通商戦争を挑んだ。しかし，米国第一主義は，欧州との同盟関係を害したのみならず，多くのアジア，中東・アフリカ諸国との関係を弱めた。

　バイデン政権は，当初から，中国を米国を脅す唯一の競争国とした。ロシア

も競争国だが，衰退国とした。2022年10月の米国家安全保障戦略，国家軍事戦略の認識も同じである。さらに，中国と対抗するには，同盟国，友好国との協力を重視し，G7，NATO諸国との関係改善とともに，インド・太平洋での対中枠組みの強化を重視した。日米，米豪同盟の強化とともに，米印日豪Quadの活性化，米英豪AUKUSの形成だが，英・仏・独のアジア関与を促進した。最近はフイリピンとの安全保障関係も改善がみられる。経済面でも，米国主導のIPEF（インド太平洋経済枠組み）を創設し，14カ国が参加している。

2. 西側結束の2正面作戦

　露ウ戦は米国に2正面作戦を強いた状況だが，マクロン仏大統領のいう如く，仮死状態のNATOを覚醒させ，米国の主導性が高まった。また，ウクライナ軍の期待以上の活躍は米国の援助の効率を上げた。2022年5月，ウクライナ「武器貸与法」が成立し，大統領判断で迅速な執行が可能となった。ドイツのキール研究所は，この1年間の西側のウクライナへの援助総額は，1500億ドルに上るとするが，米国が781億ドルと過半を占める。米国の支援は単なる武器援助だけでなく，貴重な軍事情報をはじめ，ウ軍の善戦に大きく寄与している。バイデン政権は，今後も積極的支援継続を表明し，24年度国防予算でも70億ドルを計上する。

3. 分断ながら，対中脅威一致の米議会

　バイデン大統領は，中国に対抗し，競争力を回復すべく，21年以来，インフラ投資計画法，半導体科学法を成立させ，さらに，エネルギー関連と大企業増税法を成立させた。

　2022年11月の中間選挙は，共和党が下院を制したが，民主党が上院を抑え，バイデン政権には悪い結果ではなかった。米国の分断は続くが，対中脅威認識では民主・共和両党とも一致し，12月可決の23年度国防権限法の予算総額は10%増の8580億ドルで，大統領提案を上回った。大統領提案の24年度国防予

算は 8850 億ドルと 11％増である。国防総省予算は 8420 億ドルと 3.2％増であるが，エネルギー省—核近代化予算 246 億ドルとウクライナ支援の 70 億ドルが別枠としてある。オースティン国防長官は，統合抑止を促進し，即応力を高め，とくにインド太平洋地域で，中国への抑止力充実のため，「太平洋抑止イニシアチブ」基金に 91 億ドルを付与する。原潜を含め核の近代化を進め，長距離打撃力の向上，宇宙・サイバー，無人機開発を重視するが，国防技術開発費を大幅に増額するとする。共和党主導の下院では中国特別委員会が 2 月発足したが，前年度の経験から言うと，議会が中国への脅威を重視し，大統領案以上に国防総省への予算を増加させる可能性がある。

4. 台湾情勢への対応

　2016 年末のトランプ氏の蔡英文総統への電話が台湾にまつわる中国の呪縛解放への第一歩だった。その後，米台の交流は，バイデン大統領就任後も，高官や議員の訪問，武器の売却など確実に，急速に拡大している。中国は，かかる事態に苛立ちを強めているが，2022 年 7 月のペロシ訪台に，中国は大量のミサイル攻撃，海空軍動員の海上封鎖で答えたが，封鎖は一週間に及び，中国は其の常態化すら狙っているとされる。

　米国は，台湾国防力強化へ支援を強めている。米上院の外交委員会は 2022 年 9 月台湾政策法案を可決し，武器の売却とともに譲渡を可能にしたが，2023 年度の米国防権限法は，5 年間 100 億ドルの台湾援助を計上した。蔡英文政権は，中国の侵攻に備え，上陸を阻止する非対称戦略に力を入れているが，米国の支援と海峡は大きな防波堤である。

　米国の対中軍事戦略は，CSBA（戦略予算評価センター）提案の海洋圧力戦略に示される（2019）。第一列島線に分散・展開し，対艦・対空能力を軸とした，精密打撃能力を持つ米域内戦力（insider）が，中国の攻撃に耐えて，生存し，時間を稼ぎ，強力な海空戦力を持つ域外部隊（outsider）が到達し，中国の A2/AD 網を貫通し，勝利するというものである。第一列島線は日本の生命線であり，後述のように，海兵隊との協力が急進展している。

5. 民主主義は専制主義に勝つ

　バイデン大統領は，民主主義は専制主義に勝利するとしたが，最近の情勢は民主主義の優位を示す。冷戦終了後，フランシス・フクヤマの「歴史の終わり」は，民主主義の優位を唱えたが，その後の推移は，米国はイラク戦争に埋没し，世界の金融危機を起こす中で，中国は金融危機からの回復を助け，プーチンもロシアの混迷を立て直し，多くの国で専制主義の拡大が見られた。2022年2月の中露首脳会談では，米国の議会襲撃事件やコロナ死亡者百万人を上げ，米国は減退局面にあるとし，専制主義，権威主義の優位を主張した。

　しかし，すでに述べたように，中国はゼロコロナ政策の優位を世界に宣伝したが，実態は，ゼロコロナ政策の副作用に苦しみ，世界との交流を締め出し，鎖国の状況であった。逆に，米欧は，コロナの犠牲は大きかったが，その科学力を駆使して，有効なワクチンを開発し，コロナと闘う社会のダイナミズムを発揮した。コロナは，プーチン氏を，過剰に孤独に追い込み，ウクライナ侵攻という独裁者の誤謬を引き起こしたといえないか。

　専制主義・権威主義の最大の欠陥は過ちを改められず，深みにはまることだと考える。しかも，その結果の独裁者の消滅は，社会の大きな混乱を残す。プーチンの戦争がいい例だが，習氏も権力の集中が過ぎて，独善的になり，コロナ対応も失政を残している。反面，民主国では政策の過ちは，政権交代で可能で，首脳の交代は国の混迷を意味しない。最近の英国の首相交代がその例だが，日本も，コロナ過の中で安倍・菅首相が引退し岸田首相に交代した。

第4節　日本

1. 画期的な安全保障戦略

　日本政府は，2022年12月，国家安全保障戦略，国家防衛戦略，防衛力整備計画の3文書を策定したが，画期的な内容である。第1に，国家安全保障戦略は，冒頭，従来のようなグローバリゼーションと相互依存重視の戦略では，国

際社会の平和と発展は保証されないと喝破した。安保理常任理事国ロシアのウクライナ侵攻は国際秩序の根幹を揺るがしたが，インド太平洋でも可能と指摘し，中国の海洋の現状変更，台湾侵攻を指摘する。国際社会で軍事力の横行する事態への対応には，まず，防衛力の抜本的強化が必須だと強調し，その上に，外交，防衛，経済，技術，情報力を総合した国力で対抗するとする。

　日本外交は，G7 の一員としての実績は長く，安倍首相の展開した全方位・地球外交による成果が顕著である。インド太平洋構想が典型だが，TPP も日本が主導し，英，中，台湾が加盟申請する状況である。Quad など豪印との関係強化が進んでいるが，アフリカ開発会議も 1993 年以来 8 回を数える。2023 年は日本は，国連安保理理事国，G7 の議長国となるが，日本外交を支える国防力の抜本的強化が必要だということである。

　第 2 に，軍事力による脅威は能力と意図の合成であるが，意図は瞬間に変化し，計り知れない。力による世界での生存には相手の能力を重視すべきであるが，パワーの変化はインド太平洋で，軍事大国・中国，核開発を目指す北朝鮮，ロシアの動向が注目とする。とくに，中国の軍事費は現在日本の 5 倍だが，社会主義現代化強国を目指す今後の 5 年でさらに格差が開く可能性が高く，日本は新しい戦い方による国防力の増強が必要だとする。

2. 新しい戦い方による増強とは？

　新しい戦い方の基本は，相手方が軍事的侵攻のコストが甚大で目標達成ができないことを認識させる能力を日本が持つことだとする。それは広域拒否戦略[1]とも言うべきもので，① 侵攻戦力阻止のため，遠隔から対応するスタンド・オフ能力と統合防空ミサイル能力を高める。② 抑止が破られた場合，① の能力に加え，無人アセット，宇宙・サイバー・電磁波などの領域横断作戦能力，AI 導入など指揮統制・情報能力による非対称優勢を確保する。③ 機動展開能力向上，弾薬・燃料の確保などによる継戦能力の向上が柱である。

　かかる戦略での注目は，侵攻抑止のカギの「反撃能力」である。中国のミサイル能力は米国をもしのぎ，北朝鮮のミサイル増強も急速であり，ミサイル防衛では防ぎきれない。相手領域への攻撃力保有が必要ということだが，従来の

日本の専守防衛の範囲を超える能力である。当面は，米国トマホーク購入で対応だが，現在150kmの12式地対艦ミサイルの射程を1000km以上に延伸し，陸，海，空自が装備し，スタンド・オフ攻撃力を高める。

　広域拒否戦略は3段階で充実する。① 今後5年間の最優先課題は，現有装備品の稼働率向上や弾薬・燃料の確保，防衛設備強靱化など継戦能力の充実である。②5年後までに，上記スタンド・オフ攻撃能力や無人アセット，宇宙・サイバー・電磁波能力の充実をし，③ 10年後をめどに，さらに，先端的スタンド・オフ攻撃能力，防空能力，無人アセット，指揮能力，国防生産能力を向上し，敵を遠隔で抑止阻止する。また，陸海空の統合運用の強化のため，常設統合司令部を創設するが，これにより，統合幕僚長は，総理，防衛大臣への助言，諮問に専心し，戦時の指揮は統合司令官が行う。

　以上の改革を実行する上での，費用は5年間で43兆円となり，23年度予算要求は6兆7880億円となり，27年度の水準はGDP2%程度となる。財源は，歳出改革や決済余剰金を主とし，増税は今後の審議に委ねられる。

3．日米同盟

　新しい戦い方も，日米同盟を前提にする。上記，反撃能力も米軍の協力・情報が不可欠であり，日本の新しい戦略の上での日米協力の調整がこれから始まるが，核の拡大抑止は重要な項目である。他方，米国も中国のA2/AD能力の拡充により，その前方展開戦略，戦域内作戦に障害を持ち，台湾事態のWar Gameでは勝てない状況でもある。2022年9月の日米国防相会議で，オースチン長官は，日本の長距離打撃力・地対艦ミサイルの1000km延伸，1000発量産を大歓迎したという。米国は，現在，INF条約が規制した500km以上のミサイルを開発中だが，日本との補完で，両国の打撃力が向上する。

　また，自衛隊と米海兵隊との協力が進展している。海兵隊は，これまで中東などで陸軍の先兵を務めて来たが，中国とでは海空の戦いになるとし，CSBA提案のinsider部隊としての戦略・能力を開発中である。第一列島線での活躍が，insiderとしての主要な任務である以上，陸自をはじめとする自衛隊との密接な協力が不可欠だが，協力は進展している。

4.　活性化する日本外交

　G7サミットは2023年5月19-21日，広島で開催された。G7メンバーの他，豪，韓，印，インドネシア，ベトナム，伯，クック太平洋島嶼代表，コロモ・アフリカ代表に加え，ゼレンスキー・ウ大統領が参加した。世界の主要国参加の状況で，日本外交の成果を高めた。第1に，法の支配による国際秩序の維持で，ウクライナへの支持であるが，広島での核不使用宣言のロシアへの制約は大きい。第2に，中国に対し，台湾海峡の平和維持とともに，経済威圧への警告をした。第3は，グローバルサウス諸国との連帯であるが，米国の人気の低い中で，日本は，ASEANやアフリカ開発会議諸国（TICAD）などに，接近しやすい面があることが示された。

　さらに言えば，日本は，上記のように，国防力強化の上に，インド太平洋構想，Quad活性化，TPPの発展，日英，日仏，日独，日印，日豪，日韓との外務・防衛の2プラス2発足による外交網の展開・強化がある。とくに，日韓関係の急速な改善・進展は刮目すべきである。川崎剛教授は，国家大戦略とは，「自分の属する陣営の国際的地位を強化し，さらに，その陣営の中での自国の地位を向上させること」だとする。岸田・日本外交は「自分の属する西側の地位を強化し，かつ，日本の西側での地位を引き上げる」戦略を追求しているといえよう。

[注]
1）広域拒否戦略は，神保謙慶應義塾大学教授の命名である。

[参考文献]
CSBA (2019), *Maritime Pressure Strategy*.
Fix, Liana & Kimnage, Michael (2022), "Puchin's Next Move-Mobilize, Retreat or between" *Foreign Affairs*, September 16 2022.
Gabuev, Alexander (2022), "China's New Vassal" *Foreign Affairs*, September 16 2022.
川崎剛（2019），『大戦略論』勁草書房。
Lin, Bonnie & Blanche, Jude (2022), "China on the Offensive" *Foreign Affairs*, September 16 2022.
Michaels, Daniel & Chernova, Yuliua (2002), *Foreign Affairs*, September 16 2022.
坂本正弘（2022），「ロシアのウクライナ侵攻と世界秩序への衝撃」外国為替研究会『国際金融』1355, 2022, 4.1。

（坂本正弘）

第6章

経済制裁の世界経済への影響

はじめに

　2014年，ロシアはウクライナの領土と見なされているクリミア半島を併合した。ウクライナに加えて西側諸国はこれを認めず，欧米諸国はロシアに対し，金融制裁や渡航禁止等の制裁を行った。それから8年，ロシアは再びウクライナの領土を狙った。2022年2月，ロシアはウクライナに対して本格的な軍事侵攻を開始し，民間人に死傷者を出す攻撃を行っている。こうしたロシアの動きに対し，日本を含む西側諸国は大規模かつ強力な制裁を，ロシアやそれに加担しているベラルーシに対して発動している。金融制裁としては，ロシア中央銀行の海外資産の凍結，SWIFTからの排除，プーチン大統領を含むオリガルヒ（ロシアの新興財閥）の海外資産凍結が挙げられる。貿易制裁では，先端技術製品や贅沢品の輸出規制，外国製直接製品ルール，石油など特定製品の輸入削減・禁止，最恵国待遇の剥奪や追加関税，西側空域の飛行禁止などが挙げられる。これに対してロシア側も，55の非友好国を設定し，ルーブルでの支払強制，ロシア空域の飛行禁止，戦略製品の輸出禁止，輸出税の賦課などの対抗策を導入している。

　本章では，これらの制裁が世界経済にどの程度の影響を及ぼしうるのかを試算する。まず第1節では，実際に2022年2月以降，どのように貿易が変化しているかを概観する。ここでは，2021年1月から2022年10月までの国別貿易統計を用いる。第2節では，この貿易統計を計量経済学的に分析することで，実際に西側諸国やロシアによる経済制裁が両地域間の貿易をどの程度減少させたかを推定する。第3節では，その推定値と同等の効果を生む追加的関税

率を計算し，それを経済全体をカバーする経済モデルに適用することで，今後どの程度の経済損失が生まれていくのかをシミュレーションする。すなわち，2022年時点で実現されている実際の損失の程度をもとに，今後数年の経済損失を試算する。シミュレーションには，アジア経済研究所の経済地理シミュレーションモデル（IDE-GSM）を用いる。

第1節　貿易推移の概観

　それでは月次の貿易統計を用いて，2022年2月以降，どのように貿易が推移しているかを概観する。2021年1月から2022年10月までの貿易統計を用いる。データは「Global Trade Atlas（S&P Global）」から入手する。本章では，貿易統計が利用できる国のうち，世界の貿易制限措置を収集している「Global Trade Alert」においてロシアに対する経済制裁が確認でき，かつ上述したロシアの非友好国に該当する24カ国・地域を「西側諸国」と呼ぶことにする。オーストラリア，オーストリア，ベルギー，カナダ，スイス，ドイツ，デンマーク，スペイン，フィンランド，フランス，英国，ギリシャ，アイルランド，イタリア，日本，韓国，ルクセンブルク，オランダ，ニュージーランド，ポルトガル，シンガポール，スウェーデン，台湾，米国がこれに該当する。

　ロシア，ウクライナ向けの輸出入の推移から確認する。中国とインドが抜け穴になる可能性が指摘されているため，西側諸国のみならず，これら2カ国による貿易も調べる。第6-1図は，西側諸国，中国，インドからロシアへの輸出額推移を示している。2021年1月が1になるように基準化している。ウクライナへの侵攻開始翌月である，2022年の3月に急激な落ち込みが見られるものの，3月もしくは4月を底に増加に転じている。西側諸国からの輸出は緩やかに上昇しているものの，中国とインドからの輸出は急回復しており，7月あたりには例年通りの範囲に達している。

　第6-2図は，ロシアからの輸入額の推移を示している。西側諸国による輸入額は，2022年2月以降，確かに減少傾向にあるものの，中国とインドの輸

第6-1図　ロシアへの輸出額推移（2021年1月＝1）

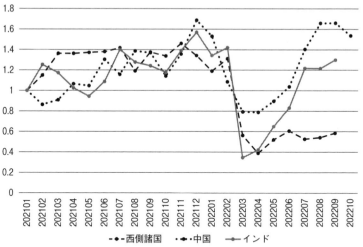

（資料）Global Trade Atlas を用いて計算。

第6-2図　ロシアからの輸入額推移（2021年1月＝1）

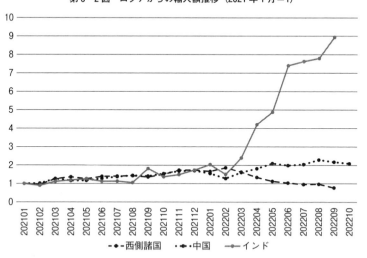

（資料）Global Trade Atlas を用いて計算。

入額は増加しており，対称的な動きが見られる。とくに，インドのロシアからの輸入額は爆発的に増加しており，2022年9月には，2021年1月の9倍の規模に達している。さらに細かい輸入統計を調べると，石炭や原油の輸入増加がこれに貢献していることが分かる。

　第6-3図は，ウクライナ向け輸出額の推移を示している。いずれの国，地域からも，2022年2月から3月にかけて，急減している様子が分かる。2022年4月に底を打つが，2021年1月時点に比べ，西側諸国では6割減，中国とインドでは9割減にまで落ち込んでいる。その後，緩やかに増加傾向にあるが，中国とインドでは依然として8割減の水準である。

　第6-4図は，ウクライナからの輸入額の推移を示している。西側諸国による輸入減少は2022年3月から始まる一方，中国とインドでは3月までは例年に近い水準を維持しており，急激な落ち込みは4月から起こっている。西側諸国による輸入はその後変化がない，もしくは緩やかに上昇しているものの，依然として例年の水準にはない。また，中国とインドによる輸入は2021年1月時点に比べ，9割減に達し，しばらくそのまま推移している。ようやく9月から少し上向いている状況である。

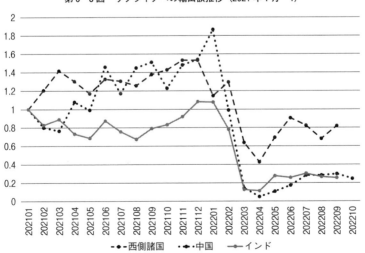

第6-3図　ウクライナへの輸出額推移（2021年1月＝1）

（資料）Global Trade Atlas を用いて計算。

第6-4図　ウクライナからの輸入額推移（2021年1月＝1）

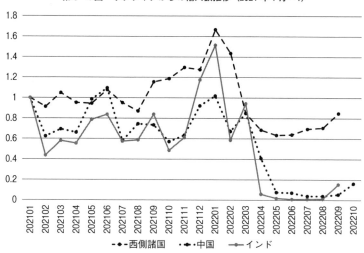

（資料）Global Trade Atlas を用いて計算。

第2節　貿易に対する統計分析

　前節では貿易統計を概観したが，本節では計量経済学的な分析を行い，出来る限りその他の要因に基づく貿易変動を除いたうえで，西側諸国やロシアによる経済制裁が両地域間の貿易をどの程度減少させたかを明らかにする。貿易統計は前節同様，Global Trade Atlas から入手し，2021年1月から2022年10月までの40カ国による，220カ国との貿易を分析する。上述した西側諸国24カ国・地域以外の16カ国は，アルゼンチン，ブラジル，中国，コートジボワール，香港，インドネシア，インド，イスラエル，ケニア，メキシコ，マレーシア，フィリピン，ロシア，タイ，ベトナム，南アフリカである。この40カ国による「輸出」と「輸入」を分けて分析する。

　輸出に関する式は以下の通りである。

$$Export_{ijt}=\exp\{\alpha_1\cdot West_i\cdot RUS_j\cdot Mar22_t+\alpha_2\cdot West_i\cdot BLR_j\cdot Mar22_t+\alpha_3\cdot Air_{ij}\cdot Mar22_t+\alpha_4\cdot RTA_{ijt}+\delta_{ij}+\delta_{it}+\delta_{jt}\}\cdot\epsilon_{ipt}$$

　被説明変数である $Export_{ijt}$ は，i 国から j 国への t 年月における輸出額を示す。そして，$Mar22$ は 2022 年 3 月以降であれば 1 を取るダミー変数，$West$ は i 国が西側諸国であれば 1 を取るダミー変数，RUS は j 国がロシアであれば 1 を取るダミー変数，BLR は j 国がベラルーシであれば 1 を取るダミー変数である。これらにより，2022 年 3 月以降，西側諸国からロシア及びベラルーシ向けの輸出がどのように変化したかを調べる。Air は i 国と j 国の直線経路がロシアを通過するときに 1 を取るダミー（空路ダミー）であり，RTA は二国間に地域貿易協定があれば 1 を取るダミーである。前者では，2022 年 3 月以降，ロシア領域が貿易経路になっている国ペアの貿易変化を分析する。δ_{ij} は国ペア固定効果，δ_{it} は輸出国・年月固定効果，δ_{jt} は輸入国・年月固定効果である。ϵ_{ipt} は誤差項を示す。

　同様に，輸入に関する式は以下である。

$$Import_{ijt} = \exp\{\beta_1 \cdot West_i \cdot RUS_j \cdot Mar22_t + \beta_2 \cdot West_i \cdot BLR_j \cdot Mar22_t + \beta_3 \cdot Air_{ij} \cdot Mar22_t + \beta_4 \cdot RTA_{ijt} + \delta_{ij} + \delta_{it} + \delta_{jt}\} \cdot \epsilon_{ipt}$$

$Import_{ijt}$ は i 国の j 国からの t 年月における輸入額を示す。その他の変数は輸出の式と同様である。この輸入式では，2022 年 3 月以降，西側諸国のロシア及びベラルーシからの輸入がどのように変化したかを調べる。

　固定効果について議論しよう。国ペア固定効果は，各国のもともとのロシア，ベラルーシとの貿易関係を始め，分析期間中に変化しない国ペア特性をコントロールする。輸出国・年月固定効果と輸入国・年月固定効果は，COVID-19 の影響をコントロールするうえで重要な役割を果たす。これらにより，各国の感染状況が貿易に与えた影響をコントロールする。その他にも，需要規模や供給能力，価格指数などの影響もコントロールする。

　これら輸出式，輸入式を，次節で利用するシミュレーションモデルの産業分類に基づき，7 産業別に推定する。7 産業は，農業，鉱業，食品加工，繊維・衣料，電子・電機，自動車，その他製造業である。推定は，貿易額がゼロ値を取りえることから，ポワソン疑似最尤法（PPML）により行われる。Air ダミーは地理情報システム（GIS）を用いて作成され，RTA ダミーは Egger and Larch（2008）と Regional Trade Agreements Database（WTO）を用い

て構築される。

　まず輸出に関する推定結果が第6-1表に示されている。ロシア向けダミーの係数は，すべての産業で負に推定されているものの，農業では有意に推定されていない。一方，とくに大きな負の影響が見られるのは自動車産業であり，西側諸国からロシア向けの自動車輸出は77％減少している（=exp(-1.489)-1）。ベラルーシ向けでは，農業において正に有意に推定されており，西側諸国からベラルーシ向けの農業輸出はむしろ拡大していることが示唆されている。一方，鉱業，電子・電機，その他製造業では負に有意な影響が見られる。空路ダミーについては負に有意な影響は見られず，繊維・衣料ではむしろ正に有意になっている。この結果は中国と欧州の間の貿易拡大を反映しているのかもしれない。RTAダミーの結果は一様でなく，繊維・衣料では正に有意なものの，鉱業や電子・電機，その他製造業では負に有意に推定されている。

　次に輸入に関する結果は第6-2表に示されている。ロシアからの輸入では，繊維・衣料，自動車以外では負に有意な影響が見られる。とくに鉱業における輸入が大きく減少しており，67％減少している。石油や天然ガスの輸入減少を反映しているのであろう。ベラルーシからの輸入では，農業とその他製造業で

第6-1表　西側諸国からの輸出に対する影響

	農業	鉱業	食品加工	繊維・衣料	電子・電機	自動車	その他製造業
West * *RUS* * *Mar22*	-0.261	-0.886*	-0.356***	-0.758***	-0.709***	-1.489***	-0.502***
	[0.191]	[0.497]	[0.093]	[0.205]	[0.213]	[0.381]	[0.080]
West * *BLR* * *Mar22*	0.716**	-1.332***	0.222	-0.074	-1.516***	0.591	-0.630**
	[0.323]	[0.472]	[0.404]	[0.147]	[0.130]	[0.407]	[0.309]
Air * *Mar22*	-0.055	0.035	-0.001	0.061***	0.014	-0.012	-0.021
	[0.035]	[0.055]	[0.023]	[0.023]	[0.014]	[0.029]	[0.022]
RTA	-0.058	-0.373***	-0.104	0.074***	-0.052***	-0.063	-0.077***
	[0.045]	[0.128]	[0.085]	[0.027]	[0.020]	[0.062]	[0.028]
観測値数	211,909	180,778	221,243	225,670	246,053	219,185	256,542
擬似決定係数	0.981	0.973	0.984	0.994	0.996	0.975	0.992

　（注）ポワソン疑似最尤法（PPML）による推定結果。***，**，*は1％，5％，10％有意水準であることを示す。標準誤差は国ペアでクラスタリングされている。
　（資料）筆者らによる推定。

第6-2表　西側諸国における輸入に対する影響

	農業	鉱業	食品加工	繊維・衣料	電子・電機	自動車	その他製造業
West * RUS * Mar22	-0.329***	-1.094***	-0.610***	-0.017	-0.584***	-0.055	-0.632**
	[0.127]	[0.234]	[0.228]	[0.274]	[0.152]	[0.571]	[0.270]
West * BLR * Mar22	-0.640***	0.638	0.55	-0.064	0.287	1.282**	-1.031***
	[0.236]	[0.817]	[0.402]	[0.149]	[0.212]	[0.629]	[0.363]
Air * Mar22	-0.004	-0.109**	-0.009	0.114***	0.016	0.019	0.071***
	[0.039]	[0.055]	[0.020]	[0.025]	[0.013]	[0.031]	[0.023]
RTA	0.003	-0.475***	-0.094	0.117***	-0.049***	0.045	-0.050*
	[0.040]	[0.119]	[0.061]	[0.024]	[0.019]	[0.047]	[0.029]
観測値数	196,805	148,844	194,319	215,919	241,783	179,644	254,435
擬似決定係数	0.983	0.969	0.986	0.995	0.998	0.985	0.99

（注）ポワソン疑似最尤法（PPML）による推定結果。***，**，*は1％，5％，10％有意水準であ
　　ることを示す。標準誤差は国ペアでクラスタリングされている。
（資料）筆者らによる推定。

は負に有意な影響が見られるものの，自動車では正に有意な影響が見られる。
その他の産業では有意な影響は見られず，輸入に変化がないことを示唆してい
る。このように，西側諸国はロシア，ベラルーシ向けに各種制裁を行っている
ものの，輸出入ともにすべての産業で貿易が減少しているわけではないことが
分かる。

第3節　シミュレーション分析

1. 経済地理シミュレーションモデル

　IDE-GSM は，アジア経済研究所が 2007 年から開発している空間経済学ベー
スの計算可能一般均衡（Computable General Equilibrium: CGE）モデルであ
る（Kumagai et al., 2013）。東アジア・アセアン経済研究センター（Economic
Research Institute for ASEAN and East Asia: ERIA），世界銀行，アジア開発
銀行などの国際機関が，国際的なインフラ開発プロジェクトの経済的影響を評

価するためにこのモデルを使用している。

　本シミュレーションモデルは世界を3000以上の地域に分割し，州や県レベルで貿易・交通促進政策（Trade and Transport Facilitation Measures: TTFMs）の経済効果を推計することができる。2万以上の道路・海路・空路・鉄道で地域間を接続し，ルートや速度を変更することでインフラ開発の経済効果を試算したり，関税や非関税障壁を変更することで地域貿易協定の経済効果を試算できる。本分析では，前節の推定値をもとに各種制裁の関税等価率を計算し，それを貿易コストに反映させることで，今回の経済制裁をシミュレーションし，世界経済への影響を試算する。

　IDE-GSMを用いた分析による経済効果は，ある将来時点において，TTFMsが実施された場合（シナリオ）と政策が実施されなかった場合（ベースライン）の地域別GDPの「差」として算出される。ベースラインと比較して，TTFMsの実施により，ある地域のGDPが増加（減少）していれば，その地域に正（負）の経済効果が生じているとみなす。

　IDE-GSMによるTTFMsの経済効果分析は，インフラ建設の経済効果分析で広く用いられる一般的な費用・便益分析とは異なる。一般的な費用・便益分析では，費用として土地収用費やインフラ建設・維持費等を，便益として交通インフラの場合に運用主体運賃・料金から得られる私的便益と，輸送時間・金銭費用の節約，交通事故の減少などの直接的社会的便益，経済活動の誘発という間接的な社会的便益を考慮して分析が行われる。

　一方，IDE-GSMで算出される経済効果は，TTFMsによってもたらされる広義の輸送費の低減（増加）を通じた経済活動の誘発（阻害）のみに因る。IDE-GSMでは他のCGEモデルと同様にTTFMsが実施される地域にとどまらず，当該国・周辺国を含むモデル内のすべての地域に対する影響を算出することができる。たとえば，アフリカの一部の地域での道路整備が，アジアや欧州など遠く離れた国々の各地域に与える経済効果を算出することができる。

2.　シナリオ

　本分析において，経済制裁のシミュレーションは，以下のシナリオにした

がって行われた。

ベースライン・シナリオ：経済制裁が行われないケース。2019年時点の国際情勢が2030年まで継続すると仮定する。このシナリオでは，基本的には2019年までの世界各国の実行関税率（特恵関税率を含む）を織り込み，この最新年の関税率と非関税障壁がその後も継続すると仮定している。ただし，地域的な包括的経済連携（RCEP）については将来までの関税率引き下げスケジュールを組み込み，米中貿易戦争については2018年，2019年の米中両国間の関税率を織り込み，2019年の水準がその後も継続すると仮定している。IDE-GSMでは，ベースライン・シナリオにおけるシミュレーション内での国単位の経済成長率は，IMFによるWorld Economic Outlookに掲載されている数年先までの経済成長率予測をトレースするように調整されている。COVID-19の影響は，IMF World Economic Outlook, April 2022で報告・推計されている，COVID-19の影響を反映した2027年までの経済成長率をトレースすることで，シミュレーション内で考慮されている。

制裁シナリオ：ロシア・ベラルーシ陣営と，ロシアが指定した「非友好」国49カ国[1]のうち，IDE-GSMのデータセットに含まれている43カ国との間で貿易コストが上昇すると仮定する。具体的には，前節の計量分析における推定値をもとに，2022年以降，追加的な貿易コストが課されると設定する。その貿易コストの関税等価率は，100*（exp（推定値／（1－代替弾力性））－1）％として計算される。代替弾力性には実際にIDE-GSMで利用されているものを代入する。ただし，推定値が統計的に有意でない場合，追加関税率はゼロとする（第6-3表）。この追加的な関税率は，サービス業を除く財貿易に課される。一方，各陣営に属する国と中立国，各陣営内，中立国間の貿易は従来通りの関税率で行われるものとする。さらに，軍事的な対立を考慮しロシア・ベラルーシとウクライナの間の陸路及び空路は閉鎖されているものと仮定する。ただし，本シミュレーション分析では経済制裁の影響に焦点を当てるため，ウクライナ国内における工場等の物理的破損などに関する設定は行わない。

制裁シナリオでは，制裁が2022年から2030年まで継続すると仮定した。

第6-3表　ロシア・ベラルーシと「非友好国」間の貿易に追加的に課される関税等価率（%）

	農業	鉱業	食品加工	繊維・衣料	電子・電機	輸送機器	その他製造業
ロシアへの輸出	0	44.6	40.1	40.8	42.4	60.4	41.3
ロシアからの輸入	12.5	26.8	16.0	0.2	12.4	1.9	15.8
ベラルーシへの輸出	28.5	49.1	0	37.2	49.8	0	42.6
ベラルーシからの輸入	25.7	0	0	0	0	-34.8	27.1

（資料）第6-1表，第6-2表をもとに筆者らによる計算。

2025年時点の各国・地域のGDPを制裁シナリオとベースライン・シナリオとの間で比較し，各国・地域のGDPの差分を今回の経済制裁の影響とした。

3.　シミュレーション結果

　第6-4表は，経済制裁の影響を，2025年のベースライン・シナリオのもとでの各国のGDPに対するパーセントで示したものである。ロシアのGDPに対する影響はマイナス1.1%，ベラルーシのGDPに対する影響はマイナス1.6%となっている。産業別に見ると，両国ともその他製造業のマイナスが大きく，加えてロシアは食品加工業のマイナスが大きい。これに対し，輸送機器や電子・電機産業にはプラスの影響が出ている。中立国の両産業にもわずかながらプラスの影響がみてとれることから，中立国から中間財を輸入してロシア・ベラルーシが国内で組み立てを行う輸入代替が起こっている可能性が考えられる。経済制裁の影響がロシア・ベラルーシ両国でそれほど大きくなっていないのも，こうした中立国との貿易が「非友好国」との貿易の一部を代替しているためと考えられる。

　「非友好国」全体では，GDPへの影響は0.0%となっており，ほとんど影響は出ていない。これは，ロシアは軍事的なプレゼンスの大きさに反してGDP規模では韓国やブラジルに近いこと，またロシア経済と「非友好国」の経済の間に鉱業部門を除いて強い依存関係がないためである。鉱業部門については，欧州連合を中心にロシアから天然ガスを多く輸入していることから大きなマイナスの影響が出ている。「非友好国」で例外的に影響が大きいのはウクライナで，ロシア・ベラルーシと隣接しており経済的関係も強いこと，本分析の制裁

第6-4表　ロシア・ウクライナ紛争における経済制裁の影響（2025年，ベースライン比，%）

	農業	鉱業	食品加工	繊維・衣料	電子・電機	輸送機器	その他製造業	サービス業	GDP
ロシア	-0.3	-0.5	-3.6	0.0	1.3	2.0	-3.6	-0.8	-1.1
ベラルーシ	-0.9	-0.9	-0.4	0.2	1.0	1.5	-5.6	-0.9	-1.6
「非友好国」	0.0	-0.9	0.0	0.0	-0.1	-0.2	-0.1	0.0	0.0
欧州連合	0.0	-4.3	-0.1	0.0	-0.2	-0.2	-0.2	0.0	-0.1
米国	0.0	0.0	0.0	0.0	0.0	0.0	-0.1	0.0	0.0
ウクライナ	-3.6	-10.7	-0.6	-0.1	-1.3	-0.3	-0.8	-0.9	-1.7
日本	0.0	-0.7	0.0	0.0	0.0	-0.3	-0.1	0.0	0.0
韓国	0.0	-1.8	0.0	0.0	-0.2	-0.2	-0.1	0.0	0.0
台湾	0.0	-4.3	0.0	0.1	-0.4	0.0	-0.2	0.0	-0.1
オーストラリア	0.0	-0.2	0.0	0.0	0.0	0.1	-0.1	0.0	0.0
中国	0.0	0.0	0.0	0.0	0.2	0.1	0.0	0.0	0.0
ASEAN	0.0	0.0	0.0	0.0	0.0	0.1	0.0	0.0	0.0
インド	0.0	0.0	0.0	0.1	0.1	0.1	0.0	0.0	0.0
アフリカ	0.0	0.0	0.0	0.1	0.1	0.1	-0.1	0.0	0.0
中南米	0.0	0.0	0.0	0.1	0.1	0.1	0.0	0.0	0.0
世界	0.0	-0.3	-0.1	0.0	0.0	0.0	-0.2	0.0	0.0

（資料）IDE-GSM による試算。

シナリオでは両国との物流が遮断されていることが影響していると考えられる。

　一方，中国やASEAN，インドなどの中立国については，GDP全体としてはほとんど影響がないものの，前述のように輸送機器や電子・電機産業，繊維・衣料でプラスの影響がみられる。しかし，その大きさは0.1％程度と小さく，中立国が対ロシア・ベアラルーシ制裁に加わらないことで漁夫の利を得ているとまでは言えないだろう。

　第6-5図は経済制裁の影響を2025年のベースライン・シナリオでのGDPに対するパーセントで地域別に示したものである。色が濃いほど影響が大きく，斜線の地域はマイナスの影響を示している。ロシア・ベラルーシに加えて，隣接する北欧・東欧や他のヨーロッパ地域でもマイナスの影響が出ている

第6-5図　ロシア・ウクライナ紛争における経済制裁の影響（2025年, ベースライン比）

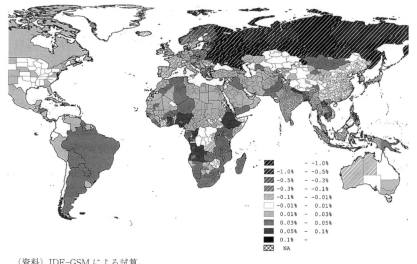

（資料）IDE-GSM による試算。

ことがわかる。一方で，中南米やアフリカの一部，モンゴル，ASEAN の一部
などではプラスの影響がみられるが，これはロシア・ベラルーシと「非友好
国」の間の貿易を一部代替していることから生じているとみられる。

おわりに

　本章では，西側諸国やロシアによる両地域間の経済制裁が，世界経済にどの
程度の影響を及ぼしうるのかを試算した。その結果，中立国との貿易が西側諸
国との貿易を代替することで，経済制裁の影響はロシア・ベラルーシ両国でそ
れほど大きくならないことが示された。本分析は，2022年に実際に実現され
ている損失の程度に基づく試算という意味で，他のシミュレーション分析より
も精緻なものと言える。しかしながら，いくつかの限界があるのも確かであ
る。とくに，本分析では財市場における影響に限定したが，サービス市場にお
ける影響はそれ以上に大きい可能性がある。いずれ2022年を対象としたサー

ビス貿易統計が公表されれば，サービス市場への影響も考慮することできるで
あろう。

[注]
1) ロシアによって指定された「非友好国」は以下の49カ国。アルバニア，アンドラ，オーストラリ
ア，バハマ，カナダ，アイスランド，日本，韓国，リヒテンシュタイン，ミクロネシア，モナコ，
モンテネグロ，ニュージーランド，北マケドニア，ノルウェー，サンマリノ，シンガポール，スイ
ス，台湾，ウクライナ，英国，米国，欧州連合27カ国。

[参考文献]
Egger, P. H. and Larch, M. (2008), "Interdependent Preferential Trade Agreement Memberships: An
Empirical Analysis," *Journal of International Economics*, 76 (2): 384–399.
Kumagai, S., Hayakawa, K., Isono, I., Keola, S., and Tsubota, K. (2013), "Geographical simulation
analysis for logistics enhancement in Asia," *Economic Modelling*, 34: 145-153.

（早川和伸・熊谷　聡）

第7章

EUの脱ロシア依存と経済安全保障

はじめに

　ウクライナ戦争に直面したEUは，ロシア依存の解消を決断し，リパワーEU計画を打ち出した。これは，短期的には天然ガスなどの供給先を多角化しつつ，同時に中長期的には再生可能エネルギー（再エネ）をさらに強化しようとするものである。

　だが，これは，新たな2つの依存のリスクを伴っている。第1に，EUは多角化を実現できておらず，市況に大きく左右される米国の液化天然ガス（LNG）への依存を強めている。第2に，再エネの急拡大にともなうリスクである。確かに，石油や天然ガスが高騰する中で，再エネは，ヨーロッパ経済に対するその影響を緩和し，エネルギー安全保障に貢献した。しかし，再エネに関連する機器・設備や電力網などには，レアアースやリチウムなどクリティカル・ローマテリアルズ（Critical Raw Materials: CRMs）と呼ばれる金属鉱物資源が必要である。ところが，鉱物資源市場は，化石燃料市場よりもさらに寡占的であり，中国が多くを供給している。

　つまり，EUは，ロシア依存に代わり，米国のLNGと中国のCRMsへの2つの新たな依存という経済安全保障リスクに直面している。

第1節　化石燃料確保と脱化石燃料の同時達成という課題

　2020年時点で，EU27は，世界の最終エネルギー消費の10.1％を占め，中国

（22.9％），米国（15.3％）に次ぐ大消費地である[1]。EU は，欧州グリーンディール[2]を打ち出し，2050 年気候中立を目指し，その方向性はウクライナ戦争があっても揺らいではいない。

　しかし，少なくともそれが実現するまでの移行期間においては化石燃料の確保が必要である。なぜなら，化石燃料を利用したさまざまな機械・設備が利用されているからである。各産業の実情を踏まえて脱炭素化への移行経路を具体化しなければならないが，それには一定の時間がかかる。つまり，化石燃料の確保と脱化石燃料を同時に進めるという矛盾する課題を，いかにバランス良く進めながら，いかにして再エネの社会実装を進めていくかが問題なのである。

　この矛盾が最初に露呈したのが，2021 年秋の欧州ガス価格の高騰である。これには，COVID-19 危機からの回復に伴う需要増，炭素価格の高騰，風力発電の低下を補うためのガス火力発電の増加，それらの結果としてのガス備蓄の減少，欧州グリーンディールを背景とする化石燃料開発の停滞と不足の懸念，契約量以上の供給に消極的だったロシアの思惑など複合的な要因がある。しかし，本質的な原因は，油価連動の長期契約が主であった欧州ガス市場が変質し，ガス市場における先物やスポットの取引の役割が大きくなり，価格変動が激しくなったことである。とりわけ，欧州気候法により 2050 年気候中立が法的拘束力をもつ目標となったにもかかわらず，それを実現するための産業ごとの具体策が不透明な中で，Fit for 55（欧州グリーンディールの強化策）が打ち出されたことは，市場の疑念を強め，天然ガスへの投機が生じた（蓮見 2022）。

　この矛盾は，天然ガスと原子力をタクソノミーの対象とするかどうかを巡る対立という形でも表れた。2020 年 7 月，経済活動の持続可能性の判断基準を定めるタクソノミーの確立を目的とした「持続可能な投資促進のための枠組」に関する規則（2022/853）が発効した。これを基礎として技術的スクリーニング基準を定めるタクソノミー委任規則に，天然ガスや原子力を含めるかどうかをめぐって意見の相違があり，2021 年 12 月に発効したタクソノミー委任規則（2021/2139）では，天然ガスと原子力は対象外となっていた。

　しかし，上述のガス価格の高騰を契機として，欧州委員会は見直しに着手し，2022 年 3 月に天然ガスと原子力についてスクリーニング基準を採択，同

年8月に発効したタクソノミー委任規則（2022/1214）において，天然ガスと原子力が移行期の活動（transitional activities）として組み込まれた[3]。

　こうした状況に，ロシア侵攻による地政学的リスクが加わった。EUは，ロシアの化石燃料への依存を脱し，その代替となる化石燃料を他地域から確保しつつ，同時に脱化石燃料を進めるという課題を達成しうる具体策を早急に立案，実行しなければならなくなった。

第2節　エネルギー価格急騰の影響を緩和した再生可能エネルギー

　EUの最終エネルギー消費における再エネの割合は，2004年の9.6％から2020年には，22.1％と目標値20％を上回った。とくに発電構成においては，2020年に再エネが37.5％に達し，化石燃料による発電量を上回っている。再エネの発展を支えてきたのは，風力発電，太陽光発電，バイオ燃料である。2020年時点での内訳をみると，風力36％，水力33％，太陽光14％，バイオ燃料8％，その他再エネ8％となっている。

　とくに太陽光発電は，2008年時点ではわずかに1％であったものが，14倍に増加した。太陽光発電のコスト低下が最も急速だったからである。世界の新規に稼働した実用規模の太陽光発電プロジェクトの均等化発電原価（LCOE）の加重平均は，2010年から2021年のあいだに0.417ドル/kWhから0.048ドル/kWhへと88％減少した。2010年の時点では，太陽光発電のコストは最も高価な化石火力発電の2倍以上であったが，2021年には，G20の新規化石燃料火力発電の最も安価な0.08ドル/kWhを下回る水準に低下している（IRENA 2022, pp. 30-34）。

　天然ガス価格が急騰した状況下において，太陽光発電のコスト低下は大きな恩恵をもたらした。2022年の欧州における天然ガス卸売価格0.109ドル/kWhと想定すれば，既存の天然ガス火力発電の平均燃料費コストは0.23ドル/kWhとなり，これは2020年比の540％増である。これに，EU-ETSによる排出量取引制度のCO_2コストを加えると0.27ドル/kWhとなり，これは2020年比で実に645％増であり，太陽光発電のコストを大幅に上回った。欧州19

カ国[4]の 2022 年 1～5 月の太陽光発電量と風量発電量は 243TWh となった。再エネによる発電量を価格が高騰している天然ガスで発電したと想定した IRENA（2022, p. 49）の試算によれば，これにより約 490TWh の化石燃料輸入が回避され，合計 510 億ドル，1 日当たり平均で約 3 億 3600 万ドルが節約された可能性がある。これは，5 カ月間で LNG タンカー 530 隻分に相当する。

　再エネは，原油や天然ガス価格が高騰した影響を緩和する上で大きな役割を果たした。2022 年 10 月のユーロ圏のインフレ率は 10％に達し，その過半はエネルギーと食糧の価格高騰による。もし再エネが発展していなければ，その負担ははるかに大きなものになったであろう。つまり，再エネは，現段階においても，EU のエネルギー安全保障に貢献しているのである。

第3節　EUの輸入化石燃料依存とロシア依存と ノルドストリームの破壊

　しかし，EU は，依然として化石燃料に依存していることも忘れてはならない。第 7−1 図は，EU の総利用可能エネルギー（Gross available energy）[5]の推移を示したものである。確かに，近年，再エネ・バイオ燃料が増加し，石炭など固形燃料の減少が著しい。COVID-19 危機の影響でエネルギー需要が落ちた 2020 年においても，再エネは増加している。しかし，現段階においては，石油・石油製品，天然ガスが EU のエネルギーの主力であり，それは 10 年前と大きく変わっているわけではない。しかも，EU は，原油・NGL（天然ガス液）の約 95％，天然ガスの約 85％を域外からの輸入に依存している。EU は，その多くをロシアに依存してきた。2021 年の時点で，EU の域外からの輸入のうち，原油の 25％，天然ガスの 39.7％がロシアからであった。

　2009 年初頭にガスパイプライン紛争が生じたにもかかわらず，同年末，ノルドストリーム 1（ロシアとドイツを直結するガスパイプラン）の建設が，EU の公的支援を受けて始まり，2011 年 11 月に稼働している。ノルドストリーム 1 は，EU が輸入していたロシアのガス（パイプライン，LNG）の約 3 分の 1，パイプラインガスの約 2 分の 1 を安定供給する最も重要なパイプラインだった。これにより，ウクライナをめぐる欧米とロシアの政治的対立が深

第 7−1 図　EU の総利用可能エネルギーの構成の変化（石油換算トン，2011～2020 年）

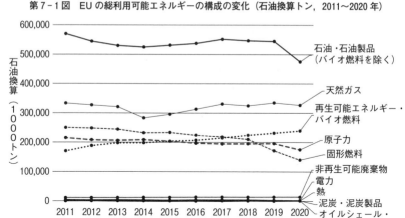

（資料）Eutostat から作成。

まっていたにもかかわらず，EU のロシア産ガスへの依存度は 2021 年までは 40％前後に高まっていた（第 7−2 図）。

　2014 年，ロシアによるクリミア併合が生じたが，翌 2015 年，ドイツはノルドストリーム 2 の建設を許可した。これに対しては，中東欧諸国の強い反対があったことに加え，米国が制裁を科したことにより，建設予定は 2 年遅れたものの，ロシアは独力でパイプライン建設を進め，2021 年 9 月に完工し，ドイツ政府の許可待ちの状態となっていた。

　だが，2022 年 2 月にロシアのウクライナ侵攻が始まり，包括的な対ロシア制裁包囲網が形成され，ノルドストリーム 2 の承認も凍結された。これに対して，ロシアは，天然ガス供給の独占的地位を利用して対抗した。ロシアは，2022 年 3 月 31 日付大統領令により，「非友好国」と認定した国へのパイプライン経由のガス輸出についてルーブル建て支払いを求め，これに応じない企業の存在を理由として，ポーランド，ブルガリア，オランダ，デンマーク，フィンランド，リトアニア，ラトビア，エストニアに対して，ガス供給を停止していった。この結果，2022 年第 2 四半期になるとロシアの割合は原油で 16.7％，天然ガスで 22.9％と大きく低下した。それでも，ノルドストリーム 1 は 2022 年 6 月までは安定供給を続けていた。しかし，2022 年 6 月 14 日，ガスプロム

第7-2図　EUの域外からの天然ガスの主な調達先の変化

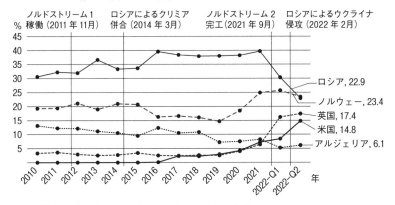

（資料）Eurostat, Energy update October 2022 から作成。

は定期点検と制裁を口実として供給を40％削減し，その後さらに60％削減し，7月中旬には停止した。ガス供給途絶のリスクに直面したEUは，ガス消費を15％削減することで合意した。その後，供給が再開されたものの，8月19日，再び供給が停止された。こうした中で生じたのが，ノルドストリームの人為的破壊である。2022年9月26日，ノルドストリーム1，2には，それぞれ2本のパイプラインが敷設されているが，前者については2本とも，後者については1本の破損が確認され，翌27日にはもう一カ所の破損が確認された。ノルドストリーム2は稼働していないが，ガスは充填されており，大量のガス漏れが生じた。なお，この原因については諸説あるが，明らかになっていない。

第4節　ロシア依存から米国LNG依存へ

こうして急速に減少していったロシアからのガス供給を補ったのが，米国産LNGと英国NBP（National Balancing Point）で調達されたLNGである（European Commission 2022a）。第7-2図から明らかなように，2022年以降，EUのガス輸入における米国と英国の割合は急増している。

EUのガス備蓄は，2022年12月9日時点で88.92％あり[6]，LNGが確保でき

たことから，コストを度外視すれば，2022〜2023 年の冬場を凌ぐことができる。しかし，2023〜2024 年の冬場は状況がより厳しくなるかもしれない。約90％のガス備蓄は 3 カ月分に相当するとはいえ，この冬はノルドストリーム 1 が停止しており，春には備蓄が尽き，そこから翌冬に備えて備蓄を積み上げていかなければならない。

　米国産 LNG が安定供給されるかどうかも定かではない。欧州の価格指標であるオランダ TTF は，2021 年から徐々に上昇し始め，2021 年 12 月 21 日に急騰するが，翌日には急落している[7]。これは，米国の LNG が仕向地をアジアから欧州に切り替えたからである。ロシアのウクライナ侵攻後の 2022 年 3 月 2 日には，TTF は 150 ユーロ /MWh に急騰し，ロシアからのガス供給の削減，停止という事態を受けてさらに急騰した。ノルドストリーム 1 停止後の 8 月 26 日には 346 ユーロ /MWh にまで達した。2020 年，2021 年前半までは 15 ユーロ前後であったことを考え得れば異例の高騰である。この結果，TTF がアジアの価格指標の JKM を上回り，米国産 LNG の大半がアジアから欧州へと仕向地を変更した。アジアが総じて暖冬であったことに加え，LNG スポット価格が高騰したことによりアジアの需要が減少したからである（Pipeline & Gas Journal 2022）。白川（2022）が強調しているように，2022 年は，TTF・JKM スプレッドが逆転したからこそ，米国産 LNG が欧州に向かったのである。世界的に LNG の争奪戦が生じている中で，仮に東アジアが厳冬に見舞われ JKM が高騰する事態となれば，米国産 LNG がアジアに向かう可能性は否定できない。つまり，EU の脱ロシア依存は，市況に大きく左右される米国産 LNG への危うい依存を生み出している。

第5節　EUの脱ロシア依存（リパワー EU）計画と中国依存リスク

　2022 年 3 月 8 日，欧州委員会は，ロシア産化石燃料への依存からの脱却を目指すリパワー EU を公表した。また，3 月 23 日には，安定供給に向けた短期措置を示し，天然ガスの共同購入を提案し，同時にガス備蓄義務化規則案を公表した。同年 5 月 18 日にそれを具体化するために，欧州委員会は，リパ

ワー EU 計画（European Commission 2022b）と一連の政策パッケージを示した。また，ロシアがガス供給を停止していく事態に直面し，EU 理事会は，2022 年 7 月 26 日，全加盟国が 2023 年春までに天然ガス消費量を自主的に 15％削減することで合意し，8 月 5 日，大幅な例外を含みつつも，ガス需要削減規則を採択した。11 月 24 日，EU 理事会は，天然ガスの共同購入について合意した。

リパワー EU 計画は，2021 年 7 月に公表された Fit for 55 と呼ばれる欧州グリーンディールの強化策がすべて実現すればガス消費量を 30％削減できることを前提に，短期，中期，長期の追加策を示したものである。Fit for 55 は，2050 年気候中立を達成すべく 2030 年の温室効果ガス削減目標を 55％に引き上げ，それから逆算して，最終エネルギー消費に占める再エネ比率の目標値を 32％から 40％に，エネルギー効率改善の目標値を約 2 倍の 9％に引き上げた。つまり，EU は，既にロシアの化石燃料への依存から脱却する方向性を明確にしていた。ただし，Fit for 55 は，経済活動のあらゆる領域において例外なく，EU が定義する持続可能性の基準を適用することを想定しており，人々の雇用や生活そのものの変化をもたらすものであることを考えれば，想定どおり実現するかどうかは定かではない。しかも，ウクライナ戦争に直面した EU は，その実現を大幅に前倒しすることを決断し，リパワー EU において再エネとエネルギー効率化の目標値を，それぞれ 45％，13％へと引き上げている。

そこには経済安全保障リスクが潜んでいる。バッテリー，燃料電池，EV のトラクションモーター，風力発電用タービン，太陽光パネル，ICT 機器などへの需要の急増は，それらの原材料となるレアアースを始めとする金属鉱物資源の需要を激増させる。EU は，これらを CRMs として指定しているが，そのうち 44％（2012-2016 年平均）を中国に依存している（European Commission 2020）。IEA（2021）によれば，2010 年以来，再エネの発展に伴い，新規の発電所に必要となる金属鉱物資源量は 50％増加している。金属鉱物資源需要は，2050 年気候中立シナリオでは 2040 年までに 6 倍，IEA が想定する控えめな持続可能シナリオでさえ 4 倍に増加し，とくにバッテリーに不可欠なリチウム 42 倍，グラファイト 25 倍，コバルト 21 倍，ニッケル 19 倍，高性能モーターの基幹部品などに不可欠なレアアースは 7 倍となる。ところが，既存の鉱山，

建設中の鉱山は，2030年のリチウム，コバルトの需要の5割，銅の8割しか供給できない。しかも，こうした金属鉱物資源は，化石燃料以上に寡占的な市場となっている（第7-3図）。

2022年9月14日，フォン・デア・ライエン欧州委員長は，施政方針演説において，次のように述べている。

「リチウムやレアアースは，既にガスや石油に代わって経済の中心的な役割を担っている。……しかし，……一国が市場を支配している。したがって，私たちは，石油やガスと同じような依存に陥ることを回避しなければならない」（STATE OF THE UNION 2022, p. 13）。

岡部徹氏によれば，レアアースの課題は，資源量ではなく，環境コストにある。採掘の際に放射性物質が含まれていることが多く，その廃棄物処理にコストがかかる。精錬の過程でも環境コストが生じる。このため，環境コストの低い中国が採掘や精錬の独占的地位を占めるようになった（BS-TBS 2022）。

つまり，気候中立に貢献する再エネの発展が，環境コストの高い金属鉱物資源に依存するという矛盾が生じている。CRMsの需要の急増が価格高騰をもたらすことになれば，再エネ関連施設・設備のコスト増となり，それは再エネ発展の阻害要因となるかもしれない。

第7-3図　金属鉱物資源，化石燃料におけるトップ3（2019年）

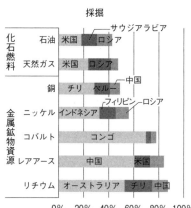
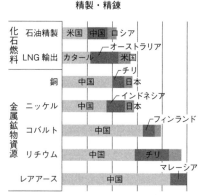

（出所）IEA（2021），p. 13の図に加筆。

おわりに：エネルギー安全保障から経済安全保障へ

　2022 年 11 月に公表された IEA の再エネに関する報告書（IEA 2022）は，これまでの予測を大幅に上方修正し，再エネが 2027 年に世界の電源構成の 38％を占め最大になるとの見解を示した。同報告書は，次のように指摘している。

　「ロシアのウクライナ侵攻に端を発した世界初のエネルギー危機は，自然エネルギーにかつてないほどの勢いを与えている。化石燃料の供給が途絶えたことで，国内で発電される再エネのエネルギー安全保障上の利点が明確になった」（IEA 2022, p. 10）。

　今や，再エネの拡大は，エネルギー安全保障の考え方そのものに再考を迫っている。従来のエネルギー地政学という言説は，地理的に偏在しているエネルギー資源をめぐる対立と協調を意味している。もちろん，産業の多くが化石燃料に依存している限りにおいて，当面は化石燃料の供給国と協力し，石油や天然ガスを確保することは重要である。

　だが，国内の自然条件を活用し燃料費を要しない再エネが発展するにしたがって，エネルギー安全保障の焦点は，エネルギー資源の確保だけではなく，再エネを活用する制度構築や技術開発の問題，つまり経済安全保障へと質的に変化しつつあることを見落してはならない。

[注]
1）以下，とくに注記しない限り，Eurostat による。
2）欧州グリーンディールの全体像については，蓮見・高屋（2023）を参照。
3）天然ガス，原子力いずれも，再エネと同等のライフサイクル温室効果ガス排出量（100gCO2/kWh）未満というスクリーニング基準を満たしていることが条件である。また天然ガスについては 2030 年末までに建設許可を得る設備のうち，設備の更新，再生可能ガス・低炭素ガスへの転換の条件を満たさなければならない。原子力については，先進的技術の開発・導入，2045 年までに建設許可を得た申請，設備の改修は 2040 年までに各国での承認が要件とされた。詳しくは，堀尾・富田（2022）を参照。
4）オーストリア，ベルギー，チェコ，デンマーク，エストニア，フィンランド，ギリシャ，ハンガリー，アイルランド，リトアニア，オランダ，ポーランド，ポルトガル，ルーマニア，スロバキア，イタリア，フランス，スペイン，ドイツ。
5）総利用可能エネルギー＝一次生産＋回収・再生エネルギー＋輸入−輸出＋在庫変動。これは，エ

ネルギー変換（火力発電など），エネルギー部門の業務，送配電ロス，最終エネルギー消費，非エネルギー目的の使用（化学品工業など），国内で購入した燃料が他の場所で利用された場合（国際航空，海上輸送，道路輸送など）も含む総合的なエネルギー供給量を示す。

6）https://agsi.gie.eu/（2022 年 12 月 14 日アクセス）

7）ICE のデータに基づく。

［参考文献］

European Commission (2020), *Study on the EU's list of Critical Raw Materials –Final Report*.

European Commission (2022a), Quarterly report On European gas markets, Volume 15 (issue 2), covering second quarter of 2022.

European Commission (2022b), REPowerEU Plan, COM (2022) 230 final.

IEA (2021), *The Role of Critical Minerals in Clean Energy Transitions*.

IEA (2022), *Renewables 2022 Analysis and forecast 2027*.

IRENA (2022), *Renewable Power Generation Costs in 2021*.

Pipeline & Gas Journal (2022), "US LNG Exports to Europe Rise During 2022", Vol. 239, No. 10.

STATE OF THE UNION (2022), STATE OF THE UNION ADDRESS 2022 by URUSULA VON DER LEYEN, president of the European Commission.

白川裕（2022），「プーチンひとりガス OPEC が操る LNG 市場の受難と分断進む世界の脱・脱炭素への黙示」『石油・天然ガスレビュー』Vol, 56, No. 5。

蓮見雄（2022），「欧州グリーンディールの隘路」『世界経済評論』Vol. 66, No. 2。

蓮見雄・高屋定美（2023），編著『欧州グリーンディールと EU 経済の復興』文眞堂。

堀尾健太・富田基史（2022），「EU 規則 2020/852 に基づく「EU タクソノミー」の確立―スクリーニング基準を定めた 2 つの委員会委任規則の分析―」（一社）電力中央研究所社会経済研究所ディスカッションペーパー。

報道資料

BS-TBS（2022），報道 1930「中国に弱みを握られる・・・脱ロシア再エネ戦略が突きつける新たな困難」（2022 年 12 月 15 日）https://www.youtube.com/watch?v=B0fwVyczcbk（2022 年 12 月 16 日アクセス）。

付記：本稿は，市村清新技術財団地球環境研究助成に基づく研究成果の一部である。
　　　本稿は，拙稿「ロシアの脱ロシア依存とエネルギー安全保障」『上智ヨーロッパ研究』（第 14 号，2023 年）を約 3 分の 1 に圧縮し，加筆・修正したものである。

　　　　　　　　　　　　　　　　　　　　　　　　　　（蓮見　雄）

第 8 章

中国の対外開放・外交戦略からみた分断の実相

はじめに

2022年10月に北京市で開催された中国共産党第20回党大会において，習近平総書記（国家主席）の3期目続投が決定した。習主席は党大会初日，「中国の特色ある社会主義の偉大な旗印を高く掲げ，社会主義現代化国家を全面的に建設するために団結奮闘しよう」と題する報告を行い，習近平政権の過去10年の対外的な成果として，積極的かつ能動的な開放戦略の実施により，グローバル志向のハイスタンダードな自由貿易協定（FTA）ネットワークが構築され，「一帯一路」共同建設が国際公共財と国際協力プラットフォームになったことや，特色ある大国外交の全面的な推進により，人類運命共同体の構築が促進され，グローバル・ガバナンス体系の改革と整備に積極的に参与したことなどを指摘した[1]。

米バイデン政権は，米中対立を「民主主義国家と専制主義国家の闘い」と位置づけ，同盟国をはじめとする民主主義国家の結束を呼び掛けている。他方，中国は米国に対抗して，「一帯一路」や経済協力，感染症対策等を通じて関係各国との連携強化を図り，自国側の陣営構築を図る動きを見せている。かかる状況の中で，中国の対外開放・外交戦略はいかなる進展を見せているのであろうか。また，どのような方向性を目指しているのであろうか。

本稿はこうした問題意識の下，まず，中国の対外開放戦略における基本政策であるFTA及び「一帯一路」に焦点を当てて，進展状況を検証する。次に，外交戦略において，新たな地域横断的協力枠組みとして打ち出された「グローバル開発イニシアチブ」及び「グローバル安全保障イニシアチブ」の概要と最

近の動向を検証する。その上で，これらの検証を踏まえて，中国の対外開放・外交戦略の今後の方向性を考察していくことを目的とする。

第1節　中国の対外開放戦略の進展状況

1.　自由貿易協定（FTA）の進展状況

　中国は2022年12月末現在，26カ国・地域と19件のFTAを締結している（第8-1表，なお，モルディブとのFTAは未発効）。筆者が中国税関統計を基に試算したところ，中国がFTAを締結している国・地域との2022年の貿易額は前年比0.9％増の2兆7668億ドル，貿易総額に占めるシェアは43.9％（輸出は40.2％，輸入は48.6％）に達している（未発効のモルディブ，2022年1月にRCEPが発効した日本を含む）。

　このうち，中国が現在，最も推進に力を入れているのが「地域的な包括的経済連携（RCEP）協定」である。RCEPは2012年11月に交渉を開始し，2020年11月15日に署名され，2022年1月1日より，日本，ブルネイ，カンボジア，ラオス，シンガポール，タイ，ベトナム，オーストラリア，中国，ニュージーランドの10カ国で発効した。また，韓国は2月1日，マレーシアは3月18日，インドネシアは2023年1月2日，フィリピンは6月2日に発効した（ミャンマーは未発効）。

　RCEPの発効後，商務部など6部門は2022年1月26日，「RCEPの質の高い実施に関する指導意見」を公布。①協定の市場開放の承諾とルールの適切な利用による貿易・投資の質の高い発展の推進，②製造業の高度化の促進による産業競争力の向上，③国際標準の協力と転換の推進による産業発展に対する標準の促進作用の向上，④金融支援及び関連政策体系の整備，⑤地域の実情に合わせたRCEPルールの適切な利用によるビジネス環境の向上，⑥企業向け関連サービスの継続的な実施の6点を重点任務として打ち出した[2]。

　また，中国は2022年12月末現在，日中韓，スリランカ，「環太平洋パートナーシップに関する包括的及び先進的な協定（CPTPP）」など，11件のFTA

第8−1表　中国の自由貿易協定（FTA）の締結状況

地域	名称	加盟国・地域	段階	年月
アジア大洋州 (12)	中国・香港経済貿易緊密化協定（CEPA）	中国，香港	発効済	2004年1月
	中国・マカオ経済貿易緊密化協定（CEPA）	中国，マカオ	発効済	2004年1月
	中国・ASEAN自由貿易協定（ACFTA）	中国，ASEAN	発効済	2005年7月
	中国・パキスタン自由貿易協定	中国，パキスタン	発効済	2007年7月
	中国・ニュージーランド自由貿易協定	中国，ニュージーランド	発効済	2008年10月
	中国・シンガポール自由貿易協定	中国，シンガポール	発効済	2009年1月
	中国・台湾海峡両岸経済協力枠組み協定	中国，台湾	発効済	2010年9月
	中国・オーストラリア自由貿易協定	中国，オーストラリア	発効済	2015年12月
	中国・韓国自由貿易協定	中国，韓国	発効済	2015年12月
	中国・モルディブ自由貿易協定	中国，モルディブ	署名済	2017年12月
	地域的な包括的経済連携（RCEP）	日本，中国，韓国，オーストラリア，ニュージーランド，ASEAN	発効済	2022年1月
	中国・カンボジア自由貿易協定	中国，カンボジア	発効済	2022年1月
中南米 (3)	中国・チリ自由貿易協定	中国，チリ	発効済	2006年10月
	中国・ペルー自由貿易協定	中国，ペルー	発効済	2010年3月
	中国・コスタリカ自由貿易協定	中国，コスタリカ	発効済	2011年8月
欧州 (3)	中国・スイス自由貿易協定	中国，スイス	発効済	2014年7月
	中国・アイスランド自由貿易協定	中国，アイスランド	発効済	2014年7月
	中国・ジョージア自由貿易協定	中国，ジョージア	発効済	2018年1月
アフリカ (1)	中国・モーリシャス自由貿易協定	中国，モーリシャス	発効済	2021年1月

（資料）ジェトロ「世界のFTAデータベース」，商務部「中国FTAサービスネットワーク」及び同部のプレスリリースをもとに筆者作成。

交渉を推進している。この他，ベラルーシとはFTAではなくサービス貿易・投資協定の交渉を行っている。加えて，中国はアジア大洋州自由貿易地域（FTAAP）やフィジー，ネパールなど8つのFTAの研究を行っている（第8−2表）。

　この中で，最大の焦点となっているのがCPTPPである。習主席は2020年11月20日，アジア太平洋経済協力会議（APEC）非公式首脳会議における講演で，「加盟を『積極的に考える』」と表明。その後，商務部は2021年9月16

第8-2表　中国のFTAの交渉・研究状況

	交渉中	研究中
アジア大洋州	日中韓，スリランカ，環太平洋パートナーシップに関する包括的及び先進的な協定（CPTPP）	アジア大洋州自由貿易地域（FTAAP），フィジー，ネパール，パプアニューギニア，バングラデシュ，モンゴル
北米		カナダ
欧州	ノルウェー，モルドバ	
中東	湾岸協力会議（GCC），イスラエル，パレスチナ	
中南米	パナマ，エクアドル，ニカラグア	コロンビア

（資料）第8-1表に同じ。

日，正式にCPTPP加盟申請を行ったと発表した。中国にとってCPTPPは，RCEPと比較して関税自由化の水準が高く，貿易・投資ルールも厳格であること等から，加盟のハードルはかなり高いといわれている。

　商務部の2022年2月17日の定例記者会見において，高峰報道官はCPTPP加盟について「中国は協定の内容を十分かつ全面的に深く研究・評価した。改革を通じ，CPTPPの規則・基準を全面的にクリアするよう努力する。また市場参入については，中国の既存の締約実践を超える高いレベルの開放を約束し，加盟国に巨大なビジネス上の利益をもたらす市場参入の機会を提供したい。現在，加盟手続きに従って，各メンバーと接触・協議している」と表明した[3]。

　また，高報道官はFTA締結に向けた措置について「次の段階として，中国はFTAネットワークの範囲拡大，質と効率の向上を推進し，新たな発展の枠組み構築に寄与する。引き続き湾岸協力会議（GCC），イスラエル，ノルウェー，エクアドル，日韓とのFTA交渉を推進し，より多くの貿易パートナーとFTAを締結し，地域経済統合と貿易投資の自由化・円滑化を共同で推進する」と述べた。

2.「一帯一路」の進展状況

　「一帯一路」はかつてシルクロードが欧州とアジアをつなぐ重要な交易路

だったことに着目して，インフラ整備を中心に沿線各国と巨大経済圏を構築する構想であり，習主席が2013年9～10月に提唱した。「一帯一路」を所管する国家発展改革委員会の金賢東報道官は2022年8月16日に開催された記者会見において，「中国は『一帯一路』共同建設国・地域とともに，『共同協議・共同建設・共同享受』の原則を堅持し，インフラによる『ハードの連結』を重要な方向，ルール・基準による『ソフトの連結』を重要な支え，国民による『心の連結』を重要な基礎とし，着実に発展の成果を収めてきた」と強調した[4]。

　その上で，金賢東報道官は主な推進状況について，① 広範かつ強固になったネットワーク，② 大きな成果を上げたインフラの相互接続，③ 経済貿易協力の質と効率の向上，④ 多元化された投融資体系の整備などを挙げ，2022年7月末現在，149カ国，32の国際機関と200件以上の協力文書を調印したことや，2022年6月末現在，貿易額が約12兆ドル，対外直接投資（金融を除く）が1400億ドル超に達するなど，貿易投資の規模も着実に拡大していること，「開発金融に関する多国間協力センター（Multilateral Cooperation Center for Development Finance：MCDF）基金」を設立し，10の国際金融機関が参加したことなどを紹介した[5]。

3. 対外開放戦略の方向性

　習主席が第20回党大会で行った報告において，社会主義現代化国家の全面的建設における最重要任務と位置づけられたのが「質の高い発展」である。報告は「質の高い発展の推進を主題とし，経済の効果的な質の向上と合理的な量の拡大の実現を推進しなければならない」と強調。その上で報告は政策措置の一つとして「ハイレベルな対外開放の推進」を挙げ，「中国の大規模市場の優位性を拠り所に，国内大循環で世界のリソースを誘致しつつ，国内・国際の2つの市場・資源の連携効果を高め，貿易・投資協力の質とレベルを高める」という方向性を打ち出している。

　こうした方向性の下，報告では，貨物貿易の最適化・高度化を推進するとともにサービス貿易の発展メカニズムを刷新し，デジタル貿易を発展させ，貿易強国の建設を加速させることや，「一帯一路」共同建設の質の高い発展を推進

すること，国際的な産業分業に参与し，多元的で安定した国際経済構造と経済・貿易関係を維持することなどが謳われている。

第2節　中国の外交戦略の進展状況

1. 新興国・開発途上国との地域協力枠組みの動向

　中国は「一帯一路」以外にも新興国・開発途上国とさまざまな地域協力枠組みを構築しつつ，関与を強化しようとしている（第8-3表）。たとえば，東南アジア地域では，1997年12月に開催された第2回東南アジア諸国連合（ASEAN）非公式首脳会議において初の「中国ASEAN首脳会議」を開催。2003年10月にはASEANと「平和と繁栄のための戦略的パートナーシップに関する共同宣言」に調印するなど，関係強化を図っている。なお，中国は南西アジア地域を対象とした地域協力枠組みは構築していないが，2022年1月の南西アジア歴訪の際に，王毅外交部長（当時）が提唱した「インド洋島国発展フォーラム構想」の今後の動向が注目される。

　また，大洋州地域では，2021年10月，中国の主催により中国・太平洋島嶼国第1回外相会議がオンライン形式で開催され，キリバス，フィジー，トンガ，ソロモン諸島，サモアが参加した。さらに，中東地域では，中国とアラブ連盟の地域協力枠組みとして，2004年1月に中国・アラブ諸国協力フォーラム（China-Arab States Cooperation Forum：CASCF）の設立が発表され，以後，隔年に1度閣僚級会合が開催されている。この他，アフリカ地域では，アフリカ諸国の経済・外交・安全保障関係を促進するメカニズムとして，中国の主宰により2000年10月に北京で第1回「中国アフリカ協力フォーラム（Forum on China-Africa Cooperation：FOCAC）が開催され，以後3年ごとに中国とアフリカで交互に開催されている。

第8-3表　中国の新興国・開発途上国との主な地域協力枠組み

地域	名称	参加国・地域	設立時期
東南アジア	中国 ASEAN 首脳会議	ASEAN10 カ国	1997 年 12 月
	瀾滄江メコン（中国・メコン）サミット	ミャンマー，ラオス，カンボジア，タイ，ベトナム	2015 年 11 月
大洋州	中国・太平洋島嶼国外相会議	太平洋島嶼国 9 カ国	2021 年 10 月
ユーラシア	上海協力機構（SCO）	ロシア，インド，パキスタン，中央アジア 4 カ国	2001 年 6 月
中東	中国・アラブ諸国協力フォーラム（CASCF）	アラブ連盟（LAS）21 カ国	2004 年 1 月
	中国・アラブ諸国首脳会議	アラブ連盟（LAS）21 カ国	2022 年 12 月
	中国・湾岸協力会議（GCC）首脳会議	サウジアラビア，UAE，バーレーン，オマーン，カタール，クウェート	2022 年 12 月
アフリカ	中国アフリカ協力フォーラム（FOCAC）	アフリカ 53 カ国	2000 年 10 月
	アフリカの角平和会議	アフリカ 7 カ国	2022 年 6 月
中東欧	中国・中東欧（CEEC）首脳会議	中東欧 13 カ国，ギリシャ	2012 年 4 月
中南米	中国・中南米カリブ諸国共同体（CELAC）フォーラム	CELAC 加盟 33 カ国	2014 年 7 月
地域横断	BRICS	ブラジル，ロシア，インド，南アフリカ	2009 年 6 月に初の首脳会議開催
	一帯一路	150 カ国，32 の国際機関と 200 件余りの協力文書に調印（2022 年 12 月末現在）	2013 年 9 〜 10 月
	グローバル開発イニシアチブ	友のグループに 53 カ国が加盟（2022 年 5 月現在）	2021 年 9 月
	グローバル安全保障イニシアチブ	n.a.	2022 年 4 月

（注1）アラブ連盟（LAS）加盟 22 カ国のうち，シリアは資格停止中。
（注2）中国・中東欧（CEEC）首脳会議は当初，中東欧 16 カ国で発足，2019 年 4 月にギリシャが参加したが，2021 年 5 月にリトアニア，2022 年 8 月にエストニアとラトビアが離脱を発表。
（資料）中華人民共和国中央人民政府ウェブサイト，各種資料，新聞報道等をもとに筆者作成。

2.　グローバル開発イニシアチブの概要

　中国の新たな地域横断的協力枠組みとして注目されているのが「グローバル開発イニシアチブ」である。習主席は 2021 年 9 月 21 日，第 76 期国連総会一般討論で行った講話において，「新型コロナによる深刻なダメージに直面し，我々は世界の発展を均衡・協調・包摂の新たな段階に共同で進めなければならない」と指摘した[6]。その上で習主席は，① 開発優先，② 人民中心，③ 包摂，④ イノベーション駆動，⑤ 人と自然の調和・共生，⑥ 行動志向の「6 つの堅持」を骨子としたグローバル開発イニシアチブを提唱した（第 8-4 表）。

　習主席の提唱を受けて，中国は 2022 年 1 月，国連の枠組みの下に「グローバル開発イニシアチブ友のグループ（Group of Friends of Global Develop-

第 8-4 表　グローバル開発イニシアチブの概要

	項目	概要
①	開発優先	開発を世界のマクロ政策枠組みの際立った位置に据え，主要国の政策協調を強化し，連続性，安定性，持続可能性を維持し，より平等で均衡のとれたグローバル開発パートナーシップを構築し，多国間による開発協力プロセスの相乗効果を図り，「持続可能な開発のための 2030 アジェンダ」の実施を加速。
②	人民中心	開発の中で民生を保障・改善，人権を保護・促進し，人民のための開発，人民に依拠した開発，人民が成果を享受する開発を成し遂げ，民衆の幸福感，獲得感，安全感を絶えず高め，人の全面的開発を実現。
③	包摂	開発途上国の特殊な需要に関心を払い，債務返済猶予や開発援助などの方法で開発途上国，とくに困難の大きい脆弱な国を支援し，国家間や各国内部で開発が不均衡・不十分な問題の解決に注力。
④	イノベーション駆動	新たな科学技術革命と産業変革の歴史的チャンスを捉え，科学技術研究成果の生産力への転換を加速し，開放，公平，公正で差別のない科学技術開発環境を構築し，ポストコロナにおける経済成長の新たなエネルギーを喚起し，飛躍的発展を実現。
⑤	人と自然の調和・共生	グローバル環境ガバナンスを整え，気候変動に積極的に対応し，人と自然の生命共同体を構築し，グリーン・低炭素への転換を加速し，グリーンリカバリー開発を実現。
⑥	行動志向	開発資源投入に力を入れ，貧困削減，食糧安全保障，衛生・健康，開発資金調達，グリーン・低炭素，工業化プロセス，デジタル経済，相互接続などの分野の協力を重点的に推進。

（資料）第 76 期国連総会一般討論（2021 年 9 月 21 日）における習主席の講話をもとに筆者作成。

ment Initiative）」を設立した。王毅外交部長（当時）は 2022 年 5 月 9 日，北京で「グローバル開発イニシアチブ友のグループ」ハイレベル会議に出席し，「習主席が打ち出したグローバル開発イニシアチブは国際社会から積極的な反響があり，100 余りの国が支持を表明し，53 カ国が『友のグループ』に加盟した」と述べた[7]。

　こうしたプロセスを経て，習主席は 2022 年 6 月 24 日，北京において「グローバル開発ハイレベル対話会合」を主宰。① 投入資源の拡大，② 重点分野の協力推進，③ 経験交流プラットフォームの構築など，グローバル開発イニシアチブの推進に関わる一連の措置を公表した[8]。外交部によれば，会合にはロシアのプーチン大統領など 17 名が出席した[9]。

　なお，「一帯一路」と「グローバル開発イニシアチブ」の関係について，外交部の趙立堅報道官（当時）は 2021 年 12 月 28 日の定例記者会見において，「いずれも習主席が提唱した重要な国際協力イニシアチブだが，それぞれ独自に協力の方向性と焦点を定めている」と指摘。その上で趙報道官は「グローバル開発イニシアチブは持続可能な開発のための 2030 年アジェンダの実施の加速を目的とし，国際開発協力を促進し，より力強く，グリーンかつ健全なグローバル開発の実現を目指すもので，① 貧困削減，② 食糧安全保障，③ 衛生・健康，④ 開発資金調達，⑤ グリーン・低炭素，⑥ 工業化プロセス，⑦ デジタル経済，⑧ 相互接続を重点協力分野として開発協力に焦点を当てている」と述べている。

　他方，趙報道官は「『一帯一路』は国際経済協力構想であり，相互接続を主軸とし，政策の疎通，インフラの連結，貿易の円滑化，資金の融通，民心の通じ合いを推進するとともに，ヘルスケア，グリーン，デジタルなどの分野で新たな成長分野を掘り起こすものである」と説明している[10]。

3.　グローバル安全保障イニシアチブの概要

　グローバル開発イニシアチブとともに新たな地域横断的協力枠組みとして関心を集めているのが「グローバル安全保障イニシアチブ」である。習主席は 2022 年 4 月 21 日，ボアオ・アジアフォーラム 2022 年年次総会で行った基調

講演の中で,「安全保障は発展の前提であり,人類は不可分な安全保障共同体である。冷戦思考はグローバルな平和の枠組みを破壊し,覇権主義と強権政治は世界平和を脅かし,ブロック対決は安全保障に対する挑戦を激化させることを事実は証明している」と強調した[11]。その上で習主席は「世界の安危与共（安全と危険を共にすること）を促進するため,中国は『グローバル安全保障イニシアチブ』を提唱したい」と表明し,「6つの堅持」を提起した（第8-5表）。

　グローバル開発イニシアチブとの関係について,国際問題学者の周勤氏は「人民日報」（2022年4月29日付）に寄稿した論考において,「グローバル開発イニシアチブは国際社会に持続可能な開発のための2030アジェンダの実行加速を呼びかけ,グローバル開発事業と国際開発協力の推進に方向性を示すもの,グローバル安全保障イニシアチブは世界平和の維持という国際社会の喫緊の需要に応え,世界の長期的安定を実現するために新たな指針を提供するもの」と指摘。その上で周氏は「両者は相互に補完し合う重要な国際公共財」との見解を示している[12]。

第8-5表　グローバル安全保障イニシアチブの概要

	項目	概要
①	共同,総合,協力,持続可能な安全保障観	世界の平和と安全保障を共同で維持。
②	各国の主権及び領土の一体性の尊重	他国の内政に干渉せず,各国国民が自主的に選択した発展路線と社会制度を尊重。
③	国連憲章の趣旨と原則の順守	冷戦思考を捨て,一国主義に反対し,ブロックや陣営による対抗を行わない。
④	各国の安全保障上の合理的懸念の重視	均衡のとれた,効果的で,持続可能な安全保障の枠組みを構築し,他国の安全保障を犠牲にした自国の安全保障の構築に反対。
⑤	対話と協議を通じた平和的手段による意見相違や紛争の解決	危機の平和的解決に資するあらゆる努力を支持し,ダブルスタンダードを採用せず,一方的制裁や管轄権の域外適用の乱用に反対。
⑥	伝統的・非伝統的分野における安全保障の維持	地域紛争やテロリズム,気候変動,サイバーセキュリティー,バイオセキュリティーなどグローバルな問題に共同で対処。

（資料）ボアオ・アジアフォーラム2022年年次総会（2022年4月21日）における習主席の基調講演をもとに筆者作成。

第3節　中国の対外開放・外交戦略の今後の方向性

　ここまで検証してきたように，中国は新興国・開発途上国とさまざまな地域
協力枠組みを構築しつつ，関係各国と連携を強化しようとしている。この背景
には，米国を中心とする西側諸国がいわゆる「対中包囲網」を形成しようとす
る動きに対抗して，開発途上国の代表としてのポジションを確立し，独自の
「仲間づくり」を通じて中国側の陣営を確保していこうとする思惑がある。

　こうした流れの中で，中国は最重要任務と位置づける「質の高い発展」にお
ける政策措置の一つとして「ハイレベルな対外開放の推進」を掲げ，貿易投資
協力の質とレベルを高めるという方向性を打ち出している。この一環として，
商務部が旗振り役となり，2022年12月末現在，26カ国・地域と19件のFTA
を締結したほか，CPTPPなど11件のFTA交渉を推進しており，FTAの適
切な活用を通じて貿易投資協力を拡大していくという方針を示している。

　他方，習主席の提唱から10周年を迎える「一帯一路」については，国家発
展改革委員会が司令塔となり，インフラ整備を中心とした経済協力を通じて，
新興国・開発途上国との関係強化を図ろうとしてきた。しかし，「一帯一路」
の覇権主義的性格に対する警戒感が欧米諸国及び沿線国から高まり，とくに，
債務国の融資返済が滞った際にプロジェクトで建設したインフラの権益を中国
側が担保に取得したことで，いわゆる「中国債務のわな」との批判を受ける結
果となった。こうした批判を考慮し，「一帯一路」は質的な向上を目指す方向
に転換しつつある。

　かかる状況を踏まえ，中国は外交部の主導による「グローバル開発イニシア
チブ」及び「グローバル安全保障イニシアチブ」の推進も加えつつ，対外開
放・外交戦略の修正を模索している。すなわち，米中対立が激化する中，
FTA及び「一帯一路」による経済協力，グローバル開発イニシアチブによる
開発協力，グローバル安全保障イニシアチブによる安全保障協力という，いわ
ば「三位一体」の対外開放・外交戦略を通じて重層的かつ地域横断的な自国側
の陣営構築を目指す動きである。こうした中国の動向は，グローバル・ガバナ
ンスにもさまざまな影響を及ぼすことが予想されるだけに，今後の推移を注視

していく必要があろう。

［注］

1）習近平「中国の特色ある社会主義の偉大な旗印を高く掲げ，社会主義現代化国家を全面的に建設するために団結奮闘しよう」中国共産党新聞網ウェブサイト，2022年10月26日（http://cpc.people.com.cn/20th/n1/2022/1026/c448334-32551867.html）。

2）商務部「RCEPの質の高い実施に関する商務部など6部門の指導意見」商務部ウェブサイト，2022年1月26日（http://gjs.mofcom.gov.cn/article/dongtai/202201/20220103239468.shtml）。

3）商務部「定例記者会見」商務部ウェブサイト，2022年2月17日（http://www.mofcom.gov.cn/xwfbh/20220217.shtml）。

4）国家発展改革委員会「2022年8月記者会見」国家発展改革委員会ウェブサイト，2022年8月15日（https://www.ndrc.gov.cn/xwdt/wszb/8yxwfbh/wzsl/?code=&state=123）。

5）開発金融に関する多国間協力センター（MCDF）は「一帯一路」の提案を含むインフラ相互連結の建設を支援する多国間協力プラットフォームとして2020年6月に設立された。

6）習近平「第76回国連総会一般討論における講話（全文）」中華人民共和国中央人民政府ウェブサイト，2021年9月22日（http://www.gov.cn/xinwen/2021-09/22/content_5638597.htm）。

）王毅「グローバル開発イニシアチブは大勢の赴くところであり，人心の向かうところ」外交部ウェブサイト，2022年5月9日（https://www.mfa.gov.cn/web/wjbz_673089/xghd_673097/202205/t20220509_10683600.shtml）。

7）習近平「グローバル開発ハイレベル対話会における講話（全文）」外交部ウェブサイト，2022年6月24日（https://www.mfa.gov.cn/zyxw/202206/t20220624_10709711.shtml）。

8）習近平「グローバル開発ハイレベル対話を主宰し，重要講話を発表」外交部ウェブサイト，2022年6月25日（https://www.fmprc.gov.cn/web/zyxw/202206/t20220625_10709860.shtml）。

　　出席者は，アルジェリアのデブン大統領，アルゼンチンのフェルナンデス大統領，エジプトのシシ大統領，インドネシアのジョコ大統領，イランのライシ大統領，カザフスタンのトカエフ大統領，ロシアのプーチン大統領，セネガルのサル大統領，南アフリカのラマポーザ大統領，ウズベキスタンのミルジヨエフ大統領，ブラジルのモウラン副大統領，カンボジアのフン・セン首相，エチオピアのアビ首相，フィジーのバイニマラマ首相，インドのモディ首相，マレーシアのイスマイルサブリ首相，タイのプラユット首相の17名。

9）外交部「趙立堅報道官が定例記者会見を主宰」外交部ウェブサイト，2021年12月28日（https://www.fmprc.gov.cn/web/fyrbt_673021/jzhsl_673025/202112/t20211228_10476420.shtml）。

10）習近平「ボアオ・アジアフォーラム2022年年次総会での基調講演（全文）中華人民共和国中央人民政府ウェブサイト，2022年4月21日（http://www.gov.cn/xinwen/2022-04/21/content_5686424.htm）。

11）周勤「グローバル開発イニシアチブとグローバル安全保障イニシアチブの意義は重大」人民網ウェブサイト，2022年4月29日（http://world.people.com.cn/n1/2022/0429/c1002-32411995.html）。

（真家陽一）

第 **III** 部

さらなる地域経済連携への模索

第9章

アジアの通商秩序と地政学的リスク

はじめに

　このところ，日米をはじめとする先進国グループにおいては，地政学的政策論議がメディアを席巻している。そこでは，さまざまな次元での分断の深刻化が束ねられて強調され，グローバリゼーションの時代は終わったとする言説が飛び交っている[1]。しかし，Baldwin（2016）を引用するまでもなく，グローバリゼーション，とくに生産と消費の国際化あるいはさまざまなモノ・サービス・お金・アイデア・人の動きを第一義的に先導してきたのは，政策ではなく，技術進歩とそれに喚起される経済活動であった。技術進歩によってモノ・サービス・お金・アイデア・人の動きが容易になれば，それによって新たな取引形態や分業を生み出す経済的インセンティブが生じてくる。政策は，この大きな人間社会の流れに乗ることをよしとする時もあるし，逆にそれを妨げる場合もある。1990年代以降，東アジアにおいては，グローバリゼーションを経済発展のために積極的に利用していく政策が採用され，持続的経済成長と貧困撲滅が実現した。一方，米トランプ政権成立を契機に地政学的緊張が高まり，広義の安全保障のために経済を統制しようとする政策論がグローバリゼーションを押しとどめる方向に働きつつある。これから世界がどこに向かっていくのかについては慎重に見極めていかねばならない。しかし，いずれにせよ，根底に流れている技術進歩と経済的インセンティブの存在を忘れてはならない。

　元世界貿易機関（WTO）事務局長のPascal Lamyが共著者とともに指摘したように，先進国グループでは政治における地政学的議論と経済実態との間に大きな乖離が生まれている（Lamy and Köhler-Suzuki 2022）。現在の地政学

的緊張に対し適切な政策を考えていくことはもちろん大事である。しかし同時に，経済社会の根底では活発な経済活動が継続されており，グローバリゼーションも前に進んでいる。安全保障の論理は強力で，敵と味方を峻別し，最悪の事態に備えようとする。経済の論理においてトレードオフの中で最適な選択肢を考えようとする発想とはなかなか馴染まない。しかし，経済の論理を軽視すれば，人々の豊かな生活の維持に即座に影響し，ひいては国力の減退につながる。

　政治学の文脈では，超大国同士あるいはその同盟国・準同盟国グループ同士の協力・対立関係を理念，経済，パワーという３つの側面から概念化する。とくに２番目の「経済」については，政策に影響されながらも基本的には自立的に動いている実際の経済が背景にあり，政府がすべてをコントロールすることは容易でないという性格を有していることに注意したい。経済は相手側にダメージを与える economic statecraft の道具ともなりうるし，逆に経済的なつながりが利益をもたらして対立のコストを引き上げるという側面もある。たとえば米国内も経済に関しては決して一枚岩ではなく，国内政治の政治経済学が経済についての政策対応を決定していくこととなる。

　現在の日本にとって安全保障は重要かつ喫緊の問題であり，同盟国米国と歩調を合わせていかねばならないことは言うまでもない。米中関係，とくにサプライチェーンのデカップリングは，2022年後半から新たな段階にはいったのかも知れない。しかしそれでも，かつての米ソ冷戦のように，世界が真二つに割れるようなサプライチェーンの全面的なデカップリングにはエスカレートしていかない可能性が高い。アジア諸国を含め声を強めつつある Global South では，引き続き活発な経済活動が展開されている。米中貿易でさえ，先端半導体関連等を除く貿易・投資は継続されていくだろう。日本としては，とくにアジアとのお付き合いを psychological balancer として用い，賢い選択をしていかねばならない。

第 1 節 デカップリングはどこまで進んでいるのか

　マスメディアは連日，サプライチェーンのデカップリングの進行を報じているが，実際にはどこまで進んでいるのだろうか。

　米中対立は確かに激化してきている。当初は貿易赤字などを問題とする関税戦争に始まったが，次第に超大国間の技術覇権をめぐる争いへと拡大し，「安全保障」あるいは「機微技術」という言葉が拡大解釈され，対立の次元を広げていった。コロナ禍で反中感情が煽られ，そこに香港，新疆などで顕在化した人権・民主主義問題が加わり，米国の大統領がバイデンに代わって以降も米中関係はさらに悪化している。中国側の反応も苛烈であった。関税戦争では米国に対抗して対米関税を引き上げ，2020 年 1 月に「第 1 段階の合意」に至ったが，米国との対立の長期化を見越して重要物資の国内調達体制の強化，技術開発の加速を進めている。第 3 国，とくに小国に対しては，ことあるごとに貿易政策等を economic statecraft として発動し，大国の力を誇示している。2022年 10 月の共産党大会以降，とくに第 3 国に対しては柔和な外交姿勢を示す場面も見られるが，西側に対する対抗姿勢に変化はない。

　サプライチェーンに直接関係してくる米国の輸出規制は，2018 年 8 月の輸出管理改革法の再立法化を契機に漸次強化されてきており，とくにファーウェイなど特定企業を相手方とする輸出は目に見える規制対象となっている。2022年 10 月に米国が発表した中国向け先端半導体関連製品（物品・技術・ソフトウェア）の輸出管理規則の強化は，技術者の移動を含め中国国内における先端半導体生産に関わるすべてのチャンネルを塞ごうとするもので，日本をはじめとする同盟国等も巻き込む本格的なサプライチェーンのデカップリングに踏み出す契機となりそうだ[2]。また，2022 年 8 月に成立した CHIPS 法は，米国の半導体製造や研究開発のための補助金を供与するものであり，本補助金を受け取る企業は向こう 10 年間，中国で先端半導体の生産能力を拡大・更新することが禁じられる。米国は日本とオランダの企業による先端半導体製造装置の対中輸出を止めるべく両国政府と協議を行い，両国も輸出管理の導入を決めた。今後輸出規制等がどの範囲まで拡大していくのか，予断を許さない状況が生ま

れてきている。

　しかし，集計された貿易データからは全く違った世界が見えてくる。2021
年，米中貿易と日中貿易は，輸出入とも過去最高を記録した（JETRO 2022a,
2022b）[3]。2022年も上半期は好調，下半期はゼロコロナ政策等による中国経済
の減速と，おそらくは米中デカップリングの影響を一定程度受けて，顕著に減
速したが，それでも米中貿易は通年では過去最高を更新した（JETRO 2023）。
ここでわかってくるのは，中国を含むサプライチェーンは，一部の品目につ
いて貿易管理の影響を受けながらも，先端でない半導体を含めその他の品目につ
いては活発に動いているということである。

　サプライチェーンのデカップリングがどこまで進んでいくかについては，引
き続き注視していく必要がある。しかし一方で，サプライチェーン全体が完全
にデカップリングされる可能性は，よほどのことが起きない限りは小さい。さ
らなるデカップリングに備える一方，活力を維持している「その他経済」にど
のように関与していくべきか，よく考えねばならない。

第2節　ASEAN諸国の経済状況

　ASEAN諸国は1980年代後半から国際的生産ネットワーク（IPNs）（Ando
and Kimura 2005）あるいは第2のアンバンドリング（Baldwin 2016）を積
極的に導入し，中国を含む広域東アジアにおけるFactory Asiaの中核を成
してきた。経済規模では中国の後塵を拝しているが，機械産業を中心とする
IPNsに対するASEAN諸国の関与の度合いは中国よりもむしろ深い。Ando,
Kimura, and Yamanouchi（2022）は，2019年の世界176カ国の機械輸出入
データ（HS84-92）に重力モデルを適用して経済規模等を考慮した予測貿易額
を求め，実際の貿易額と比較した。ASEANの実績額・予測額比率は対世界輸
出入でそれぞれ247％，182％となっている。この数字は中国の143％，94％を
大きく上回っている。ASEAN域内輸出入では271％に達しており，日中韓と
の輸出入もすべて200％を超えている。ASEAN諸国は，輸出入国の経済規模
や2国間の距離等を勘案すれば，機械産業のIPNsに対するコミットメントが

極めて強いと言える。世界の国際分業は機械産業がリードする第 2 のアンバンドリング（タスク単位の国際分業）から第 3 のアンバンドリング（個人単位の国際分業）へと徐々にシフトしつつあるが，ASEAN 及び北東アジアを含む東アジアにおける前者の重要性はまだまだ高い。

　第 9-1 図は 2019〜21 年の ASEAN 諸国のモノの輸出入額を貿易相手国別に見たものである。新型コロナが広がった 2020 年でさえも，輸出はほとんど落ち込みがなく，輸入についても減少は軽微であった。2021 年も，数次の感染ピークを乗り越えながら，輸出入とも大きく伸びている。中国の比率は 2021 年に輸出で 16%，輸入で 24% と大きい。とくに輸入側は日本，米国，欧州連合 27 カ国（EU 27）からの輸入を足し上げたものを上回っている。直接投資や技術の流れなどを含めて考えるのであれば，この数字だけで中国経済との結びつきが圧倒的と結論づけることはできない。しかし，いかに米中のデカップリングが進んできたとしても，ASEAN にどちらにつくのか選ばせるということは非常に難しいことがわかる。

第 9-1 図　ASEAN10 カ国の相手国別財貨輸出入額

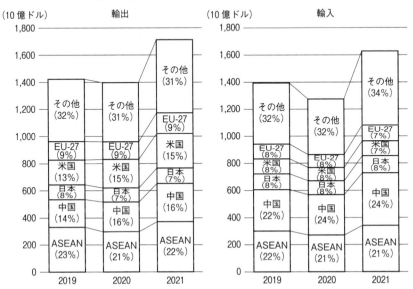

（資料）ASEAN 事務局 HP。

　Isono and Kumagai（2023）は geographical simulation model を用いて示唆に富むシミュレーション結果を得ている。東側諸国（ロシア，ベラルーシ，中国）と西側43カ国がお互いに全品目に25％関税をかけるという形のサプライチェーンのデカップリングを行った場合，ほとんどの当事国の厚生は低下する一方，第3国たとえば ASEAN の厚生は向上する。第3国に正の効果がもたらされるのは「正の貿易転換効果」を享受できるからである。一方，ASEANが東側，西側のどちらかに味方すると，ASEAN への厚生効果はマイナスとなる。米中で進むサプライチェーンのデカップリングには中立を保つことこそがASEAN の利益となるという論理が，経済モデルからも裏付けられる。

　2023年，世界経済全体のスローダウンが予想される中でも，ASEAN諸国の予測経済成長率は相対的に高い（第9-1表）。中国の経済成長率は2021年の8.1％から22年，23年は3.0％，4.3％と予測される一方，東南アジア計は3.3％から5.5％，少し下がって4.7％とされている。ちなみに，ADB（2022）は成長予測の前提条件として米国，ユーロ圏の2023年予測経済成長率をそれぞれ0.4％，0.1％としている。

　ASEAN は日本企業にとって中国，米国を上回る対外直接投資の対象地域であり，日本企業の利益の源泉でもある。ASEAN にとっての日本の重要性は相

第9-1表　アジア発展途上諸国の経済成長率（%）

	2021	2022（f）	2023（f）
東アジア計	7.7	2.9	4.0
中国	8.1	3.0	4.3
韓国	4.1	2.6	1.5
台湾	6.6	3.4	3.0
東南アジア計	3.3	5.5	4.7
インドネシア	3.7	5.4	4.8
マレーシア	3.1	7.3	4.3
フィリピン	5.7	7.4	6.0
シンガポール	7.6	3.3	2.3
タイ	1.5	3.2	4.0
ベトナム	2.6	7.5	6.3
南アジア計	8.1	6.5	6.3
インド	8.7	7.0	7.2

（注）東アジア計，東南アジア計，南アジア計は別記した国以外も含む。
（資料）ADB（2022）。

対的に低下してきているが，それでもほとんどの ASEAN 諸国において日本
は信頼できるパートナーとの評価を維持している。「その他経済」の部分で
ASEAN と連携していくことは日本にとって極めて重要である。

第 3 節　ASEAN・アジアに対する経済外交のあり方

　日本は ASEAN あるいはより広域のアジアに対してどのような政策をもっ
て接していくべきであろうか。以下の 3 点について議論を喚起したい。
　第 1 に，ASEAN・アジアとのお付き合いにも関わるが，まずは日本自身の
問題として，経済安全保障対策によって管理される部分の経済と，それ以外で
自由な経済活動の下に置いておくべき経済とをできるだけ明確に区別し，また
貿易管理も可能な限り効率的に行う体制を整えるべきである。
　2 つの部分の間の境界線は，安全保障概念が拡大解釈され，また技術の軍民
分離が不明確となっている今，強い意志をもってはっきりと線を引かねばなら
ない。さもなくば，民間企業の直面する不確実性を増大させ，経済活動全体に
萎縮効果がもたらされることとなる。これは，日本政府独自の経済安全保障関
連政策にとどまらず，米国との連携で施行される政策，あるいは米国政府によ
る貿易管理の域外適用についても生じてくる問題である。そのあたり，米国の
大手企業は米国政府と適宜コミュニケーションをとりつつ，うまくやっている
に違いない。日本としては，過度に忖度して日本企業の活動を不必要なまで制
限してしまわないよう明確に意識すべきである。貿易等の管理を効率的に行
い，不要な遵守費用が生じないようにすることもあわせて重要である。これら
がうまく行かないと，とくに中小企業に対し大きなコストとしてのしかかって
くることにも注意したい。
　第 2 に，ASEAN・アジアに対しては，米中どちらにつくのかと踏み絵を迫
るのではなく，少しずつでも味方になってもらえるよう，魅力的なアジェンダ
を盛り込んだ経済外交を展開していくべきである。誰にどう思われようと全方
位外交を貫こうとするインドはもとより，ASEAN も，サプライチェーンのデ
カップリングが部分的なものにとどまる限りは，踏み絵を踏まされないよう逃

げ回るであろうし，また本当に踏まねばならない時はどちらに加勢するかは何とも言えない。ASEAN の人々も，中国の政治体制が抱える問題点はよく認識しているし，中国が安全保障上の脅威となる危険性もわかっている。しかし一方で，中国との間の経済関係はすでに広範にわたっており，さらに深化しつつある。かりに中国依存を大幅に減らしたとしても，米国，日本その他がそれに代わるコミットメントをしてくれる保証もない。こういう状況をみれば，まずは西側から離反してしまわぬよう，関与を強めていくしかない。

　問題は経済面でどのようなオファーができるかである。ASEAN にとっての日本の魅力が相対的に減衰していることは認めざるを得ない。たとえば，インド太平洋経済枠組み（IPEF）の交渉などでは，米国以上に ASEAN と緊密な関係を築いてきた日本がアイデアを出すべきなのだが，なかなか難しい。しかし，ASEAN は IPNs を目一杯活用して経済発展を遂げてきたわけで，多くのメンバー国において製造業の重要性も再認識されつつある。さらに，新しい話題はデジタルとグリーンである。やれることをしっかりとやっていくしかない。

　地政学的緊張に対する備えについては，ASEAN に助力できそうなこともある。米国の先端半導体関連の輸出規制の域外適用や新疆ウイグル関連品の輸入規制への対応などで協力していくこともできるだろうし，またサイバーセキュリティ強化のためのシステム作りにも入り込んでいけるはずである。そういったところを入口に，信頼関係をさらに深めていかねばならない。

　第3に，貿易管理等にゆだねる部分以外の経済活動については，ルールに基づく国際貿易秩序の下に置き，経済のダイナミズムを保持していくよう努力すべきである。その際にも，アジア諸国とりわけ ASEAN 諸国との連携が重要となる。

　米中及び両陣営に属する国々は，広義の安全保障のためとして，既存の通商ルール，なかんずく世界貿易機関（WTO）のルールをあからさまに無視する政策を採る傾向を強めている。米国のトランプ政権下に発動された 1962 年通商拡大法 232 条や 1974 年通商法 301 条，さらにその対象国による対抗措置はその発端であった。2020 年 1 月の米中第 1 段階合意も無差別原則等を無視しているし，直近の CHIPS 法，さらには他の先進国でも導入されつつある半導

体産業育成策などもこれまでの政策規律を大きく逸脱するものとなる可能性が高い。

　先進諸国がこのような状況にあるにもかかわらず，ASEAN 諸国等は野放図に行動するのではなく，ルールの重要性を認識すべきである。それは，ルールが本当に壊れてしまった時に一番困るのは彼らだからである。超大国あるいは先進国が安全保障を理由にルール違反をすることは止められない。しかし，少なくとも貿易管理の外にある経済はルールの下に置いておかないと，グローバリゼーションを積極的に活用する開発戦略が動かなくなってしまう。このことは，インドは理解しないかも知れないが，ASEAN 諸国にはわかるはずである。

　ルールに基づく国際貿易秩序というアプローチは，中国に対しても一定程度有効である。中国はルールを守らない国であるからルールの重要性を説いても無駄だというのが大方の見方かも知れない。しかし，渡邉・加茂・川島・川瀬（2021）が明解に示したように，中国には国際機関等の場で尊敬される超大国として発言権，彼らの言葉では「制度性話語権」を確保したいとの強い願望があり，そのために「渉外法治工作」を展開しようとしている。ルール自体の重要性を理解しているわけではないが，ルールを守る立派な国として認められたいという思いは強い。これだけで中国の改革が大きく進むということではないにしても，他国が何を心配しているのかをわかってもらうのも無駄ではない[4]。

　日本と ASEAN が協力してルールに基づく国際貿易秩序保持のためにできることはいろいろある。一つは WTO の紛争解決機能の復活に向けての働きかけである。WTO の紛争解決制度は小委員会（パネル）と上級委員会の2審制から成る。第2審の上級委員会は任期4年（再任可）の7名の上級委員によって構成され，紛争案件1件につき3名が審理に当たることとなっている。上級委員の任命には全加盟国のコンセンサスが必要となるが，米トランプ政権成立後，米国が上級委員の選任をブロックしている。そのため，上級委員は2019年12月には1名のみ，2020年11月に最後の1名が任期切れとなり，上級委員会は機能停止に陥ってしまった。米国は WTO 紛争解決制度の改革の必要性を主張しており，それに対応して各国もさまざまな改革案を提示してい

るが，合意に至っていない。2022年6月の第12回WTO閣僚会議の際に発出された成果文書では，「2024年までにすべての加盟国が利用できる完全なかつよく機能する紛争解決制度の実現を目的として議論を行うことにコミットする」とされている。日本及びASEAN諸国としてもWTO紛争解決制度の機能回復のためにできる限りの努力を続けていくべきである。

WTO紛争解決制度も完全に止まってしまったわけではなく，第1審のパネルの方は動いている。問題は，パネル判断が出された後に上訴されると，上級委員会は機能停止状態なので，最終的な審理が下されないいわゆる「空上訴」となってしまうことである。すでにこのようなケースが12件積み上がってきている[5]。EUは暫定的に上級委員会を代替する機能としてMPIA（多国間暫定上訴アレンジメント）と呼ばれる仲裁手続きを提案し，2020年4月に発効している。現在，EUを含む25の国・地域が参加しており，東アジアでは中国，香港，シンガポール，オーストラリア，ニュージーランドがメンバーとなっている。2023年3月にWTO上級委員会がいつ機能回復を果たせるかわからない現状を踏まえ，日本もMPIAへの参加の意向を表明した[6]。

ルールが緩んできたこともあり，新興国・発展途上国においてもWTO紛争解決が動いていればルール違反と判定されるであろう政策も目につくようになっている。とくにインドネシアは，電動自動車のバッテリー等に用いられるニッケルの輸出禁止措置，ローカルコンテンツ要求などを明示的に導入している。通商政策についてはどの国も何らかのルール違反に近いことをしていたりするわけだが，できるだけ他の問題とならない政策に置き換えたり，またそれができなくても大方針としてルールの重要性を主張するよう，促していかねばならない。

もう一つは，メガ自由貿易協定（FTAs）の活用である。メガFTAsはかねてからより進んだ自由化とより深い国際ルール作りを目的として進められてきたが，それに加えて政策リスクの軽減とルールに基づく国際貿易秩序の維持も大事な役割として意識されるようになってきている。とくに地域的な包括的経済連携（RCEP）は，中国を含む東アジア全体をカバーし，東アジアIPNsを包摂するものである。ASEAN経済統合の経験にならい，RCEPでは毎年の閣僚会議開催と合同委員会，4つの小委員会，事務局の設置が定められている。

メンバー内で政策リスクが生じて来た時にはこれらの場を通じてコミュニケーションを深めるべきであり，またルールに基づく国際貿易秩序の重要性を繰り返し再確認することが望まれる[7]。また，多くの FTAs には紛争解決機能が盛り込まれているが，東アジアではほとんど利用されたことがない。昨今の事情を踏まえれば，地域内での紛争解決も検討していくべきだろう。

結　語

　脱グローバリゼーションを唱える識者が増えている。しかし，そう簡単に諦めてはならない。技術進歩が止まらない限り，グローバリゼーションの余地は着実に拡大していくし，またそれがグローバリゼーションを活用する経済的インセンティブを生んでいく。そのメカニズムを有効に使いながら経済発展を進め，また人々の暮らしをよりよいものにしようとするのは当然の方向づけである。

　経済安全保障政策の当否についてはまた別途検討する必要がある。昨今の日本の状況を考えれば，安全保障対応の強化はある程度は許容されるべきであり，またそのために既存の通商政策規律を一部逸脱することもやむを得ないかも知れない。しかし，完全なデカップリングにはおそらく到達しない。管理下に置かれる経済の外側に，自由闊達な経済が残るはずである。その部分を忘れてはならない。ASEAN はそのことを思い出させてくれる貴重な隣人である。

[注]
1）グローバリゼーションの度合いを表す指標として（輸出＋輸入）／GDP がしばしば用いられる。世界全体のこの指標を見て，グローバリゼーションは 2000 年代後半にピークを迎え，その後はデ・グローバリゼーションが始まったとされている。しかしこの結果は中国一国の特殊事情によって生み出されたものであり，中国以外の国においてはこの指標のピークは必ずしも観察されない。Baldwin（2022）参照。
2）JETRO（2022c）参照。
3）報道によっては，2022 年の米中貿易は「4 年ぶりに」過去最高を記録したとしている（たとえば日本経済新聞 2023）。この食い違いはおそらく，米中どちら側のデータを用いるかなどによるものではないかと推測される。
4）渡邉（2022）は国有企業，Kimura（2022b）は電子商取引ルールの文脈で，中国に対する政策の

規律づけの可能性を検討している。中国の CPTPP 加盟申請への対応においても，安易に話を進めてしまうのではなく，まずは中国側の政策対応が不十分であることをはっきりと指摘し，今の準備状況では正式交渉を開始する資格を得られないことを理解してもらうべきである。

5）経済産業省資料による。日本の申し立て案件についても，パネル段階にあるものが2件（DS601：対中国ステンレス製品 AD 措置，DS584：対インド ICT 製品関税引上げ措置），上級委員階（実質塩漬け）のものが2件（DS553：対韓国ステンレス棒鋼 AD 措置，DS518：対インド鉄鋼製品 SG 措置）となっている。

6）筆者も委員として参加した WTO 上級委員会の機能停止下の政策対応研究会は，(i) 日本の MPIA への参加，(ii) MPIA 以外の仲裁の活用，(iii) 空上訴への対抗措置整備の検討を提言していた（WTO 上級委員会の機能停止下の政策対応研究会 2022）。なお筆者は，(i)，(ii) については賛成しつつ，(iii) に関しては WTO 整合性の観点から慎重であるべきとの立場である。

7）RCEP の果たすべき役割については Kimura（2021, 2022a）を参照されたい。

［参考文献］

Ando, Mitsuyo and Kimura, Fukunari (2005), "The Formation of International Production and Distribution Networks in East Asia." In T. Ito and A. K. Rose, eds., *International Trade in East Asia (NBER-East Asia Seminar on Economics, Volume 14)*, The University of Chicago Press: 177-213.

Ando, Mitsuyo; Kimura, Fukunari; and Yamanouchi, Kenta (2022), "East Asian Production Networks Go beyond the Gravity Prediction," *Asian Economic Papers*, 21 (2): 78-101.

Asian Development Bank (ADB) (2022), *Asian Development Outlook: Supplement*, December, Manila: ADB.

Baldwin, Richard (2016), *The Great Convergence: Information Technology and the New Globalization*, Cambridge, MA: The Belknap Press of Harvard University Press.

Baldwin, Richard (2022), "The Peak Globalisation Myth: Part 1," VoxEU Column, Aug. 31, 2022 (https://cepr.org/voxeu/columns/peak-globalisation-myth-part-1).

Isono, Ikumo and Kumagai, Satoru (2023), "ASEAN's Role in the Threat of Global Economic Decoupling: Implications from Geographical Simulation Analysis," ERIA Policy Brief, No. 2022-10, February.

Kimura, Fukunari, (2021), "RCEP from the Middle Powers' Perspective," *China Economic Journal*, 14 (2): 162-170.

Kimura, Fukunari (2022a), "A Framework for Ongoing Commitments to RCEP Process," *East Asia Forum Quarterly*, January-March: 3-5.

Kimura, Fukunari (2022b), "The Rules-based Approach to Cope with China: The Case of E-commerce," Working Paper, Strategic Japan 2022: Competition in New Domains, Washington, DC: Center for Strategic & International Studies (CSIS) (https://csis-website-prod.s3.amazonaws.com/s3fs-public/FINAL_Strategic% 20Japan_Kimura.pdf?2JyvXYPKYiUOY6wXplRpquT4SjTvaab8).

Lamy, Pascal and Köhler-Suzuki, Nicolas (2022), "Deglobalization Is Not Inevitable: How the World Trade Organization Can Shore Up the Global Economic Order," *Foreign Affairs*, June 9.

WTO 上級委員会の機能停止下の政策対応研究会（2022），『中間報告書』（https://www.meti.go.jp/press/2022/06/20220627001/20220627001-d.pdf）。

日本貿易振興機構（JETRO）（2022a），「2021 年の日中貿易，2011 年以来 10 年ぶりに過去最高を更新」，地域・分析レポート，3月 25 日。

日本貿易振興機構（JETRO）（2022b），「2021 年の米中貿易，輸出入額ともに過去最高，半導体の輸

入も増加」, 地域・分析レポート, 3 月 29 日。

日本貿易振興機構 (JETRO) (2022c),「米商務省, 中国を念頭に半導体関連の輸出管理を強化」, ビ
ジネス短信, 10 月 11 日。

日本貿易振興機構 (JETRO) (2023),「2022 年の米中貿易は微増も過去最高を更新, 蓄電池の対米輸
出が急増」, ビジネス短信, 2 月 16 日。

日本経済新聞 (2023),「米中貿易額, 4 年ぶり最高：昨年, 日用品・食品など伸び 安保関連以外で依
存強く」, 2 月 8 日。

渡邉真理子 (2022),「中国の「異質な」経済体制と通商ルール—実効性のある規律づけはできるの
か—」, 木村福成, 西脇修編『国際通商秩序の地殻変動：米中対立・WTO・地域統合と日本』,
勁草書房。

渡邉真理子, 加茂具樹, 川島富士雄, 川瀬剛志 (2021),「中国の CPTPP 参加意思表明の背景に関す
る考察 (改訂版)」, RIETI Policy Discussion Paper Series 21-P-016 (9 月 11 日)。

（木村福成）

第 **10** 章

RCEP の今後の課題と日本の役割

はじめに

　RCEP については，8 年間にわたる交渉を経て，インドが離脱したものの，2020 年 11 月の RCEP 首脳会議で 15 カ国により署名され，2022 年 1 月より発効した。RCEP の締結により，世界の GDP，貿易総額及び人口の約 3 割を占め，これらの規模で NAFTA，EU，CPTPP を上回る巨大なアジアの広域経済圏の実現に向けて動き出した。RCEP は，東アジアのサプライチェーンの拡大・深化に寄与するとともに日本が提唱した「自由で開かれたインド太平洋（FOIP）」の推進にもつながる経済連携協定である。とくに日本として RCEP により初めて FTA を結んだ中国，韓国への市場アクセスを改善したことや，電子商取引，知的財産，貿易円滑化等の分野で WTO や既存の ASEAN ＋ 1 のFTA と比較してより高水準のルールを規定したことの意味は大きい。

　2010 年代半ば以降，米中対立，ロシアのウクライナ侵略などの地政学的な構造変化や，気候変動，格差・分配，デジタル化等のグローバルな課題が顕在化し，とくに 2020 年以降，コロナ禍の拡大によりこうした動きが増幅した。地政学的な構造変化やグローバルな課題により生じた保護主義やサプライチェーンの分断といった問題に対して日本としても対応を求められている。RCEP について履行の強化や利活用の拡大に加え，将来，協定内容の深堀りやスコープの拡大を進めていくことが不可欠である。また，RCEP の枠組みを超えて，アジアを中心とする他の EPA ／ FTA や地域協力との連携・連動を考える視点が必要である。

第 1 節　RCEP 発効の意義

1. RCEP の発効

RCEP については，8 年間にわたる交渉を経た末，2020 年 11 月の RCEP 首脳会議で 15 カ国により署名された。当初の 16 カ国の交渉参加国から残念ながらインドが離脱したものの，RCEP の締結により，世界の GDP，貿易総額及び人口の約 3 割を占め，これらの規模で NAFTA，EU，CPTPP を上回る巨大な東アジアの広域経済圏の実現に向けて動き出した。

RCEP 協定は，ASEAN10 カ国のうち 6 カ国以上，日本，中国，韓国，オーストラリア，ニュージーランドのうち 3 カ国以上が批准書等を預託することにより発効する。RCEP は 2022 年 1 月に 10 カ国について発効し，同年 2 月の韓国，同年 3 月のマレーシア，2023 年 1 月のインドネシア，同年 6 月のフィリピンも加えて，現時点でミャンマーを除く 14 カ国について発効している。

2. 東アジアのサプライチェーン拡大・深化への寄与

RCEP の発効により，東アジアでのサプライチェーンがさらに拡大・深化することが期待される。ASEAN を中心とする東アジアでは 1980 年代以降，海外からの対内直接投資の拡大により域内の産業サプライチェーンが拡大し，実態面での地域経済統合が先行した。多くの中間財（部品）が日本，中国，韓国及び ASEAN を行き来しながら加工され，最終的に組み立てられた完成品が主に中国や ASEAN から北米・EU 等に輸出されている。

1990 年代以降になると，AFTA，ASEAN + 1 の FTA，RCEP など ASEAN を中心とする FTA のネットワーク化が進み，こうした制度面での地域経済統合が実態面での地域経済統合を後押ししている。RCEP は，東アジア地域の市場アクセスを改善し，幅広い分野で統一されたルールを定め，地域に広がりのあるサプライチェーンのさらなる効率化・活性化に寄与している。ASEAN を中心とする RCEP が実現したことは，東アジア地域全体の貿易・投資の自由

化・円滑化を進めていく上で大きな意味を持つ。

3.「自由で開かれたインド太平洋（FOIP）」の推進

　地政学的な観点からみると，RCEP は自由で開かれたインド太平洋（FOIP）の推進に寄与することが期待される。我が国が提唱する「自由で開かれたインド太平洋（FOIP）」はインド太平洋地域全体の平和と繁栄を保障し，いずれの国にも安定と繁栄をもたらすために，ASEAN の中心性，一体性を重視し，包括的かつ透明性のある方法で，ルールに基づく国際秩序の確保を通じて，自由で開かれたインド太平洋地域を「国際公共財」として発展させることを目指している[1]。

　FOIP の実現に向けた取組の柱の一つとして，EPA/FTA や投資協定を含む経済連携の強化を通じた経済的繁栄の追求が掲げられている。米中対立，パンデミック，ロシアのウクライナ侵略等を背景とした国際秩序の軋みや世界経済の混乱を背景に保護主義的な措置をとる国が増えてくる中で，RCEP やCPTPP の締結を通じて質の高い市場アクセスや電子商取引・知的財産などのルール整備を実現することがインド太平洋地域における経済秩序の安定につながるものと考えられる。

4. RCEP の経済効果

　RCEP の経済効果に関する日本政府の試算によれば，我が国の実質 GDP は，RCEP 協定がない場合に比べて，相当の調整期間を経て最終的には約 2.7％押し上げられることが示された。これを 2019 年度の実質 GDP 水準で換算すると，約 15 兆円に相当する[2]。日本政府による経済効果試算によれば，CPTPPが 7.8 兆円（GDP1.5％押し上げ），日 EU・EPA が 5 兆円（GDP1％押し上げ）となっており，RCEP の経済効果は，他のメガ FTA と比較して大きくなっている。これは，日本の貿易額に占める貿易相手国の割合について，RCEP（47％）が CPTPP（15％），日 EU・EPA（12％）より圧倒的に高く，また，RCEP を通じて日本との貿易額の割合が高い中国（21.3％），韓国（5.3％）と

第 10-1 表　メガ FTA の比較

	RCEP	CPTPP	日 EU・EPA
名目 GDP（対世界比）	29％	13％	24％
1 人当たり GDP	10,940 ドル	21,961 ドル	36,601 ドル
人口（対世界比）	30％	7％	8％
貿易額（対世界比）	27％	15％	33％
日本との貿易額	47％	15％	12％
経済効果試算	15 兆円 （GDP2.7％押し上げ）	7.8 兆円 （GDP1.5％押し上げ）	5 兆円 （GDP1％押し上げ）

	RCEP		CPTPP		日 EU・EPA	
	品目数 ベース	貿易額 ベース	品目数 ベース	貿易額 ベース	品目数 ベース	貿易額 ベース
参加国全体の関税撤廃率	91％	89％	99％	99％	日本 94％ EU100％	日本 98％ EU100％

（資料）世界銀行統計，財務省貿易統計，内閣府資料等。

新たに FTA を結んだことで関税削減の経済効果が高くなったものと考えられる（第 10-1 表）。

5.　市場アクセス

　日本と RCEP 参加国との貿易が日本と世界との貿易に占める割合は，2019 年で 5 割程度であり，RCEP 締結は日本にとって大きな経済的なメリットがある。また，前述のとおり日本からみれば，中国，韓国との間では初の経済連携協定となる。日本と両国との貿易が日本と世界との貿易に占める割合は 27％ である。

　関税撤廃率は，日中間で 86％，日韓間で 81～83％ となるなど 3 カ国間の物品貿易の市場アクセスが大幅に改善された。工業製品の対日無税品目の割合については，中国が 8％ から 86％，韓国は 19％ から 92％ に上昇し，日本にとり貿易自由化のメリットは大きい。工業製品では，中国向けの電気自動車・ガソリン車用の重要部品，鉄鋼製品，繊維製品，韓国向けの自動車部品，化学製品，繊維製品などで新たな関税撤廃を実現した。また，日本との間ですでに

AJCEPや二国間EPAを結んでいるインドネシアでは鉄鋼製品，タイではディーゼルエンジン部品の関税撤廃を実現した。また，農林水産品等でも市場が拡大している中国，韓国や一部ASEAN諸国に対して加工食品，水産物，清酒等の関税撤廃を実現した（第10-2表）。

　また，中国・韓国とASEANとの間ではすでにASEAN+1のFTAが結ばれているが，RCEPで関税撤廃・削減等を深堀りしたことにより，中国・韓国・ASEANに進出した日系企業が自動車部品，鉄鋼製品，石化製品等の工業製品で市場アクセス改善の恩恵を受け，サプライチェーンの拡大・深化を進め

第10-2表　RCEPの物品貿易自由化

日本産品のRCEP協定締約国市場へのアクセス
【対日関税撤廃率（品目数ベース）】86%～100%（ASEAN・豪・NZ），86%（中），83%（韓）
工業製品
✓14カ国全体で約92%の品目の関税撤廃を獲得。
✓ 中国及び韓国における無税品目の割合が上昇（中国：8%→86%，韓国：19%→92%）。
（最終的な関税撤廃品目の例）
・中国：電気自動車用の重要部品（モーターの一部，リチウムイオン蓄電池の電極・素材の一部），ガソリン車用の重要部品（エンジン部品の一部，エンジン用ポンプの一部），鉄鋼製品（熱延鋼板の一部，合金鋼の一部），繊維製品（合成繊維織物の一部，不織布）。
・韓国：自動車部品（カムシャフト，エアバッグ，電子系部品），化学製品（液晶保護フィルムの原料），繊維製品（合成繊維織物の一部，綿織物の一部）。
・インドネシア：鉄鋼製品（ばねの一部，貯蔵タンク）。
・タイ：ディーゼルエンジン部品の一部。
農林水産品等
✓ 中国等との間で我が国の輸出関心品目について関税撤廃を獲得。
（最終的な関税撤廃品目の例）
・中国：パックご飯等，米菓，ほたて貝，さけ，ぶり，切り花，ソース混合調味料，清酒。
・韓国：菓子（キャンディー，板チョコレート），清酒。
・インドネシア：牛肉，醤油。
RCEP協定締約国産品の日本市場へのアクセス
【日本の関税撤廃率（品目数ベース）】88%（対ASEAN・豪・NZ），86%（対中），81%（対韓）
工業製品
✓ 化学工業製品，繊維・繊維製品等について，関税を即時又は段階的に撤廃。
農林水産品等
✓ 重要5品目（米，麦，牛肉・豚肉，乳製品，甘味資源作物）を関税削減・撤廃から除外。
✓ 中国に対しては，鶏肉調製品や野菜等（たまねぎ，ねぎ，にんじん，しいたけ，冷凍さといも，冷凍ブロッコリー，うなぎ調製品等）を関税削減・撤廃の対象とせず。

　（資料）外務省，財務省，農林水産省，経済産業省。

やすくなった。

　原産地規則に関しては，ASEAN＋1 の FTA ごとに異なっているが，RCEP では統一された原産地規則を規定している。原産地規則に柔軟性を持たせ，複数国間での付加価値の累積を認めるとともに，一部品目では，付加価値基準と関税番号変更基準の選択制，付加価値基準の柔軟化を認めている。域内で原産地規則が統一されたことから，FTA のスパゲティボール現象を解消し，企業の貿易に関する管理コスト低減が可能となった。

　サービス貿易章では，RCEP 締約国のうち 7 カ国がネガティブリストを採用し，残り 8 カ国も一定期間の後にポジティブリストからネガティブリストに移行する結果，自由化の留保業種について，その法的根拠がすべて明記され，サービス貿易自由化の可視化が進むこととなった。また，国によって対象業種は異なるが，消費者向けサービス（小売，不動産，保険・証券，福祉，理容等）や事業者向けサービス（物流，エンジニアリング，環境，広告等）などで，外資出資比率に関する規制緩和など新たな約束を実現した。

　投資章では，投資財産の保護のみならず，投資の自由化に関しての規定が盛り込まれ，ネガティブリストに基づき，投資の許可段階（設立前）の内国民待遇及び最恵国待遇の原則供与が認められた。また，技術移転要求，ロイヤリティ規制等のパフォーマンス要求の禁止の規定が置かれたほか，いったん緩和・撤廃を約束した規制を，再び強化することを禁止するラチェット規定も設けられた。

6. ルール整備

　RCEP は，サービス化，デジタル化が進む東アジア地域において，電子商取引，知的財産，貿易円滑化などの分野で確固たるルールを構築し，自由で公正な貿易体制を構築することに貢献している。これらルール分野では，企業活動の喫緊の課題に対応した，WTO や既存の ASEAN＋1 の FTA と比較してよりハイスタンダードなルールを規定することが可能となった。

　たとえば，電子商取引章では，情報の電子的手段による自由な越境移転（データフリーフロー），コンピュータ関連設備の設置要求禁止（データローカ

ライゼーション）といった電子商取引を促進するための規定に加え，オンラインの消費者の保護や個人情報の保護といった信頼性を確保するための規定も導入した。ソースコードの開示要求禁止，金融分野にかかるデータフリーフローやデータローカライゼーション等の扱い等は，「電子商取引に関する対話」を実施して，協定見直しのプロセスで検討していくこととなった。

　また，知的財産章や貿易円滑化章などでも，WTO や既存の ASEAN＋1 のFTA を上回る規律・ルールを規定している。たとえば，知的財産では，税関職員による模倣品の職権差止め・廃棄権限の付与，周知商標の保護（自国・他国での登録要件の禁止），悪意商標の出願の拒絶・登録の取消等に関して規定している。貿易円滑化では，可能な限り 48 時間以内に貨物の通関（腐敗しやすい貨物は 6 時間未満での貨物の引取り）の許可など数量目標を設定した。

　このように RCEP において，発展段階や制度の異なるアジアの多様な国々の間で電子商取引，知的財産，貿易円滑化等の幅広い分野を規定したことにより，地域における自由で公正な経済ルールを構築し，多角的自由貿易体制やEPA ／ FTA の下での将来の国際ルール作りに ASEAN 等の途上国が参加する際の土台を構築することができた。

第 2 節　RCEP の今後の課題と日本の役割

1．RCEP の今後の課題

　2000 年代からのアジアを中心とする FTA 網の発展を土台として，日本は，2010 年代前半から TPP，RCEP，日中韓，日 EU・EPA 等のメガ FTA の交渉を積極的に進めた。この結果，2022 年の RCEP の発効により日本の貿易額に占める FTA 署名・発効相手国の割合（FTA カバー率）は約 8 割となった。WTO や EPA ／ FTA による貿易・投資の自由化を通じて，アジアを中心とする地域の産業サプライチェーンは拡大・深化し，域内各国は経済成長の恩恵を受けた。他方，2010 年代半ば以降，米中対立，ロシアのウクライナ侵略などの地政学的な構造変化や，気候変動，格差・分配，デジタル化等のグローバ

ルな課題が顕在化した。とくに2020年以降，コロナ禍の拡大によりこうした動きが増幅し，さまざまな経済・社会の課題解決や持続的な成長に向けて国家が大きな役割を果たさなければならない時代となってきた。

　第1に，地政学的な構造変化やグローバルな課題によって生じた保護主義やサプライチェーンの分断に対応するため，RCEP の利活用の拡大や履行の強化を通じた域内の貿易・投資のさらなる拡大を目指す必要がある。第2に，環境，労働，デジタル化などのグローバルな課題や国家資本主義，経済安全保障等の新たな動きに対応するため，RCEP 協定の内容の深堀りやスコープの拡大を不断に進めていくことが大切である。第3に，こうした課題の解決のために

第 10 - 3 表　RCEP の今後の課題と日本の役割

	現状の課題	日本の役割	
		RCEP	他の FTA や地域協力
利活用の拡大	・日本では対中国・対韓国の利用が大部分 ・中小企業の利用率が低い	・原産地証明書の電子化等を通じた貿易関連の国際手続のデジタル化 ・中堅・中小企業の EPA 利用のためのデジタルプラットフォーム構築 ・新輸出コンソーシアムの活用等の中小企業輸出支援	
履行の強化	・とくに途上国政府を中心とした運用の不備（原産地証明書，特恵関税率・域内累積等の運用）	・協定履行のモニタリングの強化 ・途上国政府に対するキャパビル ・産業界との対話によるビジネス環境改善	
内容の深堀り	・他の FTA と比較して低い関税自由化水準 ・ルール分野でも多くの見直し項目が残存	・協定見直し交渉での関税撤廃・削減品目の拡大 ・協定見直し交渉でのルールの深堀り	・日中韓 FTA，ASEAN との二国間 FTA 交渉での協定内容の深堀り・スコープの拡大
スコープの拡大	・新たなグローバル課題や地政学的な構造変化に対応したルール整備が不十分	・協定見直しプロセスでの環境，労働，国有企業，規制の整合性など新章の設置の検討	・高いレベルの自由化やルールを満たす RCEP 締約国の CPTPP 加入（各国事情を踏まえ厳正に検討） ・IPEF でのデジタル・労働・環境等のルール作り
メンバーの拡大	・RCEP におけるインドの交渉離脱，南アジア諸国の不在 ・アジアの地域経済統合に対する米国の関与の弱さ	・インドの RCEP 復帰への働きかけ（日印産業協力，サプライチェーン強靭化イニシアティブ） ・南アジア諸国の加入支援	・AOIP や IPEF を通じた米国，インドの地域協力への参画拡大 ・米国の CPTPP への復帰

（資料）筆者作成。

は，RCEP の枠組みを超えて，他の EPA ／ FTA や地域協力と連携・連動する視点が重要と考えられる。

2. RCEP の利活用の拡大

　RCEP を始めとして主要な貿易相手国との間でメガ FTA が結ばれ，産業界による EPA 等の利活用をさらに拡大していくことが重要な課題となっている。日本商工会議所によれば，RCEP については，発効後 1 年間（2022 年 1 月～12 月）で 8 万 9884 件もの原産地証明書が発給されており，他の EPA と比較すると同じ時期の日タイ（9 万 3412 件）と同程度，日インド（5 万 8000 件），日インドネシア（5 万 2510 件）をかなり上回っている。また，RCEP の原産地証明書の内訳をみると，RCEP を通じて新たに FTA を結んだ中国，韓国の発給件数が多い[3]。今後，RCEP の中で，対中国，韓国以外でも，より原産地規則が緩い品目や，今後のステージングで関税が撤廃・削減される品目を中心に活用が拡大することが期待される。

　他方，JETRO のアンケート調査によれば，FTA/EPA 締結国へ輸出を行う日本企業のうち，当該 FTA/EPA を利用している企業は 49％であり，大企業の利用率は約 6 割（検討中も入れると 8 割弱）だが，中小企業の利用率は低く 4 割程度にとどまっている[4]。日本政府においては，2020 年 12 月に「総合的な TPP 等関連政策大綱」[5]を改訂し，中堅・中小企業等の新市場開拓のための総合的支援体制を強化し，原産地証明書等のデジタル化を含む貿易に係るビジネス環境の整備に取り組むこととなっている。こうした背景も踏まえつつ，RCEP 等の EPA の利活用促進を目的として，① 原産地証明書の電子化等を通じた貿易関連の国際手続のデジタル化，② EPA 関連の国内手続のデジタル化（中堅・中小企業の EPA 利用のためのデジタルプラットフォーム構築），③ 新輸出コンソーシアムの活用，セミナーの実施や相談窓口の充実などきめ細やかな中小企業支援等に取り組んでいくことが期待される。

3．RCEP 協定の履行の強化

　WTO の仕組みが脆弱化し，保護主義的な動きが懸念される中，協定の発効後も RCEP の実効性を担保することが必要不可欠である。RCEP では，締約国による協定の着実な履行を確保するために，① RCEP 閣僚会合を原則毎年開催すること，② RCEP 合同委員会及び補助機関（各委員会）を設置すること，③ RCEP 事務局を設置することが定められている。2022 年 4 月に開催された第 1 回 RCEP 合同委員会では，協定の実施・運用に関する議論が行われたほか，物品，サービス・投資，持続可能な成長，ビジネス環境に関する各委員会の設置が決定された。また，同年 9 月に開催された発効後第 1 回 RCEP 閣僚会合[6]では，RCEP 協定の利用拡大，地域のビジネス環境改善のため，RCEP 協定履行のモニタリング及び見直しの作業を進めていくことが決まった。日本政府としても，協定の着実な執行のために，原産地証明書の発給円滑化，特恵関税率・関税割当の確実な運用，域内累積の確実な運用等を進めるとともに，産業界に対して関連情報を迅速に提供することが求められている。

　今後，RCEP は地域の貿易・経済分野の対話・協力のプラットフォームとして発展することが期待される。協定の履行を確実なものとするために途上国向けのキャパシティ・ビルディングの取組を推進することは重要な課題である。たとえば，原産地規則の運用，サービス貿易のネガティブリスト化，電子商取引に関連した法制整備などさまざまなニーズがあり，日本としても各国政府や国際機関と連携してキャパシティ・ビルディングの取組を進めていくことが考えられる。また，域内のビジネス環境整備のため，産業界との対話や協力を進めることも必要である。たとえば，東アジアビジネスカウンシル（EABC），ASEAN 日本人商工会議所連合会（FJCCIA）などの産業界のフォーラムが RCEP の普及・啓蒙や運用改善に向けた活動を行っており，こうした産業界のニーズを踏まえて RCEP の運用を改善していくことが望ましい。

4．RCEP の深掘りとスコープの拡大

　RCEP は「Living Agreement」と呼ばれていることからもわかるとおり，

経済・社会のニーズの変化に応じて協定内容を見直していくことが重要である。協定の発効後5年ごとに行われる予定の「一般見直し」において，協定の質をさらに向上させ，CPTPPのような，より高い水準の自由化やルール整備の可能性を模索すべきである。RCEPの関税撤廃率は91％であり，その他のメガFTAであるCPTPP（99％）や日EU・EPA（日本94％，EU100％）などに比べると自由化の水準が低く，将来的にさらに関税撤廃・削減品目を拡大するとともに，ステージング期間を短縮する余地はある。また，原産地規則，サービス貿易，投資，電子商取引，政府調達の各章において見直し規定が設けられている。たとえば，投資章のISDS規定や電子商取引章のソースコードの開示要求禁止のように，協定の見直しプロセスでさらに深掘りすべき項目がある。

　また，CPTPPや日EU・EPAなど先進国間のFTAでは環境・労働等の新たなグローバル課題や国家と企業の関係や経済安全保障など地政学的な構造変化に対応した章や規定が設けられている。他方RCEPの構成をみると，CPTPPや日EU・EPAで規定されている環境，労働，持続的発展，国有企業，規制の整合性といった章はない。アジアにおいてグローバリゼーションによる経済発展が進んだ半面，環境への負荷の増大，労働者の権利の不十分な保護，市場歪曲的な産業政策などの問題が顕在化している。こうした新たな課題に対応するような内容の章をRCEPに設けるべきかどうか今後検討することが望まれる。

5.　RCEPメンバーの拡大

　今後，日本として，インドも含めた南アジア諸国のRCEP協定への加入を支援すべきである。インドを含む南アジア諸国が参加したRCEPの妥結は，自由で開かれたインド太平洋の実現，また，南アジアとASEAN，北東アジア，大洋州とのサプライチェーンの拡大・強化という観点から重要である。

　インドは2019年にRCEP交渉から離脱したが，今後ともインドのRCEP復帰に向けた働きかけを行っていくべきである。RCEP協定や首脳・閣僚宣言では，インドが将来的にいつでもRCEP加入交渉に復帰できることが明示され

ている。ただし，インドは中国等の RCEP 参加国に対する大幅な貿易赤字，農村・低所得者による反対，コロナ禍の国内経済への悪影響，製造業の伸び悩み等の問題に直面している。インドの RCEP 交渉復帰が短期的に難しければ，インドを東アジアのサプライチェーンにつなげる取り組みを推進する必要がある。日印産業競争力パートナーシップ[7]を通じてインドの産業競争力強化を支援するともに，2021 年の日豪印経済閣僚会合で立ち上げられたサプライチェーン強靭化イニシアティブ（SCRI）[8]を通じて日豪印 3 カ国と ASEAN とのサプライチェーンの連結を強化することが期待される。

　その他，RCEP の新たなメンバー国の候補として考えられるのは，バングラデシュ，パキスタン，スリランカ等の南アジア諸国である。これらの国々は，① 日本が「自由で開かれたインド太平洋（FOIP）」を推進する中，インド洋のシーレーンの要衝に位置し，地政学的に重要な国であること，② インドと同様に人口規模が大きく，市場の潜在性が見込めること，③ 一部 ASEAN 諸国との間で FTA や地域協力を進めており，将来サプライチェーンの連結強化が期待されることから，今後，RCEP への加入申請があれば，日本としても瀬局的に支援すべきと考えられる。

6. CPTPP，日中韓 FTA，二国間 EPA との連動

　RCEP 協定の深堀りやスコープの拡大に関しては，CPTPP，日中韓 FTA，二国間 EPA の交渉とうまく連動させることを検討すべきである。

　第 1 に，CPTPP に加入していない RCEP 締約国の中で高いレベルの自由化やルールを満たす国は CPTTP への加入を検討すべきである。こうした国が CPTPP に加入すれば，日本としても新規加入国の市場アクセスの一層の改善や RCEP を超える幅広く高いレベルのルール整備の恩恵を受けることとなる。RCEP 締約国の中では，中国が 2022 年 9 月に加入申請を行い，また，韓国，タイ，フィリピンなどが加入に関心を持っていると報道されている。中国の CPTPP 加入は大きなインパクトをもつが，高いレベルの物品貿易の自由化や労働・国有企業・電子商取引等の厳しい規律を満たせるかどうか疑問視する見方もある。日本としても有志国と連携して，中国の加入により CPTPP のハイ

スタンダードな自由化やルールが骨抜きにならないよう慎重に検討する必要がある。同時に，CPTPP を先進国中心の高いレベルの FTA として維持・強化するためには，困難を伴うが，引き続き米国に対して CPTPP 加入を働きかけていくべきである。

　第 2 に，日本が RCEP の他の参加国と進めている日中韓 FTA，二国間 EPA 見直し交渉を通じて RCEP で合意した市場アクセス，ルール整備をさらに深堀りすることは可能である。日中韓 FTA では，物品貿易等の市場アクセスに加え，電子商取引，知的財産等のルール分野も含めて，RCEP プラスとなる独自の付加価値を有する協定を目指している。また，日本は CPTPP 未加入のインドネシア，フィリピン，タイの 3 カ国と二国間 EPA の見直し交渉を進めている。ただし，日中韓 EPA は 2019 年 11 月の交渉会合を最後に交渉が中断しており，また，ASEAN との二国間 EPA の見直し交渉の進展は遅い。日本としては，こうした FTA 交渉の再開・加速化に向けて取り組んでいくべきであろう。

7.　他の地域協力との連携

　RCEP は北東アジア，ASEAN，大洋州を結ぶ自由で開かれた広域経済圏の構築を目指すものであり，将来的にはインド等の南アジアを加えてインド太平洋にも領域を広げていくことが望ましい。こうしたインド太平洋地域の経済・発展のためには，前述の CPTPP などの EPA ／ FTA との連動に加え，インド太平洋をカバーする地域協力の枠組みとの連携が必要不可欠である。

　ASEAN は，インド太平洋地域の平和と繁栄の実現を目指して，2019 年に「インド太平洋に関する ASEAN アウトルック（AOIP）」を策定した。AOIP は，インド太平洋を国際的な協調と協力の舞台とする上で，また，ASEAN を中心としたポスト RCEP の地域協力を模索していく上で大きな柱となるものである。日本はすでに 2020 年より，日 ASEAN・AOIP 協力の取り組みを推進しており，今後，AOIP に基づいて ASEAN を中心とするインド太平洋地域での海洋協力，連結性強化，SDGs の実現，その他経済協力等を進めていくべきである。

　また，2022 年 5 月に立ち上げられたインド太平洋経済枠組み（IPEF）と RCEP との連携も検討していくべきである。IPEF は，TPP を離脱した米国が，再びインド太平洋地域に経済面で建設的に関与していくための地域の経済秩序作りの枠組みである。また，RCEP や CPTPP に不参加のインドも参加している意味は大きい。IPEF には，市場アクセスが含まれていないものの，RCEP や CPTTP と連動してサプライチェーン強靭化，デジタル経済，脱炭素・クリーンエネルギー等の 21 世紀型課題に対応するためのルールと協力の枠組みの構築を目指していくべきである。とくに日本としては，実利につながる協力メニュー作り等により，ルールと協力のバランスのとれた枠組み構築に向けて米国と途上国との間の橋渡しをしていくべきと考える。

[注]
1）外務省「自由で開かれたインド太平洋（FOIP）」（https://www.mofa.go.jp/mofaj/files/000430631.pdf）。
2）外務省・財務省・農林水産省・経済産業省「RCEP 協定の経済効果分析」（2021 年 3 月）（https://www.mofa.go.jp/mofaj/files/100162437.pdf）。
3）経済産業省「日本商工会議所での原産地証明書発給（第一種特定原産地証明書）」（https://www.meti.go.jp/policy/external_economy/trade_control/boekikanri/gensanchi/coo.html）。
4）JETRO「輸出に関する FTA アンケート調査」（2021 年 2 月）（https://www.jetro.go.jp/world/reports/2021/01/ec11ec7a40404213.html）。
5）内閣官房 TPP 等総合対策本部「総合的な TPP 等関連政策大綱」（2020 年 12 月）（https://www.cas.go.jp/jp/tpp/tppinfo/2020/pdf/20201208_tpp_taikoukaitei.pdf）。
6）経済産業省「発効後第 1 回 RCEP 閣僚会合共同メディア声明」（2022 年 9 月）（https://www.meti.go.jp/press/2022/09/20220922003/20220922003-1.pdf）。
7）経済産業省「日印産業競争力パートナーシップ」（2021 年 3 月）（https://www.meti.go.jp/press/2020/03/20210322003/20210322003.html）。
8）経済産業省「サプライチェーン強靭化イニシアティブ（SCRI）」（2021 年 4 月）（https://www.meti.go.jp/press/2021/04/20210427004/20210427004.html）。

[参考文献]
篠田邦彦（2022），「RCEP と日本～交渉の歩みと日本の FTA 戦略」石川幸一・清水一史・助川成也編『RCEP と東アジア』文眞堂。
石川幸一・清水一史（2022），「RCEP の課題」石川幸一・清水一史・助川成也編『RCEP と東アジア』文眞堂。

（篠田邦彦）

第11章

中国，台湾のCPTPP加盟申請と日本の対応

はじめに

　CPTPP（環太平洋パートナーシップに関する包括的及び先進的な協定）は，最初にメキシコ，日本，シンガポール，ニュージーランド，カナダ，オーストラリアの先行6カ国で2018年12月30日に発効した。ベトナムは少し遅れて7カ国目のCPTPPの批准国となり，その発効日は2019年1月14日であった。ペルーでは議会の批准が大幅に遅れ，CPTPPはベトナムから2年以上も過ぎた2021年9月19日に発効。マレーシアのCPTPPは2022年11月29日，加盟国の中で9番目に発効した。チリのCPTPPは同年12月22日に批准され，2023年2月に発効した。ブルネイでは，CPTPPは2023年5月14日に批准され，同年7月12日に発効した。これで加盟11カ国のすべてにおいて，CPTPPは効力を生じることになった。

　既に発効を済ませている国（原締約国）が，新たにCPTPPが発効する国（新締約国）に対して適用する関税削減スケジュールは，①新締約国の発効日を起点として適用するか，②CPTPP協定の発効日である2018年12月に発効したものとして適用するか，のいずれかを選択することが可能である。このため，メキシコを除く先行6カ国のベトナムへの関税削減スケジュールは，2019年が1年目という適用ではなく，協定発効日を起点とした2年目という適用になった（キャッチアップ）。米国が参加しないCPTPPはメンバー国にとって魅力が低くなることは仕方がないが，それでもアジア太平洋地域における大きな自由貿易圏として，その第1歩を踏み出したことは疑いない。

　CPTPPへの新たな加入の動きとしては，英国は2021年2月1日に加盟申

請した。さらに, 中国が突如として同年の 9 月 16 日に CPTPP への加盟申請
を行ったことを発表し, その数日後の 9 月 22 日に台湾も加盟申請した。この
中台の矢継ぎ早の加盟申請は, まさに両国のサプライチェーンや CPTPP を巡
る駆け引きの攻防が激しいことを実感させる動きであった。また, 2021 年 12
月にはエクアドル, 2022 年 8 月にはコスタリカ, 同年 12 月にはウルグアイが
加盟申請を行った。この他に, フィリピンは CPTPP メンバーと加入に関する
非公式な協議を行っているし, 韓国やウクライナも CPTPP への加入に関心を
示している。

　英国の加盟申請の後, TPP 委員会は 2021 年 6 月 2 日に加入手続きの開始を
決定し, その第 1 回作業部会が同年 9 月 28 日に設置され 2022 年 2 月 18 日に
終了した。これに伴い, 英国は市場アクセスのオファーなどを作業部会に提
出し, 次の段階である市場アクセス交渉に移った。その後, CPTPP 加盟国は
2023 年 3 月 31 日, 英国の加盟を承認した。これを受けて, 英国は年内の正式
署名と発効を目指すことになった。

　本稿では, 中台を中心に各国の CPTPP 加盟申請の背景やその動きをフォ
ローし, 改めてアジア太平洋地域における CPTPP の存在意義や RCEP（地域
的な包括的経済連携）との関わり合いを探り, 日本の今後の CPTPP への対応
についても言及することにしたい。

第 1 節　CPTPP への中国の関心の背景と米国の復帰の可能性

1. 中国が公式に CPTPP への関心を表明

　中国は, 巨額な貿易不均衡などを起因とする米中貿易摩擦が激化するにつ
れ, 2018 年末の CPTPP の加盟 6 カ国での発効を機に, 高水準の自由化率を
誇る同協定への参加を再び検討するようになった。実は, 中国は米国の離脱前
の TPP に対しても, その参加の可能性を検討していたという経緯がある。

　2018 年 10 月 11 日のサウスチャイナ・モーニング・ポストによれば, 中国
は発効の数カ月前から CPTPP への姿勢を変化させていたとのことである。そ

の変化の背景として，米国の保護主義の台頭による輸出減への対応，中国の自由貿易体制への貢献をアピールする戦略，さらには外圧を利用した国内の構造改革，などの要因を挙げることができる。そして，米国の TPP 離脱により TPP11 カ国は 22 項目の凍結を決めたが，これにより中国の CPTPP 参加が凍結前よりも容易になっていることも中国の加盟への検討を後押しする要因になっている。

　こうしたことなどをもとに，中国の李克強首相は 2020 年 5 月 28 日，全国人民代表大会の閉幕後の記者会見で，米国の離脱後の CPTPP への参加について「中国は前向きでオープンである」と発言した。中国の政府高官による CPTPP への関心が公に発表されたのは，これが初めてのことであった。さらに，習近平国家主席は 2020 年 11 月 20 日，APEC 首脳会議で CPTPP への参加を「積極的に考える」と表明。中国のトップ 2 が公式に CPTPP への加入について言及し，中国の本気度を示した。

　中国の最高首脳がなぜ公式に CPTPP への加入について発言したかであるが，やはり第 1 に米中貿易摩擦という政治的な要因が背景にある。すなわち，中国が RCEP の主要メンバーとしての役割を果たすだけでなく，米国が参加していない CPTPP に加わることになれば，それは中国のアジア太平洋地域での経済貿易面におけるプレゼンスを大きく引き上げ，同地域での米国の存在を脅かすものになるからである。

　第 2 に，中国は貿易の自由化率が高い CPTPP に加入することで，より開かれた市場に脱皮しようとしていることを主張したかったと考えられる。つまり，米国のトランプ政権時に見られたようなアメリカファーストという自国優先ではなく，中国はグローバルな貿易自由化の達成を標榜していることを世界に示そうとしたのである。また，第 3 に，中国が CPTPP に加わることにより，アジア太平洋地域におけるより強固で安定的なサプライチェーン網の形成に貢献できることを訴えたかったと思われる。

2. 中国の CPTPP 参加における課題

　中国が CPTPP に加入するとなると，その時に中国にとって遵守が難しい分

野としては, 財サービスの市場アクセス, 国有企業, 競争政策, 労働・環境, 電子商取引, 知的財産権などが挙げられる。中国が CPTPP に加盟するには, これらの分野に関する既存の CPTPP の規定を受け入れなければならない。米中貿易摩擦で問題になっているのは, 先端技術分野等での知的財産権の侵害や技術移転の強制及び国有企業への補助金問題などであるが, CPTPP でもこれらの問題を取り扱っている。

　CPTPP の投資章 (第 9 章) は, 技術移転の強制を明確に禁止しているし, 国有企業章 (第 17 章) は, 国有企業に対する補助金供与や物品・役務の安価提供を禁止している。WTO の補助金協定は, 物品に対する補助金しか適用されないが, CPTPP の国有企業章はサービスも対象としている。さらに, 電子商取引章 (第 14 章) は, 電子的な送信への関税賦課の禁止, ソースコード (ソフトウエアの設計図) へのアクセスを原則として要求してはならない, 現地化要求の禁止 (コンピューター関連設備を自国の領域内に設置すること等を要求してはならない), などを規定している。

　CPTPP の第 18 章の知的財産章は, 地理的表示 (GI) の保護又は認定の規律を強化し, バイオ医薬品のデータ保護期間を実質 8 年 (特許が切れても, この期間だけジェネリックの販売を遅らせることができる), 著作物の保護期間を著作者の生存期間及び著作者の死から少なくとも 70 年, とした。ただし, バイオ医薬品のデータ保護期間と著作物の保護期間については, CPTPP 合意時の 22 の凍結項目の中に組み込まれた。

3. 米国の TPP 復帰の可能性

　米国は既に CPTPP のメンバーの 7 カ国 (カナダ, メキシコ, オーストラリア, チリ, シンガポール, ペルー, 日本) との間で貿易協定を締結しており, CPTPP への参加の必要性はそれほど大きくない。米国がもしも CPTPP に復帰するとすれば, その条件として, 一層の農産物等の関税削減だけでなく, 原産地規則 (関税削減のため域内原産であることを認定するための規則) や国有企業あるいは労働・環境などのルールについて, より厳格で米国にとって有利なものを要求する可能性がある。つまり, USMCA (米国・メキシコ・カナダ

協定）で得られた成果と同様に，米国への投資を呼び，できるだけ現在の貿易赤字を削減するようなルールの提案を行うことが予想される。

　USMCAの原産地規則は，自動車の域内原産比率を62.5％から75％に引き上げ，労働者の時給が16ドル超の自動車の域内生産拠点からの調達が40％以上であること，完成車向けの鉄鋼・アルミの7割は北米産であることを要求するなど，NAFTA（北米自由貿易協定）やCPTPPよりも厳格な規定となっている。米国がCPTPPに参加すれば，カナダとメキシコは対米自動車輸出でUSMCAよりもCPTPPの原産地規則を利用するようになり，米国はUSMCAによってもたらされる国内への投資や雇用の拡大効果を失うことになる。

　したがって，バイデン大統領はUSMCA同様に厳格な原産地規則をCPTPPに導入できなければ，カナダ・メキシコは自動車分野を中心にUSMCAを利用しなくなるため，何らかの方法でこの問題を解決しない限りCPTPPへの参加を決断することは難しい。

　しかも，バイデン大統領は2022年5月23日，「IPEF（インド太平洋経済枠組み）」の創設に関する首脳・閣僚会合を東京で開催し，インド，ベトナム，韓国などを含む13カ国が参加した。IPEFはインド太平洋地域でのデジタル貿易等の分野における連携の促進で対中競争力を高め，中国への包囲網を強めようとするもので，米国主導による「中国に対抗する貿易モデル」である。その後，IPEFの参加国はフィジーが加わり14カ国となり，同年9月8日〜9日にロサンゼルスで対面式による閣僚会合を開き，正式に4つの柱の交渉に入ることに合意した。その4つの柱は，① 貿易，② サプライチェーン，③ クリーンエコノミー，④ 公正な経済，から構成されている。

　IPEFの特徴の一つは，4つの柱からわかるように，関税削減などの市場アクセスの分野を含んでいないことで，デジタル経済や加盟国間でのサプライチェーン等の新たな枠組みが中心となる。バイデン政権は市場アクセスよりもデジタル経済などの新経済枠組みを重視する姿勢を強めており，CPTPPへの加盟には依然として慎重な姿勢を崩していない。これは，中西部の労働者の支持票を獲得するという目的だけではなく，CPTPPのようなFTAは議会の承認が求められるが，IPEFはその必要がないことも理由として考えられる。

4．米国と中国の CPTPP 加入の日本へのインパクト

　第11-1表は，米国を含む各国の TPP を利用した輸出における関税削減額及び関税削減率を計算した結果を掲載している。関税削減額は，TPP 利用による関税率低下（撤廃）でどれだけ関税支払額を節約できたかを表している。また，関税削減率は関税削減額が輸入額に対してどれだけの割合になるのかを示す指標であり，高ければ高いほど関税削減効果が大きいことを意味する。

　同表の右半分は，カナダ，メキシコ，ベトナム，日本，米国の 5 カ国が，他

第 11-1 表　TPP5 カ国の輸出の関税削減額及び関税削減率（発効から最終年，加重平均）

（単位：100 万 US ドル）		輸入側			輸入側		
		TPP3 カ国（米国除く）			TPP4 カ国（米国含む）		
		輸入額	TPP 最終年関税削減額	関税削減率	輸入額	TPP 最終年関税削減額	関税削減率
輸出側	日本	44,379	1,817	4.1	169,561	4,031	2.4
	ベトナム	24,312	1,030	4.2	65,302	3,873	5.9
	カナダ	18,634	504	2.7	236,560	4,438	1.9
	メキシコ	30,332	795	2.6	289,368	11,017	3.8
	TPP4 カ国（米国除く）	117,658	4,146	3.5	—	—	—
	米国	—	—	—	464,349	13,750	3.0
	TPP5 カ国（米国含む）	—	—	—	1,225,140	37,109	3.0

（注1）各国の輸入額は 2017 年の実績。
（注2）日本の TPP3 カ国への輸出においては，相手国はベトナム，メキシコを指す。TPP4 カ国への輸出においては，相手国はこの 3 カ国に米国を含む。
（注3）「関税削減額」は，TPP を利用した時にどれくらい関税支払額を削減できるかを表したものである。また，関税削減額が輸入額に対してどれだけの割合になるのかを示す指標を「関税削減率」とした。これは，関税削減額を輸入額で割ったものであり（関税削減率＝関税削減額÷輸入額），関税削減額が輸入額の何％に相当するかを表し，大きければ大きいほど関税削減効果が高いことを示す。たとえば，関税削減率が1％ということは，100 万円の輸入で 1 万円の関税額を削減（節約）できることを意味する。
（注4）本表での TPP の関税削減効果で「最終年」とは，日本は TPP 発効から 21 年目，メキシコは TPP 発効から 16 年目，カナダは 12 年目，米国は 30 年目，ベトナムは 21 年目を指している。米国が長いのは，貨物自動車の対日 TPP 税率が，TPP 発効 30 年目に 0％になるためである。
（資料）「平成 30 年度　東アジア及び TPP11 の FTA 効果とそのインパクト調査事業結果」報告書　国際貿易投資研究所（ITI）　2019 年 2 月。

の4カ国への輸出における TPP の発効から最終年目の関税削減額と関税削減率を掲載している。同表の左半分は，米国を除く4カ国が他の3カ国への輸出における最終年の関税削減額と関税削減率を計算したものである。つまり，右半分における左半分からの増加分は，TPP に米国が加わった時のプラス効果を表している。

　第11-1表のように，関税の段階的削減の最終年において，日本の TPP を利用した米国を除く TPP3 カ国への輸出における関税削減額は18.2億ドルであった（表の左半分）。一方，最終年での日本の TPP を利用した米国を含む TPP4 カ国への輸出は約40.3億ドルであった（表の右半分）。

　したがって，日本の TPP を利用した米国への輸出における最終年の関税削減額は約22.1億ドル（40.3億ドル－18.2億ドル）となる。

　一方，中国は CPTPP に加盟していないので，現時点では日本の中国への輸出での CPTPP を利用した関税削減額を計算できない。しかしながら，セカンドベストとして，日本の RCEP を利用した中国への輸出での関税削減額を参考にすることができる。

　第11-2表は，「中国の日本・韓国からの輸入（日本・韓国の中国への輸出）」において，RCEP や中韓 FTA 及び APTA（アジア太平洋貿易協定）を利用した時の関税削減額などをまとめたものである。2020年の「中国の日本からの輸入額（日本の中国への輸出額）」は1756億ドルで，2022年に発効した RCEP を活用した時の「中国の日本からの輸入（日本の中国への輸出）」における関税削減額は段階的関税削減の最終年目には36.7億ドルとなる。

　したがって，第11-1表のように，日本の TPP を利用した米国への輸出における最終年の関税削減額は22.1億ドルであり，第11-2表のように，日本の RCEP を利用した中国への輸出の最終年の関税削減額は36.7億ドルとなり，厳密には比較できないものの，日本の中国への輸出での FTA 効果は日本の米国への輸出の場合よりも大きいということになる。

　これは，日本の対中輸出での RCEP の関税削減効果（最終年の関税削減率2.1％）が対米輸出での CPTPP の関税削減効果（1.8％）をやや上回っているとともに，最近の日本の中国への輸出額が米国への輸出額よりも少し大きいことも背景にある。この意味において，中国の CPTPP 加盟は日本のアジア太平

第 11 - 2 表　中国の日本，韓国からの輸入の関税削減額及び関税削減率
（韓国（中韓 FTA）・韓国（APTA）：2021 年，日本（RCEP）・
韓国（RCEP）：発効から 1 年目 /5 年目 / 最終年目，加重平均）

| | | 輸入側 | | | | | | |
| | | 中国（従価税） | | | | | | |
（単位：1,000US ドル）		輸入額	関税削減額（1 年目）	関税削減額（5 年目）	関税削減額（最終年目）	関税削減率（1 年目）	関税削減率（5 年目）	関税削減率（最終年目）
輸出側	日本（RCEP）	175,628,711	361,406	1,039,310	3,667,145	0.2%	0.6%	2.1%
	韓国（RCEP）	173,297,913	580,076	1,133,551	2,629,819	0.3%	0.7%	1.5%
	韓国（中韓 FTA）		1,304,486			0.8%		
	韓国（APTA）		307,944			0.2%		

(注 1) 中国の輸入額は 2020 年の実績。中国の中韓 FTA と APTA を利用した韓国からの輸入で関税削減額を計算する時の関税率は 2021 年の税率を適用した。中国の RCEP を利用した時の日本・韓国からの輸入での関税率は 1 年目，5 年目，最終年目を適用。
(注 2) 中国の日本，韓国からの輸入においては，RCEP，中韓 FTA，APTA 利用時の関税削減額を算出。
(注 3) 最終年は，RCEP を利用した中国の日本からの輸入では 21 年目，中国の韓国からの輸入では 36 年目。
(資料) 各国関税率表，各国 TRS 表（Tariff Reduction Schedule），「マーリタイム＆トレード」IHS グローバル株式会社より作成。

洋域内のサプライチェーンなどに対して，米国の CPTPP 復帰に負けず劣らずのインパクトを与える可能性がある。さはさりながら，中国が CPTPP に加入しても，依然として日本との貿易で RCEP を利用する割合が大きいならば，その分だけ CPTPP の効果は薄れることになる。

第 2 節　中国，台湾の CPTPP 加盟の動きと各国の対応

1. 中国と台湾の CPTPP 加盟申請の背景

　米司法省は 2021 年 9 月 24 日，カナダで拘束されていた中国通信機器企業（ファーウェイ）の副会長との司法取引に合意したことを発表した。これを受けて，ファーウェイ副会長はバンクーバーの空港から出国し中国に向かった。また，カナダのトルドー首相は同日，中国に拘束されていたカナダ人の 2 人が

解放されたと発表した。ファーウェイ副会長の拘束の件は，中国とカナダの関係悪化にもつながっていたため，中国のCPTPP加盟の動向に悪影響があるのではないかと懸念されていた。

　ファーウェイ副会長の解放が行われる直前の9月16日の夜，中国はCPTPPへの加盟申請を行ったことを発表した。また，時を経ずして台湾は9月22日の午後において，CPTPPへの加盟申請を行った。中国が敢えてこの時期にCPTPPへの加盟申請を行った背景であるが，台湾よりも先行して加盟申請する狙いがあったこと，CPTPP加盟11カ国が閣僚級会合で英国の加入手続きの開始を決定したこと，米国のCPTPPへの復帰には時間がかかると見込んだこと，などが影響したものと思われる。

　中国は「一つの中国」という考え方を主張するために，CPTPPの加盟申請において台湾よりも先行する必要があった。また，中国においては，英国のCPTPP加入が正式に認められる前に，できるだけ加盟の手続きを進展させたいという思惑があった。なぜならば，英国も現時点では米国やオーストラリア，メキシコなどと同様に，中国が国有企業への補助金の問題，あるいは人権や労働・環境問題等でCPTPPが求めるルールの基準に達しておらず，CPTPPへの加盟は時期尚早と考えている節があるからだ。もしも，中国のCPTPP加盟申請の手続き開始の判断が下される前に英国の加入が承認されれば，中国の加盟はその分だけを不利になる可能性がある。

　また，台湾がCPTPPに積極的に参加しようとした理由は，2022年末の時点でCPTPP加盟国の中でFTAを締結済みの国はニュージーランドとシンガポールの2カ国だけであり，アジア太平洋地域での貿易の拡大のためには，CPTPPへ加入することが有効だと考えたからであった。

　日本は2021年においては，TPP委員会の議長国として中国だけでなく台湾の加盟申請を検討しなければならなかった。その意味において，台湾は日本が議長国の時に参加手続きの開始を認めてもらいたいとの期待があった。ところが，中国による加盟申請が重なることで，その思惑を実現することができなかった。2022年はシンガポールがTPP委員会の議長国となり，中国と台湾の加盟申請を並行して検討しなければならず，中国のオーストラリアなどとの関係悪化の影響もあり，両国の加入手続きを開始するかどうかの結論を出せない

ままに終わった。

2. 各国の CPTPP 加盟の経済的意味合い

　第11−3表は2022年末における中国，台湾，韓国，英国，日本などの国が，CPTPP 加盟国との間で締結している CPTPP 以外の FTA をリストアップしたものである。

　中国は CPTPP 加盟国との間で7つの FTA を発効させており，その対象となる CPTPP 加盟国の国数の合計は9カ国となる。すなわち，中国が CPTPP 加盟国の中で FTA を発効させていない国はカナダ，メキシコの2カ国だけであり，現時点で11カ国から成る CPTPP に無理をして加入する経済的な意味合いはそれほど大きくはない。2022年から RCEP が発効したので，日本との間でも FTA の利用を進めることが可能になった。したがって，中国の TPP 加盟申請の動機は経済的な側面というよりも，むしろ政治的な面によるところが大きい。

　韓国は CPTPP の加盟11カ国のすべてと CPTPP 以外の FTA を発効させている。米国は7カ国の CPTPP 加盟国との間で FTA を発効させており，韓国や中国ほどではないものの，CPTPP に直ちに加入しなければならない強い経済的な理由はない。

　これに対して，台湾の場合は第11−3表のように，CPTPP 加盟国との間で FTA を締結しているのはニュージーランドとシンガポールの2カ国だけである。したがって，台湾は CPTPP に参加する経済的な意味合いが強く，CPTPP を利用した貿易投資の拡大に期待するところが大きい。

　英国は，第11−3表のように，2021年1月に CPTPP メンバー国を含む多くの国との間で FTA を発効させているので，一見すると CPTPP に加盟する経済的な意味は大きくないと思われる。しかしながら，同国の EU からの離脱による自由貿易圏の穴を埋めるという意味では，CPTPP に加入することは経済的にも政治的にも一定のインプリケーションがあるように思われる。

　なお，第11−3表のように，日本が CPTPP 加盟国の中で CPTPP 以外の他の FTA を締結しているのは，ブルネイ，チリ，シンガポール，メキシコ，ペ

第11-3表　主要国のCPTPP加盟国とのFTA（2022年12月現在）

	中国	台湾	韓国	英国
CPTPP加盟国との・CPTPP以外の国・地域別FTA	1. ASEAN中国FTA (2005.7) 2. 中国チリFTA (2006.10) 3. 中国ニュージーランドFTA (2008.10) 4. 中国シンガポールFTA (2009.1) 5. 中国ペルーFTA (2010.3) 6. 中国オーストラリアFTA (2015.12) 7. RCEP (2022.1)	1. 台湾ニュージーランド経済協力協定 (2013.12) 2. 台湾シンガポール経済パートナー協定 (2014.4)	1. 途上国間貿易交渉関連プロトコール (PTN, 特恵貿易協定)：チリ, ペルー, フィリピン (1973.2) 2. 韓国チリFTA (2004.4) 3. 韓国シンガポール・FTA (2006.3) 4. 韓国ASEAN・FTA (2007.6) 5. 韓国ペルーFTA (2011.8) 6. 韓国オーストラリアFTA (2014.12) 7. 韓国カナダFTA (2015.1) 8. 韓国ベトナムFTA (2015.12) 9. 韓国ニュージーランドFTA (2015.12) 10. RCEP (2022.2)	1. 日英EPA (2021.1) 2. 英国関連合協定 (2021.1) 3. 英国コロンビア・エクアドル・ペルー貿易協定 (2021.1) 4. 英国シンガポールFTA (2021.1) 5. 英国ベトナムFTA (2021.1) 6. 英国カナダFTA (2021.1) 7. 英国メキシコFTA (2021.1) 8. 英豪FTA (2021.6に主要分野で合意)
CPTPP加盟国との・CPTPP以外の国・地域別FTAの国数	9カ国	2カ国	11カ国	7カ国

	米国	フィリピン	日本	カナダ
CPTPP加盟国との・CPTPP以外の国・地域別FTA	1. 米国チリFTA (2004.1) 2. 米国シンガポールFTA (2004.1) 3. 米国オーストラリアFTA (2005.1) 4. 米国ペルーFTA (2009.2) 5. 日米貿易協定 (2020.1) 6. 米国・カナダ・メキシコFTA (USMCA：2020.7)	1. 途上国間貿易交渉関連プロトコール (PTN, 特恵貿易協定)：チリ, メキシコ, ペルー (1973.2) 2. ASEAN物品貿易協定 (ATIGA：旧AFTA) (1993.1) 3. 日フィリピンEPA (2008.12) 4. 日ASEAN・EPA (AJCEP)：(2008.12) 5. ASEANオーストラリア・ニュージーランドFTA (2010.1) 6. RCEP (2022.1)	1. 日シンガポールEPA (2002.11) 2. 日メキシコEPA (2005.4) 3. 日マレーシアEPA (2006.7) 4. 日チリEPA (2007.9) 5. 日ブルネイEPA (2008.7) 6. 日ASEAN・EPA (AJCEP)：2008.12 7. 日ベトナムEPA (2009.10) 8. 日ペルーEPA (2012.3) 9. 日オーストラリアEPA (2015.1) 10. RCEP (2022.1)	1. カナダ・チリFTA (1997.7) 2. カナダ・ペルー・FTA (2009.8) 3. 米国・カナダ・メキシコFTA (USMCA：2020.7)
CPTPP加盟国との・CPTPP以外の国・地域別FTAの国数	7カ国	10カ国	9カ国	3カ国

（注）2022年12月末現在のCPTPP加盟国は、日本、カナダ、メキシコ、オーストラリア、ニュージーランド、シンガポール、ベトナム、マレーシア、ブルネイ、ペルー、チリの11カ国。（　）内の数字は発効年月。

（資料）ジェトロ「世界のFTAデータベース」などから作成。

ルー，オーストラリア，ニュージーランド，ベトナム，マレーシアの 9 カ国である。つまり，日本はカナダとの貿易では，利用できる FTA は CPTPP のみということになる。

これに対して，カナダが CPTPP 加盟国の中で CPTPP 以外の FTA を締結しているのはチリ，ペルー，メキシコの 3 カ国のみとなるので，カナダの日本，オーストラリア，ニュージーランド，シンガポール，ベトナム，マレーシア，ブルネイらの残りの CPTPP 7 カ国との貿易では，利用できる FTA は CPTPP だけとなる。

3.　保留が続く中国の加盟申請への対応

2013 年から交渉が始まった RCEP は，2020 年末にインドを除く 15 カ国によって署名され，2022 年に発効した。アジア太平洋地域には幾つかの FTA が存在しているが，RCEP の登場により，初めて日本と中国・韓国との直接の 2 国間貿易に FTA を利用することが可能になり，アジア太平洋地域でのサプライチェーンに新たな動きが表れるものと期待される。

一方，CPTPP は米国が離脱したことで現段階では 11 カ国で構成されているが，これが CPTPP に加盟申請済みの英国（加盟を承認されたが，2023 年央においてまだ発効していない），中国，台湾，エクアドル，コスタリカ，ウルグアイに加え，関心を示すフィリピン，韓国，ウクライナなどの加入が段階的に進めば，その高水準の自由化率だけでなく，一段と広域性を増した FTA に生まれ変わることになる。さらには，CPTPP は協定文の中に RCEP には盛り込まれていない国有企業章や労働・環境章を備えており，より包括的で質の高い FTA としての役割を果たすことが可能である。

こうした高い自由化率と包括的な枠組みから成る CPTPP への中国の加盟申請に対する各国の対応であるが，カナダとメキシコは明らかに中国の人権問題，産業補助金，不公正貿易慣行という面で懸念を抱いており，もろ手を挙げて歓迎してはいない。しかも，カナダにおけるファーウェイ問題は副会長の拘束が解除されたことで一旦は解決に向かったと思われたが，カナダ政府は 2022 年 5 月，次世代通信規格「5G」からファーウェイと ZTE（中国通信大手）

を排除すると発表するなど，同分野での2社の製品の新規の利用を禁止する姿勢を示した。ただし，カナダとメキシコはこれまで中国とのFTAを締結しておらず，両国とも中国のCPTPP加盟による貿易拡大に期待する部分がないというわけではない。

　これに対して，オーストラリアは，カナダやメキシコと違い既に中国との間でFTAを発効させており，同国における中国のCPTPP加盟による経済的なメリットはそれほど大きいわけではない。CPTPPが発効した2018年末の約1年後，新型コロナウイルスの感染が中国で確認された。その後に新型コロナが世界中に広がる中で，オーストラリアはウイルスの発生源や感染の背景を調べるため独立した調査が必要だという考えを示した。これに対する制裁として，中国は2020年5月にオーストラリア産の大麦とワイン等に追加関税を課す決定を下した。これを契機に，オーストラリアと中国の確執は続いている。

　中国のCPTPP加盟申請に対して，マレーシアやシンガポール，ベトナムは歓迎の意向を表明した。これは，中国の積極的なCPTPP加入に関するロビー活動が功を奏したためと思われる。中国はオーストラリアにもCPTPPへの加盟申請の前からロビー活動を行い，中国のCPTPP加入への支持を求めたと伝えられる。しかしながら，オーストラリアはカナダやメキシコと比べて経済的なメリットという面で異なる上に，中国の対豪追加関税が足かせとなっているため，中国のCPTPP加盟への支持を打ち出し難くなっている。

　TPP委員会が中国の加盟申請に基づき作業部会を発足させようとしても，オーストラリアが同意を表明しなければ作業部会は設置されない。中国とオーストラリアとの関係悪化の影響から，オーストラリアが中国のCPTPP加盟への判断を保留し続けるならば[1]，中国のCPTPP加盟の手続きは進展しないことになる。

　中国はオーストラリアとの確執に加えて，USMCAの「非市場経済国（中国）とのFTA交渉の開始に関する条項」を用いた米国からの圧力を受けることもありうる。すなわち，米国は同条項に基づきカナダとメキシコから少なくとも3カ月前に中国とのFTA交渉開始の意向を入手できるだけでなく，USMCAから離脱する可能性を示唆することで，両国に中国のCPTPP加盟への承認に関して一定の影響を与えることが可能である。

　米国はこれまで中国の CPTPP の加盟申請に対して懸念を示す一方で，CPTPP への復帰は現段階では優先順位が高い案件ではないことを表明している。バイデン政権が CPTPP への復帰を検討するとすれば，CPTPP のルールを米国の求めるような方向に修正できる場合か，あるいは CPTPP 復帰に関して米国議会を説得する材料を用意できる場合，などが想定される。日本としては，緊密な対話を通して米国の復帰の可能性を探ることが必要である。

　日本は TPP から米国が離脱した後，CPTPP の実現に主導的な役割を果たした。その大きな功績を背景に，現時点では，日本は CPTPP の中でリーダーシップを発揮することが期待されている。英国などの加盟がスムースにいき，さらなるメンバー国の拡大につながるかどうかは，日本の CPTPP におけるリーダーシップ維持のための一つの試金石になる。そのためにも，カナダやオーストラリア，シンガポール，ベトナムなどの既存の加盟国だけでなく，米国や英国との綿密なすり合わせや情報共有が不可欠である。

第 3 節　中国の CPTPP よりも RCEP を重視した　　　サプライチェーン戦略の可能性

1. 中国の RCEP 活用による関税削減額は日本・韓国よりも大きい

　RCEP は CPTPP などの他の FTA と比べて自由化率が低く，労働・環境や国有企業の分野を取り扱っていない。しかも，関税の削減のスピードが遅く，関税自由化のメリットを得るには時間がかかるという側面を持っている。

　したがって，そうしたことを勘案すれば，中国が RCEP を利用した実際の関税削減の効果は，日本や韓国と比べてもそれほど高くはないとのイメージを抱くのが自然である。ところが，実際に中国の RCEP の関税効果を計算してみると，中国の輸出規模の大きさを反映し，「中国」の RCEP を利用した輸出での関税削減額が「日本」や「韓国」の輸出よりも大きいということが判明した。

　RCEP を利用した段階的な関税削減の最終年目において，「日中韓の間で行われる輸出」の中で，「日本の中国向け輸出」の関税削減額は最も大きく 36.7

億ドルで，次に，「中国の韓国向け輸出」の31.8億ドルが続く。そして，「韓国の中国向け輸出」の26.3億ドル，「中国の日本向け輸出」の24.1億ドル，「日本の韓国向け輸出」の10.6億ドル，の順となる。最後に，「韓国の日本向け輸出」の1.7億ドルとなるが，これは日本の韓国などからの輸入における関税率が工業製品を中心に低くなっているためと考えられる。

　すなわち，関税の段階的削減の最終年目のRCEPを利用した「中国の日本・韓国への輸出」での関税削減額は合計で約56億ドル（24.1億ドル＋31.8億ドル），「日本の中国・韓国向け輸出」では約47億ドル，「韓国の日本・中国向け輸出」では28億ドルとなり，「中国」の輸出での関税削減額が「日本」と「韓国」の輸出での削減額を上回る。

2. 中国はRCEP活用でサプライチェーンを強化できるか

　「中国」のRCEP利用による輸出での関税削減額は「日本」や「韓国」の輸出の場合よりも大きく，RCEPの品目別の自由化率や関税削減率はCPTPPと比べると低いものの，中国は日韓への輸出の多くでRCEPを活用することにより少なからぬメリットを享受することができる。

　こうしたことから，中国はIPEFに対抗する今後の通商戦略の一つとして，あるいは進展しない中国のCPTPP加盟手続きやBRICs拡大戦略を考慮すると，RCEPにおけるさらなる自由化や利用率の引き上げに加えて，インドや太平洋島嶼国などを対象にした加盟国の拡大によるサプライチェーンの強化を検討せざるをえないと考えられる。すなわち，中国はCPTPPへの加盟を要求しながらも，それがスムースにいかない場合の当面の対応策として，既存のRCEPを活用したサプライチェーン戦略を押し進める必要性が高まっていると思われる。

　米国の対中包囲網への対抗策の一つとして，中国はBRICsなどの新興国との連携強化を進める動きを見せている。つまり，中国は米国の「フレンド・ショアリング」[2]の逆バージョンである「BRICsプラス」[3]の構築により，IPEFに対抗しようとしている。しかしながら，BRICsプラスの創設は中国の思惑通りには進展していないし，米国の意表を突いたCPTPPへの加盟申請もオー

ストラリアなどとの関係悪化もあり，順風満帆ではないのが実態である。

　このため，中国としては，日韓や ASEAN・EU などとの経済貿易関係を強化し，対中包囲網に対抗するサプライチェーンの構築を図る必要がある。CPTPP が英国の加盟手続きを進めているように，RCEP は ASEAN 中心性[4]という面が強いものの，より広域になる可能性が無いとは言えない。

　したがって，中国の出方によっては，日本は CPTPP や IPEF 及び Quad（日米豪印による 4 カ国対話）などを用いた対中包囲網の強化か，あるいは RCEP の自由化や利用率等を促進しながら中国とのサプライチェーンを拡充する協調路線か，いずれかの選択を迫られる可能性があるが，両方のバランスを取りながら同時に進めるというしたたかな戦略もありうる。

3．IPEF では成し得ない関税自由化を促進するか

　中国が RCEP によるサプライチェーンの強化を進めるには，RCEP の自由化率・関税削減率の低さや関税の段階的削減のスピードの遅さなどを改善するとともに，加盟国の拡大による広域化が効果的である。

　RCEP 域内で完成車や自動車部品のサプライチェーンを推進するには，中韓はすべての完成車の関税を削減対象とすることが必要になるし，自動車部品においては関税削減の対象から外れた輸入取引額の大きい品目の自由化を進めなければならない。とくに，EV 関連の部材や製品における関税の削減を導入することが望まれる。

　RCEP を利用した「日本の中国・韓国への輸出」で関税削減効果が高い品目は，どちらかと言えば機械類・部品，電気機器・部品，輸送機器・部品などの業種以外のものであることが多い。たとえば，中国や韓国のマシニングセンター，カラーテレビ，乗用車，貨物自動車，自動車部品などの輸入における通常の関税率（MFN 税率）は，RCEP を利用してもあまり低下しないため，関税削減効果は相対的に他の EPA/FTA と比べて低くなる。

　米国が進める IPEF は市場アクセス分野を含んでいないため，こうした関税削減の効果を発揮することが出来ない。もしも，中国がサプライチェーンの強化のために RCEP の関税削減などの市場アクセスの改善を進めるならば，

IPEF では成し得ない関税自由化の恩恵を幅広く浸透させることが可能になる。同様に，日本においても IPEF では不可能な関税やサービスの自由化をCPTPP や RCEP で行うことが可能であり，とくに RCEP では中国や韓国などと協力し合いながらサプライチェーンの拡充を図ることが期待される。

　また，RCEP は CPTPP の条文で定められた「環境，労働，国有企業」などの規定を盛り込んでいない。アジアにおいて，人権，環境対策，国有企業への補助金，不公正貿易慣行などの問題が顕在化する中，RCEP の今後の継続交渉において，加盟国はこうした課題に対応するルールを検討することが望ましい。中国が，RCEP などの枠組みを活用したサプライチェーンの拡充を求めるならば，そうした流れを後押しすることが欠かせないと思われる。

[注]
1）CPTPP は選択的離脱（加盟に反対する既加盟国と新規加盟国との間で貿易協定を発効させないことで新規加盟を実現）の採用を認めていないため，中国の加入を少しでも懸念する既加盟国が新規加盟の審議を拒否しがちである。
2）バイデン政権は米国の半導体や大容量バッテリーなどのサプライチェーンの脆弱性を補うため，日韓などとの連携を模索している。すなわち，米国は，新型コロナや米中対立の激化を背景に，経済安全保障を目的として価値観を共有する友好国などに限定したサプライチェーンの形成を目指すようになった。この考え方は，「フレンド・ショアリング（friend-shoring）」と呼ばれ，バイデン大統領はその一環として IPEF を立ちあげるに至っている。詳細は，「見えてきた IPEF の全容〜その2　米国の包囲網に中国はどう対抗するか〜」，国際貿易投資研究所（ITI），コラム No.102, 2022 年 10 月 3 日，を参照。
3）既存のブラジル，ロシア，中国，インド，南アの BRICs5 カ国に他の新興国を加えた BRICs の拡大版。中国は 2022 年 6 月 23 日，オンラインによる BRICs 首脳会議を主催し，新興国・途上国の連帯を訴えた。同会議にはインドなどの BRICs5 カ国以外に，「BRICs プラス」の候補国と考えられる 13 の新興国が参加した。この会議に，IPEF メンバーであるインドネシア，マレーシア，タイも参加していることは注目される。なお，イランは同会議直後の 27 日に BRICs への加盟を申請した（アルゼンチンも加盟申請を行ったとの報道もある）。
4）ASEAN 中心性（ASEAN Centrality）は，東アジアの地域協力や経済連携などでよく使われる考え方であり，同地域における枠組みの形成で ASEAN が中心的な役割を果たすことを意味している。

[参考文献]
「令和 3 年度 RCEP が日本企業のアジア太平洋での活動に与える影響調査事業結果・報告書」，国際貿易投資研究所（ITI）調査研究シリーズ No.127, 2022 年 2 月。
「平成 30 年度東アジア及び TPP11 の FTA 効果とそのインパクト調査事業結果・報告書」，国際貿易投資研究所（ITI）調査研究シリーズ No.82, 2019 年 2 月。
「中国は CPTPP の代わりに RCEP によるサプライチェーン戦略を打ち出すか〜中国の RCEP 活用による関税削減額は日本・韓国よりも大きい〜」，国際貿易投資研究所（ITI）季刊 130 号，2022

年。

「米国は TPP 復帰や日米貿易協定でどれだけメリットを得るのか」，国際貿易投資研究所（ITI）季刊
　123 号，2021 年。

「TPP11 はアジア太平洋の貿易をどう変えるか〜急速に他の FTA にキャッチアップする TPP11 の
　効果」，国際貿易投資研究所（ITI）季刊 116 号，2019 年。

「中国のドイツや RCEP を重視したサプライチェーン戦略の可能性と日本の対応〜低くはない中国の
　RCEP による関税削減メリット〜」国際貿易投資研究所（ITI）コラム，2022 年 12 月 14 日。

「中国，台湾の TPP 加盟の動きと各国の対応」国際貿易投資研究所（ITI）コラム，2021 年 10 月 4
　日。

（高橋俊樹）

第12章

デジタル貿易ルールの策定をめぐる動き

はじめに

　デジタル貿易のルール策定の動きは，WTO における多数国間（マルチ）交渉の動向，そして地域貿易協定（Regional Trade Agreement：以下 RTA）における複数国間（プルリ）交渉の動向，の2つの流れから見るのが一般的だった。

　2010 年代になって，それらと異なる新たな動きが，とくにアジア太平洋地域に散見されるようになった。それは，デジタルエコノミー（digital economy）と総称されるデジタル分野に特化したルール策定の動きである。

　本稿では，最初に WTO におけるデジタル貿易に関わるルール策定の動向について述べた後に，とくにアジア太平洋地域の RTA におけるデジタル貿易のルール策定の動きについて述べ，最後にデジタルエコノミー分野の一例として，シンガポールが主導する DEPA（デジタルエコノミー協定）について述べる。

第1節　デジタル貿易の背景

1. WTO と RTA のデジタル貿易ルール

　現在，WTO が定める地域貿易協定の形成に必要な条件（GATT 第24条または GATS 第5条）をほぼ満たす発効済み RTA の総数は，世界中に（WTO

に通報されたものだけで）約 350 件はある。

　それらのうち，EU からの脱退を契機に EU の既存 RTA とほぼ同数の RTA を発効させた英国の件数を含めれば，少なくとも 100 件の RTA にペーパーレス取引や電子署名などを含むデジタル貿易に関する何らかの規定が盛り込まれていると推定される。

　それらの中で，今日のデジタル貿易の自由化に関わる規定（ルール）が組み込まれた RTA の大半には，米国や中国などアジア太平洋エリアに面した国々が関わっている。

　本稿では，とくに断らない限り，「デジタル貿易」（digital trade）の標記を WTO の公式文書で用いられている「電子商取引」（electronic commerce）と同じ意味で用いる。

2.　ルール化が進まない理由

　WTO には，これまで全加盟 164 カ国に適用されるデジタル貿易の多数国間協定はおろか，（WTO 諸協定の附属書四に定める）複数国間協定も存在しない。

　その主要な要因として，第 1 に，2001 年に始まった一括受諾（single undertaking）を交渉妥結（終了）の条件とする WTO ドーハ・ラウンドが，2011 年以降，事実上の凍結状態にあること，第 2 に，デジタル・データの越境移動の自由化が進めば，人々のプライバシーや国家安全保障（national security）に関わる問題が国際的に顕在化するリスクがあること，の 2 つがある。

　他方で，文書の電子化や税関システムの運用互換性（interoperability）などのような，実務レベルで国々の賛同（合意）が得られやすい分野がある。そのような分野については，WTO で進められているデジタル貿易の有志国会合（JSI），及び関連の国際機関である WCO（世界税関機構）でも実務的な検討が進められている。

　2017 年に WTO ドーハ・ラウンドの下で発効した TFA（Trade Facilitation Agreement：貿易円滑化協定）は，貿易業務効率化のためのペーパーレス化について定めたもので，デジタル・データの越境移動に関わる電子商取引の自由

化を定める取り決めではない。

　このような状況下で，日米EUを含む主要先進国は，デジタル貿易のルール策定をWTOの多数国間交渉または非公式な有志国会合（JSI））の中で取り組む姿勢は維持しながらも，実際には2国間または複数国間で締結できる地域貿易協定，あるいはデジタルの分野に限定した複数国間の枠組みである通称"デジタルエコノミー協定"（Digital Economy Agreement：DEA）なるものの締結交渉に軸足を移しつつある。

第2節　範囲の拡大

1. 電子商取引からデジタル貿易へ

　GATT時代（1948〜94年）より，1995年のWTO発足を経て現在に至るまで，GATT及びWTOの公式文書（WTO事務局が発行する文書）には，「デジタル貿易」（digital trade）の表記はなく，専ら「電子商取引」（electronic commerce）が用いられている。

　オバマ政権下（2009年1月〜2017年1月）で交渉が行われたTPP（TPP12），及びトランプ政権下で，米国が同交渉から離脱した後に米国を除く11カ国で2018年末に発効したCPTPP（TPP11）では，ともにデジタル貿易（digital trade）の標記ではなく，WTO伝来の「電子商取引」（electronic commerce）が用いられた。

　他方，2010年代になると，米国政府が発行する文書には，「電子商取引」（electronic commerce）に代わって「デジタル貿易」（digital trade）と表記されることが多くなった。

　トランプ政権（2017年1月〜2021年1月）の下で成立した日米デジタル貿易協定（2020年1月1日発効），そして米国・メキシコ・カナダ3カ国のNAFTA（北米自由貿易協定：1994年1月1日発効）の改訂版であるUSMCA（米国・メキシコ・カナダ協定：2020年7月1日発効）の第19章では，電子商取引の標記ではなくデジタル貿易（digital trade）の標記に代

わった。

2. デジタル貿易からデジタルエコノミーへ

　2020 年 12 月 8 日に，シンガポールとオーストラリアの 2 国間で発効した
デジタル分野の地域協定「SADEA」（Singapore-Australia Digital Economy
Agreement）では，それら（電子商取引及びデジタル貿易）を総称するかのよ
うな「デジタル・エコノミー」（Digital Economy）の標記が用いられた[1]。

　これは，米国の GAFA（グーグル，アップル，フェイスブック＝メタ，アマ
ゾン）に代表される巨大プラットフォーム企業などによる，国境を超えるデジ
タル・サービスの拡大によって，デジタル市場を国内と国外に区分する意味が
薄れてきたこと，及びデジタル貿易に関わる直接の経済主体に「消費者」（ユー
ザー）も含まれること，等にも起因すると推察される（下記参照）。

　つまり，人々の日常的な経済活動にもデジタル・データの移動が関わってい
る以上，企業間（B2B）の貿易だけを対象にしたデジタル分野のルール策定を
行うことは，次第に困難かつ無意味になりつつある。

　CPTPP の第 14 章「電子商取引」は，第 14.7 条「オンラインの消費者の保
護」の中で，「1 締約国は，消費者が電子商取引を行う場合において，……」

第 12−1 図　規律化される対象範囲の拡大

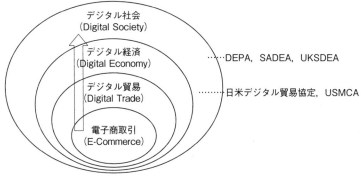

（注）デジタル市場の拡大に伴い，それらを規律化するルール（協定）の対象範囲も
　　拡大傾向にある。
（資料）筆者作成。

及び「2 各締約国は，オンラインでの商業活動を行う<u>消費者</u>に……」と定める（下線は筆者）。

第3節　WTO下のデジタル貿易ルールの策定

1．WTOサービス自由化交渉

　WTOにおけるデジタル貿易のルール策定をめぐるマルチ（多数国間）の自由化交渉は，2001年に始まったWTOドーハ・ラウンドの主要な交渉8項目の中の，「サービス」項目の中の「電気通信サービス」の自由化交渉として始まった。ただし正確には「サービス」と「農業」の自由化交渉は，GATTウルグアイ・ラウンド（1986～1994年）での交渉の経緯によって，その前年2000年に始まった。

　ドーハ・ラウンドでは，自由化に消極的な途上国を含めて「サービス」交渉を進め易くするための工夫として，サービス（service）を，実務サービス，金融サービス，運輸サービスなど総計12分野に区分し，それらをさらに細分化して，各加盟国がどの分野を自由化できるかを可視化した。

　デジタル貿易のルール交渉は，それらの中の「通信サービス」をさらに小分類した「電気通信サービス」交渉の中で進められた。

　しかし，ドーハ・ラウンドは中国やインドなど新興大国の台頭による先進国と途上国間の対立によって2011年には機能停止に至ったため，デジタル貿易を含むサービスの自由化交渉も妥結しないままとなった。さらに紆余曲折を経て，2018年ごろには，デジタル貿易に分野に限定した自由化交渉が，先進国（日米EUなど）を中心とする非公式な有志国会合（Joint-Statement Initiative：以下JSI）の下でスタートした。

　非公式な会合（交渉）とは，そこで合意された事項が，"WTO全加盟国の合意"とはならない会合のことである。

2.　有志国会合（JSI）

　有志国会合（JSI）のメンバーは当初，2011 年に発足した日米・EU を中心とするサービス貿易の自由化推進に意欲的な RGF（Really Good Friends of Services）と呼称される 16 カ国のグループから構成されていた。その後，これに中国やロシアなどが参加して総計 87 カ国（下表参照）となり（モーリシャスが 2021 年に参加して 87 番目のメンバーとなった。主要国の中では，インドと南アフリカが有志国会合に未参加）[2]，後にキルギスとオマーンが加わり 89 カ国となった。

　有志国会合（JSI）の内容は，2020 年 6 月 8〜11 日に第 12 回 WTO 閣僚会議（カザフスタンの首都ヌルスルタン）で報告される予定であったが，コロナ禍（COVID-19）の拡大により，2 回の延期を経て 2022 年 6 月にスイス・ジュネーブの WTO 本部で行われた。

第 12 - 1 表　WTO 電子商取引に関する有志国会合メンバー（87 カ国：JSI）

欧州（38）
オーストリア，ベルギー，ブルガリア，クロアチア，キプロス，チェコ，デンマーク，エストニア，フィンランド，フランス，ドイツ，ギリシャ，ハンガリー，アイルランド，イタリア，ラトビア，リトアニア，ルクセンブルク，マルタ，オランダ，ポーランド，ポルトガル，ルーマニア，スロバキア，スロベニア，スペイン，スウェーデン，（以上 EU 加盟 27 カ国），アルバニア，アイスランド，リヒテンシュタイン，北マケドニア，スイス，ジョージア，モンテネグロ，ノルウェー，ウクライナ，ロシア，英国
北米（3）
カナダ，米国，メキシコ
南米・中南米（14）
アルゼンチン，ブラジル，チリ，コロンビア，コスタリカ，エクアドル，エルサルバドル，グアテマラ，ホンジュラス，ニカラグア，パナマ，パラグアイ，ペルー，ウルグアイ
アジア・中央アジア（16）
ブルネイ，中国，香港，インドネシア，日本，カザフスタン，韓国，ラオス，マレーシア，モルドバ，モンゴル，ミャンマー，フィリピン，シンガポール，台湾，タイ
大洋州（2）
ニュージーランド，オーストラリア
中東・アフリカ（14）
バーレーン，ベニン，ブルキナファソ，カメルーン，コートジボワール，イスラエル，ケニア，クウェート，ナイジェリア，カタール，サウジアラビア，UAE，トルコ，モーリシャス

（資料）〈https://www.wto.org/english/tratop_e/ecom_e/joint_statement_e.htm〉左記 WTO 資料から作成。

　だが，そこで報告された有志国会合の内容に関連して，WTO 閣僚会議で合意されたのは，「電子的送信への関税は課さないこと」を次回の閣僚会議までは継続するという，従来からの合意（モラトリアム合意）を追認したことだけだった。

　有志国会合（JSI）の共同議長国である日本・シンガポール・オーストラリアの 3 カ国を含む主要先進国は，「デジタル・データの越境移転の自由化」及び「データ・ローカライゼーション」（＝データを保管するコンピュータ・サーバーの国内設置要求の禁止）の 2 つを含む諸事項を自由化の必須事項に掲げているが，中国はそれらよりも国家の安全保障（national security）の確保を優先する姿勢を堅持しており，それに沿った複数の国内法を既に 2015 年以降より制定してきた（後述）。

第 4 節　RTA におけるデジタル貿易の策定

1．RTA のデジタル貿易ルール

　WTO ドーハ・ラウンドは当初，2005 年に終結が予定されていたが，先進国と（インド，中国，ブラジル，南アフリカなどの新興大国を含む）途上国の対立が顕在化したために交渉の継続が困難となった。そのため国々は，WTO 無差別原則の例外として条件つきで設立が認められている地域貿易協定（Regional Trade Agreement：RTA）の形成に向かった。

　WTO 全加盟国による RTA 締結（1956〜2020 年）のピークは，2009 年の 18 件であった。なお EU から 2020 年に脱退した英国が，翌年の 1 年間（2021 年）に約 35 件の RTA（大半は 2 国間協定）を単独で発効させたが，このケースは例外である。

　2010 年代には，CPTPP や RCEP といった WTO の定める条件をほぼ満たした大規模な RTA が締結され，それらすべてに上記 2 つのデジタル貿易規定（「データの越境移転自由化」及び「データ・ローカライゼーション要求禁止」）が盛り込まれた。だが，それら RTA のデジタル貿易自由化レベルは，すべて

一様にはならなかった。なぜなら，それら各RTAのデジタル貿易規定に，例外事項を認める“但し書き”が付記されたためである。

2.　主要な地域（貿易）協定のデジタル貿易ルール

たとえば，デジタル貿易の規定が盛り込まれた主要な4件の地域（貿易）協定，すなわちCPTPP，RCEP，USMCA，及び日米デジタル貿易協定のすべてに，同様の文言で「当該国は，自国の領域内で事業を実施するための条件に，当該領域内にコンピュータを設置・利用するよう，要求してはならない。」[3]，つまりデータ・ローカライゼーション（data localization：DL）を要求してはならないと定めている。だが，これら4件の協定に付記された“但し書き”は，それぞれ次のように異なっている。

第1に，米国の意向が反映されたCPTPPのデータ・ローカライゼーション規定の但し書きには，（ただし）「当該国は，公共政策の目的であれば，DLを当該企業へ要求できる」（同14.13条）と定めている。

第2に，中国のデジタル提案が組み込まれたとされるRCEPの但し書きには，（ただし）「国家安全上の理由であれば国内法によってデジタル・データの扱いに国内規制を課すことが可能」（同第12.4条）と定めている。

第3に，日米デジタル貿易協定の但し書きは，（ただし）「当該国は，金融サービス業についてはDLを当該企業へ要求できる」（同第12条）としている。

第4に，USMCAには例外を認める但し書きがない。

このことから，USMCAのデジタル貿易の自由化規律は，CPTPPよりも厳格，すなわち主要な4協定の中で最も自由化度は高いと言うことができる（同第19.12条）。

“但し書き”がないのは，USMCAのみであるが，これはUSMCAの加盟3国（米国，メキシコ，カナダ）の中で，米国が，但し書きを付記しないことが自国の利益に叶うと見たためである。

以上のように，国々は総論では賛成するものの，但し書きを付記することで，その効果を自国に有利なルールに変える傾向が見られる。

　なおこれら4つのうち，日米デジタル貿易協定は，デジタルに特化した協定であるためWTO上のRTAとは言えないが，事実上は，同時並行的な交渉の中で策定された「日米貿易協定」と一体をなすものであり，全体（日米デジタル貿易協定と日米貿易協定）で見れば実質的なWTO上のののRTAに近い枠組み協定とも言える。

　これら以外にも，シンガポールが主導するモジュール・タイプのDEPAなど，WTO上のRTAとは言えない複数の地域協定が形成されている。2022年5月に東京で立ち上げが宣言されたIPEFは，四つのアラカルト方式の柱（柱1〜柱4）からなり，柱1「貿易」の中でデジタル貿易（デジタル・エコノミー）の協定作りが行われる見込みだがが，これにはとくにUSMCAが参考にされると伝えられる。

　以下では，多国間または複数国間のデジタル貿易の規律化（ルール化）に影響を与える制度的な要因について述べる。

第5節　デジタル貿易ルール化に影響する要因

　WTOドーハ・ラウンドでの多数国間交渉を別とすれば，デジタル貿易に影響を与えるルールは，国内法，地域貿易協定（RTA），デジタル・エコノミー協定（DEA），の3つの枠組みの中に組み込まれてきた。

1. 国内法

　国内法の中にデジタル貿易に影響を与えるルールが見られる典型的な例は，巨大な国内デジタル・ネットワーク市場を有する中国のケースである。以下では中国の事例を中心に述べる。

　中国のデジタル貿易に影響を与える国内法は，第1に，デジタル・ネットワークを国家が規律化するための「ネットワーク安全法」（2017年6月1日発効），第2に，国内のデジタル・データを国家が保護・管理するための「データ安全法」（2021年9月1日発効），そして第3に，国内の個人情報の保護と

その海外移転を規制する「個人情報保護法」（2021 年 11 月 1 日発効），の 3 つから構成されている。

　第 1 の「ネットワーク安全法」は，サイバーセキュリティ法とも言われ，個人や企業，プラットフォーム企業，及び（エネルギー，交通，公共サービスなどの）政府当局が認定する「重要情報インフラ運営者」に対して，ネット上の個人情報及び重要データを中国国内に保存すること（すなわちデータの国外移転禁止）を義務付けている（同第 37 条）。

　第 2 の「データ安全法」では，国家安全保障及び個人・組織の利益確保の観点から，デジタルデータを含むすべての記録された情報の管理を国家が行うと定め（同第 1 条），個人や組織が国内のデータを国外の司法または政府機関に提供する場合には，国家（主管機関）の認可が必要（同 36 条），と定める。

　第 3 の「個人情報保護法」では，中国国内から国外へ個人情報を移転する場合，少なくとも本人の許可が必要であると定め，健康管理データなどの個人情報を保管するサーバーは，中国の国内に設置せねばならない（データ・ローカライゼーション）等を定める。同法の基本的な考え方は EU の GDPR（一般データ保護規則）に似ている。

　これら三法は，中国の国内でビジネスを行う外資企業が現地で収集した（中国政府の定義が曖昧な）"重要データ"（important data）を，中国内のサーバーに保管し，かつデータの加工も中国国内で行うことを義務付けるデータ・ローカライゼーションの規定と言える。

　中国と並ぶ大きな国内市場を抱えるインドの国内デジタル規制は，中国ほど保護主義的ではない。これはインドが個人の自由を認める民主主義国家であること，及び，映画やゲームなどのデジタル・コンテンツ分野で一定の輸出競争力があるためと推察される。インドの PDPB（個人情報保護法案）は，EU の GDPR に似て個人情報の越境移転を規制する法案だが，2022 年の国会審議を経て，同法案のルールは，内容に修正がなされる模様である。

2.　地域貿易協定（RTA）

　WTO の例外規定である地域貿易協定（RTA）には，幾つかのタイプがあ

るが，先進国の RTA で最も一般的なタイプは，財（goods）の域内自由化のための条件を定めた GATT 第 24 条（原則 10 年内の実質的な関税撤廃），及びサービス（services）の域内自由化の条件を定めた GATS 第 5 条（a）（相当な範囲の分野を対象とした障壁を合理的な期間に撤廃）の 2 つの条件をほぼ満たした RTA である。

以下では，その例として CPTPP と USMCA をとりあげる。

CPTPP の「デジタル貿易」（電子商取引）章

CPTPP（Comprehensive and Progressive Agreement for Trans-Pacific Partnership：環太平洋パートナーシップに関する包括的及び先進的な協定）は，オーストラリア，ブルネイ，カナダ，チリ，日本，マレーシア，メキシコ，ニュージーランド，ペルー，シンガポール及びベトナムの 11 カ国で構成され，2018 年 12 月 30 日に発効した。CPTPP の第 14 章「電子商取引」は，アジア太平洋地域におけるデジタル貿易規定のいわばオリジナルと言えるものであり，「データの越境移動の自由」，「コンピュータ・サーバ等の国内設置要求の禁止」，「ソース・コードの開示要求禁止」の 3 つのルールが組み込まれている。その後 CPTPP の第 14 章は，USMCA の第 19 章及び日米デジタル貿易協定の中にも，ほぼそのまま転用された。

USMCA の「デジタル貿易」章

USMCA（US-Mexico-Canada Agreement）は，NAFTA を改正して 2020 年 7 月 1 日に発効した RTA であり，その後，同協定の第 19 章「デジタル貿易」及び，第 12 章「分野別附属書」の付嘱書 12-C に明記された暗号法に関わる諸定義の幾つかを省略したものが，日米デジタル貿易協定の第 21 条となった。日米デジタル貿易協定の全体の構成，すなわち第 1 条の「定義」からサイバーセキュリティなどを含む構成は，CPTPP が参考になってはいるが，直近のベースは USMCA の第 19 章「デジタル貿易」である。

また同第 19.17 条「コンピュータを利用した双方向サービス」の中の第 5 項のみを脚注にしたものが，日米デジタル貿易協定の第 18 条「コンピュータを利用した双方向サービス」となった。

　全体としてみれば，USMCA の第19章「デジタル貿易」及び CPTPP の第14章「電子商取引」に比べて，日米デジタル貿易協定の方が安全保障（security）に関わるルールを格段に多く含むものになった。

3. デジタルエコノミー協定

　2020年代になると，アジア・太平洋地域を中心にデジタル貿易に特化した「デジタルエコノミー協定」（Digital Economy Agreement：DEA）と総称される地域協定が締結されるようになった。その典型が，日米デジタル貿易協定，DEPA，SADEA の3つである（後述）。いずれも WTO の例外規定で定める RTA 形成のための条件（GATT 第4条及び GATS 第5条）を満たさないため，WTO に報告する義務がなく，WTO の RTA データベースにも載らない[4]。DEPA については，次節でとりあげる。
　いずれの DEA にも上述の「データの越境移動自由化規定」「データローカライゼーション要求の禁止規定」の2つは組み込まれている。

〈日米デジタル貿易協定〉

　日米デジタル貿易協定（US-Japan Digital Trade Agreement）は，CPTPP（2018年12月30日発効）の第14章「電子商取引」がベースとなっているが，直接的には CPTPP 発効の後に共和党トランプ政権（ライトハイザー USTR 代表）の下で策定された，NAFTA 改めの USMCA の第19章「デジタル貿易」が下地となっている。
　本協定には，当時のトランプ政権が地域貿易交渉（RTA）のデジタル貿易自由化交渉に不可欠な事項として掲げた5つの目標，すなわち① デジタル・プロダクトへの関税不賦課，② デジタル・プロダクトの無差別待遇，③ データの自由な越境移動＆コンピュータ設備の使用・設置の要求禁止，④ ソースコード又はアルゴリズムの開示要求禁止，⑤ プラットフォーム企業の責任への上限設置，のすべてが組み込まれている。とくに，トランプ政権下で発効した2協定（日米デジタル貿易協定，USMCA）のいずれにも上記の⑤ が組み込まれた。

　これには，当時のトランプ政権が，米国第一主義を掲げており，米国に本社がある GAFA に代表される巨大プラットフォーム企業の利益を擁護する目的があったと見られる。

　なお本協定とほぼ同じ内容のものが，当時（2019 年 4 月）の WTO 有志国会合（JSI）でデジタル貿易協定のための米国案としても提出されていた。

　他方，国際協調を重視し，かつ中小企業の利益を守る方針を明確に打ち出す民主党バイデン政権下の地域協定作りでは，上記の⑤ が削除され，代わりに「個人情報の保護」が追加される可能性が高いが，IPEF がその試金石になるものと見られる。

〈SADEA〉

　シンガポールとオーストラリア間で 2020 年 12 月に発効した SADEA（Singapore-Australia Digital Economy Agreement）は，デジタル分野に特化した地域協定である（オーストラリア側の標記は「ASDEA」）。

　同協定は，デジタル分野の進化に合わせて，既存の CPTPP と SAFTA（下記）の 2 つの地域貿易協定の「電子商取引」章を，アップグレードしたものであり，貿易だけでなく消費者の保護や国内経済を含む幅広い領域で両国のデジタル連携強化を目指した協定である。

　同協定は，発効と同時に「デジタル・エコノミー（Digital Economy）」のタイトルで，既存の SAFTA（Singapore-Australia Free Trade Agreement）第 14 章へ組み込まれた。

　SADEA の第 14 章（全体で第 14.1～第 14.38 条）の約半数は，両国が加盟している CPTPP の第 14 章「電子商取引」（全体で第 14.1～14.18 条）からの引用または修正を加えた規定から構成されている．

　なお，SAFTA は，2003 年 7 月 28 日に発効した後，2006 年 2 月 24 日，2007 年 2 月 13 日，2007 年 10 月 11 日，2011 年 9 月 2 日，2017 年 12 月 1 日，2020 年 12 月 8 日の総計 6 回の改正が行われている。このうち，2011 年と 2017 年の改正は，両国及び米国を含む 12 カ国を締約国とする TPP（当時），及び米国が脱退した後の 11 カ国で発効した CPTPP に整合させるために，SAFTA の「電子商取引」（デジタル貿易）章を改正したためと推察される。

なお，SADEA をさらに進化させたものが，後述の DEPA（2020 年発効）である。

第6節　新しいタイプの地域枠組み協定 DEPA

1. DEPA の経緯

　米国オバマ政権時代（第1期目：2009〜13 年）に，アジア太平洋地域では，ブルネイ，チリ，ニュージランド（N.Z.）及びシンガポールの4カ国による地域貿易協定（通称 P4）をベースに，米国や日本を含む8カ国を加えた計 12 カ国によるメガ地域貿易協定「TPP」へ拡大する動きが見られた（TPP は当時，P4 に倣い数量ベースで 100％の自由化率を目指した）。TPP はその後，米国が離脱して 11 カ国の CPTPP として 2018 年 12 月 30 日に発効した。

　DEPA（Digital Economy Partnership Agreement：デジタル・エコノミー連携協定）は，シンガポール，チリ，N.Z. の3カ国で，2021 年1月7日に発効したデジタル分野に特化した先進性の高い地域協定であり，中国やカナダの加盟申請など，TPP の拡大過程と似た動きが見られる（後述）。

2. DEPA の構成と WTO

　DEPA は，CPTPP の第 14 章「電子商取引」をベースに，デジタル貿易の分野に特化した自由化水準の高い地域協定であり，総計 16 の条文はすべてが（入れ替えや修正が可能な）モジュール・タイプで構成されている。これは，従来の WTO が定める地域貿易協定（RTA）の仕組みでは，デジタル技術の進歩に対応できずに，既に発効した時には内容が時代遅れとなってしまうリスクを避けるために，必要な箇所（モジュール）だけを随時抜き出してルール改正を迅速かつ容易に行えること，及び協定改正に要する交渉の労力や時間を極力少なくすることための工夫とされる。

　これは，シンガポールとオーストラリア間の地域貿易協定（RTA）である

SAFTA（2003 年発効）が，過去に 6 回も改正を重ねてきた経験によるものと思われる（既述）。SAFTA は，2003 年 7 月 28 日に発効した後，両国がメンバーとなった TPP との整合性を図るために，その都度，SAFTA の改正作業が発生している。

　DEPA の前半（モジュール 1〜6）は，米国が提唱するデジタル貿易自由化の理念を継承しているが，後半（モジュール 7〜16）には，従来の地域貿易協定には見られない，AI（人工知能）の倫理的問題，デジタル格差の解消，デジタル市場の競争政策，及び加盟国の中小企業のデジタル市場への参入，などを加盟国の間で調和化するためのルールが組み込まれている。

　DEPA のモジュール形式を含めて，その内容は 2022 年 5 月に交渉の立ち上げが宣言された IPEF のルール策定にも参考にされると見られる。なお，DEPA は，デジタル分野に特化した協定であるため，WTO の地域貿易協定（RTA）の条件を満たさず，WTO の RTA データベースにも掲載されない。

　WTO の GATS 第 5 条ではサービス（services）の地域貿易協定（RTA）を締結するための条件として，「発効時または合理的な期間内に相当な範囲の分野（substantial sectoral coverage）の域内の差別化を撤廃すること」，を定めている。

3.　DEPA の拡大と派生的な動き

　中国が，2021 年 11 月 1 日に DEPA への加盟申請を出したことを受けて，DEPA 側にその作業部会が 2022 年 8 月 17 日に設置された。中国は，国内法で ①「デジタルデータの越境移転規制」，及び ②「データ・ローカライゼーション」の 2 つの規定を定めているが，これらは米国や日本が提唱する自由化とは相容れず，DEPA のモジュール 4（データ諸問題）においても，これら（① & ②）を禁止している。

　他方，モジュール 15（安全保障例外）では，当該国が安全保障（security）を理由とする場合は例外として情報の規制措置を認めると定めている。このことから，中国は DEPA 加盟申請に伴って，関係する国内法を修正せずに加盟できる可能性があるが，DEPA 加盟が認められるためには全メンバーのコン

センサス（全会一致）が必要であることから，中国の DEPA 加盟審議には多大な時間が費やされるものと推察される。なお 2022 年 5 月 9 日にカナダも DEPA への加盟申請を行った。

　DEPA 自体の加盟国数の増加のみならず，シンガポールを中心に DEPA タイプの新たな地域協定も形成されつつある。たとえば，英国は，シンガポールとの間でデジタル分野に特化した協定"UKSDEA（UK-Singapore Economic Agreement: 英 – シンガポール・デジタルエコノミー協定）を締結するための交渉を 2021 年 6 月 28 日に開始し，2022 年 6 月 14 日に発効したが，その内容は英国の CPTPP への参加を見越して，CPTPP の第 14 章「電子商取引」の内容と整合的なものとなった。

［注］
1）SADEA は単独では WTO の地域貿易協定の発効条件に整合しない協定であるが，既存の SAFTA（シンガポールとオーストラリア，2003 年発効）の第 14 章「電子商取引」に組み込まれてタイトルが第 14 章「デジタル・エコノミー（digital economy）」へ変更された。これにより SADEA は，SAFTA の一部として WTO の地域貿易協定の条件に整合的な協定となった。

2）〈https://www.wto.org/english/news_e/news22_e/ecom_28oct22_e.htm〉（Accessed on 19 Dec. 2022）

3）No Party shall require a covered person to use or locate computing facilities in that Party's territory as a condition for conducting business in that territory.

4）〈https://www.pecc.org/state-of-the-region-reports/287-2020-2021/888-chapter-2-the-new-generation-of-digital-trade-agreements-fit-for-purpose〉（Accessed on 30 Dec. 2022）

（岩田伸人）

第 12-2 表　DEPA と CPTTP の比較

DEPA の各モジュール（1〜16）タイトル	引用先：CPTTP 第 14 章
モジュール 1　導入規定と一般的定義 (Initial Provisions and General Definitions)	14.2 条の前半
モジュール 2　ビジネスと貿易促進 (Business and Trade Facilitation)	14.5 条、14.9 条
モジュール 3　デジタル・プロダクトの待遇と関連問題 (Treatment of Digital Products and Related Issues)	14.1 条の一部、14.3 条、14.4 条、第 8 章＊
モジュール 4　データ問題 (Data Issues)	14.1 条の一部、14.8 条、14.11 条、14.13 条
モジュール 5　広域な信頼環境 (Wider Trust Environment)	14.16 条
モジュール 6　ビジネスと消費者信頼 (Business and Consumer Trust)	14.1 条の一部、14.7 条、14.10 条、14.14 条
モジュール 7　デジタル・アイデンティティ (Digital Identities)	×
モジュール 8　新興する傾向と技術 (Emerging Trends and Technologies)	×
モジュール 9　イノベーションとデジタル・エコノミー (Innovation and the Digital Economy)	×
モジュール 10　中小企業協力 (Small and Medium Enterprises Cooperation)	×
モジュール 11　デジタル・インクルージョン (Digital Inclusion)	×
モジュール 12　共同委員会とコンタクト・ポイント (Joint Committees and Contact Points)	×
モジュール 13　透明性 (Transparency)	×
モジュール 14　紛争解決 (Dispute settlement)	×
モジュール 15　例外 (Exceptions)	第 29 章「例外及び一般規程」
モジュール 16　最終規定 (Final provisions)	×

CPTTP の第 14 章「電子商取引」の各条文タイトル	
第 14.1 条	定義
第 14.2 条	適用範囲及び一般規定
第 14.3 条	①関税
第 14.4 条	デジタル・プロダクトの無差別待遇
第 14.5 条	国内の電子的な取引の枠組み
第 14.6 条	電子認証及び電子署名
第 14.7 条	オンラインの消費者の保護
第 14.8 条	個人情報の保護
第 14.9 条	貿易に係る文書の電子化
第 14.10 条	電子商取引のためのインターネットへの接続及びインターネットの利用に関する原則
第 14.11 条	②情報の電子的手段による国境を越える移転
第 14.12 条	インターネットの相互接続料の分担
第 14.13 条	③コンピュータ関連設備の設置
第 14.14 条	要求されていない商業上の電子メッセージ
第 14.15 条	協力
第 14.16 条	サイバーセキュリティに係る事項に関する協力
第 14.17 条	④ソース・コード
第 14.18 条	紛争解決

(注) 上記の①は「電子的送信への関税不賦課」。②〜④は、デジタル貿易の自由化に不可欠とされる。いわゆる TPP3 原則。
(資料) いずれも ATC, Singapore から作成。

(注) DEPA のモジュール 1 から 6 までの内容は、CPTTP 第 14 章の全条文（14.1〜14.18 条）のほぼ全てをカバー。たとえば DEPA のモジュール 1 は、CPTTP 第 14 条の 142 条前半から転用。モジュール 2 は、同 14.5 条及び 14.9 条から転用。＊モジュール 3 の 3 の 3.4 条「貿易を使用する情報通信技術産品」は、CPTTP の第 8 章「貿易の技術的障壁」からの転用であり、同じ内容は日米デジタル貿易協定の第 21 条にもある。

第13章

米国のインド太平洋戦略とIPEF

はじめに

　G7諸国を中心とする民主主義諸国と，中ロ等の権威主義諸国の間の対立が深まり，いずれとの対立も回避したい新興国・途上国（グローバルサウス）と両陣営の間で綱引きと駆け引きが激しさを増していることにより，世界貿易機関（WTO）を基軸とした自由と効率，資源の最適配分を志向するグローバルな経済秩序が大きく揺らいでいる。近年，グローバル・サプライチェーンは，新型コロナウイルス禍や自然災害によって生じた一時的な分断による混乱に見舞われたが，同時に安全保障の確保を理由とした長期的分断（デカップリング）へと向かっているようにみえる。グローバリゼーションの進展の下で深化した経済的相互依存関係を鑑みれば，民主主義諸国と権威主義諸国がそれぞれブロック化し，東西冷戦期のように全面的に分断される可能性は高くないようにみえるが，安全保障の観点から重要とされる物資・技術等を中心に，両者の分断は確実に進んでいる。

　民主主義諸国において，この動きを主導しているのは米国である。中国との競争において優位な戦略的環境を構築すべく，米国は価値を共有する同盟国・パートナー国との関係強化を図っている。その動きは，インド太平洋地域において，豪英米三国間安全保障パートナーシップ（AUKUS）や日米豪印（Quad）等，軍事面や経済面での枠組みの新設や活性化として具体化している。その中で，米主導の新たな経済的取り組みとして注目されているのが「繁栄のためのインド太平洋経済枠組み（Indo-Pacific Economic Framework for Prosperity：IPEF）」である。その動向は，同地域における，また，グローバルな経済秩序

の行方に大きな影響をもたらすだろう。

　そこで本稿では，米国のインド太平洋戦略の経済面に焦点を当て，IPEF を主導する米国の狙いを明らかにするとともに，参加各国の対応やその実現に向けた課題を検討したい。

第1節　米国の経済版インド太平洋戦略

　ドナルド・トランプ前政権下では，米中対立が激しくなった一方，その最前線であるインド太平洋地域への関与に関する米国の戦略は明確ではなかった。トランプ大統領が東アジア首脳会議（EAS）に4年連続で欠席するなど，「アジア軽視」の姿勢も指摘された。

　2021年1月に発足したジョー・バイデン政権は，米国の国際社会への回帰（"America is back."）を掲げ，同盟国との関係修復を図り，国際社会でリーダーシップを発揮する姿勢を明確にした。同政権は同時に，前政権の「アジア軽視」の姿勢を転換する意思を示していたが，それが戦略として明確にされたのは，2022年2月11日に公表された『米国のインド太平洋戦略』[1] によってであった。同戦略は，それまでにバイデン大統領自身や閣僚らの政府高官が発言してきたことを取りまとめたものではあったが，バイデン政権のインド太平洋地域における取り組みの背景にある基本認識と，これから具体化を目指す政策の基本指針を示すものであった[2]。

　同戦略の特徴は，中国との競争への対処を軸とし，その実行のために同盟国・パートナー国との協調・連携を重視している点にあると言えるだろう。基本認識では，インド太平洋地域が米国の安全保障と繁栄にとって不可欠であり，同地域への関与を強化するとの姿勢を明確にした上で，中国によって引き起こされている，同地域が直面する課題に対処することを明らかにしている。同戦略で示された対中観は，「中国は，経済，外交，軍事，技術の力を結集して，インド太平洋における勢力圏を追求し，世界で最も影響力のある国になることを目指している」というものであり，これはアントニー・ブリンケン国務長官が2021年3月の外交演説で示した「安定した開かれた国際システムに深

刻に挑戦する経済的，外交的，軍事的，技術的な力を有する唯一の国」との対中認識に沿ったものといえる[3]。そして，米国の対中戦略の目的は，中国を変えることではなく，米国及びその同盟国・パートナー国と，それらが共有する利益と価値にとって最大限好ましい影響力の均衡が構築された戦略的環境を形作ることであり，中国との競争を責任を持って管理する（manage competition with the PRC responsibly）ことであると明記している。これらは，バイデン大統領が就任間もなく示した「強い立場（position of strength）からの中国との競争」[4]や，習近平中国国家主席に対してバイデン大統領がこれまでに示してきた「米中競争の責任ある管理」[5]との考えを再確認したものと言える。同戦略は，これまでに示されてきた中国との「競争的共存（competitive coexistence）」という基本戦略を踏襲し，グローバルな対中戦略の一環として，競争が「最も激しい」インド太平洋地域における戦略を示したものとなっている[6]。

　同戦略は，①自由で開かれたインド太平洋の推進，②地域内及び地域を越えた結び付き（connections）の構築，③インド太平洋の繁栄の促進，④インド太平洋の安全保障の増強，⑤国境を越えた脅威への地域の強靭性（resilience）の構築，を目標として掲げている。そして，そのために，同地域における米国の役割を強化し，同盟国・パートナー国及び地域的枠組みと「集団的能力（collective capacity）」を構築する，としている。

　この中で，経済戦略に焦点を当てているのが③インド太平洋の繁栄の促進であり，大きく2点述べられている。一つは，「インド太平洋経済枠組み」の構築である。同枠組みに関しては，2021年10月の東アジア首脳会議（EAS）においてバイデン大統領がその構想を明らかにしていたが，具体的内容は不明であった[7]。ここでは，同枠組みは，(a) 高い水準の労働・環境基準を満たす貿易に対する新たなアプローチ，(b) 開放性を原則としたデジタル経済及び越境データ移動，(c) 多様で，開かれた，予見可能である強靭で，安全なサプライチェーンの推進，(d) 脱炭素化及びクリーン・エネルギーへの共通の投資，などを目指すものとされている。

　もう一つは，同地域のインフラ整備支援であり，2021年6月のG7首脳会議で合意されたB3W（Build Back Better World）イニシアティブを推進すると

している。米政府は，B3W イニシアティブを「中国の一帯一路の代替策であり，より質の高い選択肢を示すことで一帯一路に勝るもの」だと説明している[8]。同イニシアティブは，2022 年 6 月の G7 首脳会議において，「世界のインフラ・投資のためのパートナーシップ（PGII：Partnership for Global Infrastructure and Investment）」として進められることが合意された[9]。

　同戦略により，経済面における米国のインド太平洋戦略は，「インド太平洋経済枠組み」によるルール形成及び連携・協力の強化と，PGII によるインフラ整備支援を中心に進められることが明らかにされた。

第 2 節　米主導の「インド太平洋経済枠組み」の始動

　2022 年 5 月 23 日，訪日中のバイデン大統領の主導の下，日米を含む 13 カ国により，「繁栄のためのインド太平洋経済枠組み（IPEF）」が立ち上げられた。同 26 日にはフィジーが加わり，IPEF 参加国は現在 14 カ国となっている（第 13 - 1 図）。その経済規模（GDP）は世界の約 4 割（約 36 兆ドル），人口は 3 割強（約 25 億人）を占める。参加国は今後拡大することも見込まれ，す

第 13 - 1 図　インド太平洋地域の主な経済枠組み

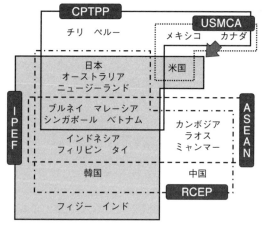

（資料）筆者作成。

でにカナダが参加の意向を表明し，米国等がこれを支持している[10]。

　立ち上げ時の共同声明によれば，IPEFは，「持続可能かつ包摂的な経済成長を実現する潜在力を有する，自由で，開かれ，公正で，包摂的で，相互に結び付き，強靭で，安全で，かつ繁栄したインド太平洋地域へのコミットメントを共有する」諸国が参加し，「経済の強靭性，持続可能性，包摂性，経済成長，公平性，競争力を高めることを目的」としている[11]。これは，米国の『インド太平洋戦略』を踏襲すると同時に，日本の「自由で開かれたインド太平洋（Free and Open Indo-Pacific：FOIP）」[12]や，東南アジア諸国連合（ASEAN）の「インド太平洋に関するASEAN・アウトルック（ASEAN Outlook on the Indo-Pacific：AOIP）」[13]をも踏まえたものとなっていると言えよう。

　バイデン政権にとってIPEFは，第1に，米国のインド太平洋地域における経済的リーダーシップの再建策である。2017年1月に発足直後のトランプ政権がTPP（環太平洋パートナーシップ）からの離脱を表明し，米国の同地域への経済的関与に関する明確な戦略が示されない状況下で生じた「空白」を，「一帯一路」の推進やRCEP（地域的な包括的経済連携）の発効，CPTPP（環太平洋パートナーシップに関する包括的及び先進的な協定）への加入申請等によって中国が埋めようとしている。こうした見方が米国内，また，インド太平洋地域に広がる中，バイデン政権には米国が同地域にどのように経済的に関与していくのかが問われていた。その回答の一つがIPEFであった。

　IPEFは，国内の強い反対によりTPPに復帰できないバイデン政権による，インド太平洋地域における経済的関与のための代替策と捉えられている[14]。ジェイク・サリバン国家安全保障担当大統領補佐官は，IPEFの立ち上げは「インド太平洋地域における米国の関与の画期（a significant milestone）」になるとしている[15]。こうしたバイデン政権のIPEFによる，トランプ前政権下で失われた米国の同地域における経済的リーダーシップの再建の試みは，IPEF参加国に好意的に受け入れられた。岸田文雄首相は，IPEFを同地域への「米国の強いコミットメントを明確に示すもの」として高く評価した[16]。

　IPEFは，TPPのような「伝統的な自由貿易協定（FTA）」とは異なる，「21世紀の経済的課題に対処するための21世紀型の経済的取り決め」と位置づけ

られている[17]。①貿易，②サプライチェーン，③クリーン経済，④公正な経済の4つの柱（pillar）で構成され，「伝統的なFTA」の中核である物品貿易の自由化（関税削減・撤廃）等のマーケット・アクセスはIPEFには含まれていない。したがって，ルールの策定や政策調整，協力・支援のための取り決めがIPEFの中心になるとみられる。

　2022年5月の立ち上げから参加国間の議論や調整を経て，同年9月8-9日に開催された閣僚会合において，IPEFの交渉開始と，4つの柱のそれぞれの交渉事項について合意された。いずれの柱においても，交渉を主導する米国の意向が反映された，野心的な内容になっている（第13-1表）。

　他方，IPEFでは，より多くの参加国を得るため，4つの柱のすべてに参加することは義務付けられておらず，いずれの交渉に参加するかは各参加国の裁量に任されていた。そのため，いくつかの国は，いずれかの柱の交渉には参加

第13-1表　IPEFの4つの柱と交渉事項

交渉分野（柱）	主な目的	交渉事項
Ⅰ. 貿易	高水準・包摂的・自由・公正・開かれた貿易。経済発展水準を考慮した柔軟性，技術支援・能力開発の提供	①労働，②環境，③デジタル経済，④農業，⑤透明性・良き規制慣行，⑥競争政策，⑦貿易円滑化，⑧包摂性，⑨技術支援・経済協力
Ⅱ. サプライチェーン（供給網）	透明性・多様性・安全性・持続可能性の向上による，強靭で，強固な，十分に統合された供給網の構築	①重要分野・物品の基準策定，②重要分野・物品の強靭性・投資の増大，③情報共有・危機対応メカニズムの構築，④供給網の物流管理の強化，⑤労働者の役割強化，⑥供給網の透明性向上
Ⅲ. クリーン経済	温室効果ガス排出削減，エネルギー安全保障強化，気候に対する強靭性・適応性，持続可能な生活と質の高い雇用の加速	①エネルギー安全保障と移行，②優先部門での温室効果ガス排出削減，③持続可能な土地・水・海洋，④温室効果ガス除去の革新的技術，⑤クリーン経済への移行を可能にするインセンティブ
Ⅳ. 公正な経済	腐敗防止・租税回避抑止・国内資源動員の改善による域内企業・労働者にとっての公正な競争条件の追求	①腐敗防止，②税，③能力構築・技術革新，④協力・包摂的連携・透明性

（資料）USTR, "United States and Indo-Pacific Economic Framework Partners Announce Negotiation Objectives," September 9, 2022 及び外務省仮訳より，筆者作成。

しないことが予想された[18]。実際には，14 カ国のうち，インドが① 貿易の柱の交渉への参加を見合わせた以外は，すべての国が 4 つの柱のすべての交渉に参加することとなった[19]。インドは，① 貿易の柱で交渉される労働や環境，デジタル経済等のルールが発展途上国にとって差別的なものになる可能性への懸念を不参加の理由に挙げている[20]。

　今後の交渉における主要な課題の一つは，米国等の先進参加諸国が，新興・途上参加諸国に対して IPEF に参加する具体的なインセンティブを示すことができるか，ということである。IPEF を主導する米国は，4 つの柱において，TPP と同水準，一部ではそれを上回る，あるいは TPP にはなかった高度なルールで合意することを望んでいる。しかし，新興・途上参加諸国からすれば，インドが懸念を示したように，それらのルールを受け入れることは国内政策の変更を要するものとなることが見込まれる。それらに対する理解を国内で得るためには，それに見合うだけの利益が IPEF によってもたらされることを示さなければならない。

　一般に，新興国・途上国にとり，先進国との FTA 等の経済的取り決めに参加する際の大きなメリットの一つが，当該先進国市場へのアクセスの改善である。先進国市場への輸出機会の拡大という恩恵と引き換えに，新興国・途上国が当該先進国の望む高度なルールを受け入れるということが，これまでの貿易交渉では多くみられた。しかし，IPEF において関税の削減・撤廃は扱わないことを米国は明確にしている[21]。これは，新興国・途上国が IPEF における取り決めに参加するインセンティブを大きく減じることになる。この点を指摘し，IPEF を「黄身のない目玉焼き」と評する向きもある[22]。

　米国は，米国の関税率はすでに低く[23]，貿易に関する規制・規格等の非関税障壁に対処することで貿易円滑化が進むことや，インフラ整備支援等，新興・途上参加諸国にとってメリットのあるものが多く含まれており，多くの国が IPEF に参加したことがそれを示している[24]，としているが，今後これらを具体的に示していくことが必要となろう。そのためには，PGII を含め，IPEF の枠内外での技術協力や能力構築，インフラ整備支援を進めていくことが重要となる。

第3節　米国の経済安全保障戦略とIPEFによる
　　　　　フレンド・ショアリング推進

　バイデン政権にとってIPEFは，米国のインド太平洋地域における経済的
リーダーシップの再建策であるとともに，同地域で「フレンド・ショアリング
（friend-shoring）」を進める方策でもある。バイデン政権は，コロナ禍や米中
対立，続くロシアのウクライナ侵攻によって露呈したサプライチェーンの脆弱
性に対処し，経済安全保障を確保するために，サプライチェーンの強靭化を進
めている[25]。そのために，連邦政府主導の産業政策による国内産業競争力強化
とともに，バイデン政権が推し進めているのが，自由や民主主義，人権尊重や
法の支配といった基本的価値を共有する同志国（like-minded countries）によ
る安全で信頼できるサプライチェーンの構築，いわゆる「フレンド・ショアリ
ング」である。

　フレンド・ショアリングには，主に3つの目的があると言えるだろう。①
地政学的競争相手たる特定国への過度の経済的依存の低減，②同志国間での
調達先・市場の多元化・分散化によるリスク軽減，同志国間分業による効率化
（コスト削減），③同志国間でのルール共通化による規制効果の最大化（抜け
穴防止），公平な競争条件の確保（抜け駆け防止），である。一国で行えば，効
果が限定される，あるいは自国の経済的損失が大きくなる経済安全保障上必要
な措置を，同志国とともに行うことによって，効果を最大化し，損失を最小化
しようというのがフレンド・ショアリングであると言えよう。

　フレンド・ショアリングは，同志国とそうでない国を分かつものであり，両
者の間ではデカップリング（分断）が進行することになる。日本をはじめとす
る主要各国が「重要物資」として列挙している半導体，蓄電池，重要鉱物等
が，デカップリングの対象として想定されるが，米国のウイグル強制労働防止
法に基づく輸入制限措置に代表されるように，強制労働等の人権侵害が理由と
なる場合は，農産品や衣類，電子部品等まで対象となりうる[26]。

　米国は，欧州連合（EU）との間では「貿易・技術評議会（Trade and
Technology Council：TTC）」，米州では「経済的繁栄のための米州パートナー
シップ（Americas Partnership for Economic Prosperity：APEP）」を通じて

フレンド・ショアリングの推進を図っているが，そのインド太平洋地域版が
IPEF である。『米国のインド太平洋戦略』で示されたように，米国にとって
の IPEF は，地政学的競争相手として中国に照準を当て，上述の 3 つの目的を
実現すべく同地域でフレンド・ショアリングを進めるための方策と位置づける
ことができる[27]。2022 年 2 月に公表された米政府のサプライチェーンに関す
る報告書では，TTC と並んで IPEF がフレンド・ショアリング・アプローチ
の 2 大事例として記されている[28]。バイデン政権は，IPEF の 4 つの柱の下で
の取り決めに TTC での合意と同様の要素を盛り込み，欧州とも連結可能なイ
ンド太平洋地域におけるフレンド・ショアリングの推進を目指しているとみら
れる[29]。

　フレンド・ショアリングを実現するには，エネルギーや重要鉱物の供給国で
あり，重要物資の製造基地である ASEAN 諸国の参加が重要となる。中国が
IPEF を，現行の地域協力枠組みに打撃を与え，地域統合に逆行する米国の企
てであり，経済的手段を利用して地域の国々に中国と米国のどちらの陣営につ
くか迫るもの，として強く非難する中[30]，中国への経済的依存度が高く，米中
いずれかを選ぶことは回避したい ASEAN 諸国に IPEF への参加を促すには，
IPEF の中国への対抗という性格を前面に打ち出すことを避ける必要があっ
た。ジーナ・レモンド商務長官は，IPEF への参加は米中いずれかを選ぶ「踏
み絵」をインド太平洋諸国に迫るものではなく，「（4 つの柱で示したような）
重要な問題に対する中国のアプローチの代替案を提示する」ものであると説明
している[31]。また，ブリンケン国務長官も，IPEF 立ち上げ直後の 5 月 26 日
に行った対中政策演説において，「我々は，すべての国が中国に対して我々と
全く同じ評価をしてくれるとは思っていない」として，米国は各国に選択を迫
るのではなく，中国のやり方以外の選択肢を示す，としている[32]。

　IPEF への参加を希望していた台湾を初期参加国として招かなかったこと
も[33]，IPEF の対中色を薄める米国の試みの一つだろう。ただし，先端半導体
製造の中心地である台湾はフレンド・ショアリング実現には不可欠であり，米
国は台湾とは二者関係を強化し，IPEF と整合的な協力を進めることで，実質
的に台湾を IPEF に取り込んでいくことを目指すとみられる。米国と台湾の間
では，2022 年 6 月 1 日に「21 世紀の貿易に関する米台イニシアティブ」が立

ち上げられ，8月17日には11分野について交渉を開始することで合意されている。この11分野には，貿易円滑化や労働，環境，デジタル貿易，腐敗防止等，IPEFと重なるものが多く含まれている[34]。

　フレンド・ショアリングは，経済安全保障上の要請により，グローバルな最適分業体制から同志国間でのサプライチェーンへと移行するものであり，それによって生じる経済的損失の同志国間連携による軽減を狙いの一つとしている。同志国間のルール・規制の共通化や政策調整が重要であり，IPEFもそのための枠組みとみなすことができる。したがって，参加各国が，自国のみを利する政策をとれば，IPEF及びそれに基づくフレンド・ショアリングの実現は難しくなるだろう。

　その点で懸念されるのが，米国の保護主義的政策である。バイデン政権が，経済安全保障を確保すべく進めている国内産業競争力強化のための産業政策は，多分に保護主義的要素を含んでいる[35]。その一例として，現在同志国から問題視されているのが，インフレ抑制法に含まれた電気自動車への税制優遇措置（EV税制優遇措置）である[36]。同措置は，対象となる車両は北米地域で最終組立が行われていなければならないとするなどの保護主義的な要件を課しており，EUや韓国などが見直しを求めている。

　日本は，米財務省による同措置に関するパブリックコメント募集に対して意見書を提出し，同措置が，「北米地域やFTA締結国といった，米国の同盟国である日本を排除した特定地域内での調達・加工・製造・組立要件を課して」いることは，「有志国との連携の下で強靱なサプライチェーンを目指す全体戦略と整合的ではない」と指摘している[37]。

　本問題に関しては，EUとの間で作業部会を設置するなど，バイデン政権は「建設的に取り組む」姿勢を示しているが[38]，同措置に対する日本や韓国等の懸念が，IPEF交渉にも悪影響を及ぼすとの見方もある[39]。

第4節　日本に期待される役割

　今後インド太平洋地域では，IPEFの取り組みを通じて米国主導によるフレ

ンド・ショアリングが推し進められていくとみられる。この動きの中で，日本に期待される役割は大きい。ここでは3点指摘したい。

第1に，IPEF交渉の調整役である。これまでのIPEFに関する議論の過程での参加国の姿勢を単純化して言えば，出来るだけ多くの国が参加して高水準のルールで合意することを目指す米国，IPEFがもたらす実利を重視し，合意の実施における柔軟性と協力（技術支援・能力構築）を求める新興・途上参加諸国，高水準のルールと協力を両輪とするバランスの取れた合意を望む日本，という構図になっている[40]。この構図においては，日本が米国と新興・途上参加諸国の間の調整役という重要な役回りを担うことになるだろう。とくに，マーケット・アクセスという新興・途上参加諸国にとってのインセンティブに欠ける交渉においては，調整役の存在がより重要になる。すでにIPEF立ち上げ時に，多くのASEAN諸国の参加を得るために，日本政府が米政府に一層の柔軟性を示すよう働きかけたことが報じられているが[41]，日本政府には引き続きこうした役割が期待される。

第2に，過度なフレンド・ショアリングの抑制である。経済安全保障の確保に必要である以上に中国排除に動くことは，経済的にも政治的にも望ましくない。その結果，フレンド・ショアリングへの参加国がより限定的になり，その目的の達成が困難となれば，本末転倒である。米中双方との良好な関係を望むASEAN諸国だけでなく，「建設的かつ安定的な日中関係」を望む日本[42]，さらに米国さえも，中国との不必要なデカップリングは望んでいない[43]。日本には，フレンド・ショアリングが目的に見合った適切なものとなるよう進めることが期待される。

第3には，経済安全保障を理由とした保護主義的措置の抑止である。先述した米国の事例のように，世界の主要国が挙って国内産業競争力強化のための産業政策を推し進めている。同志国を差別的に扱う措置や，同志国間での投資誘致のための補助金競争は避けなければならない。こうした事態が生じないよう，IPEF等を通じて，同志国間の政策調整や協力，ルール形成が行われることが望ましい。日本には，これを主導することが期待される。

IPEFの行方は，今後のインド太平洋地域における秩序形成に大きな影響をもたらすものであり，今後の動向を注視したい。

[注]

※　本稿は 2023 年 1 月末時点の情報に基づいている。

1) The White House (2022a).

2) 同戦略の内容と評価につき，菅原（2022a）参照。

3) U.S. Department of State, 'A Foreign Policy for the American People,' March 3, 2021.

4) The White House, 'Remarks by President Biden on America's Place in the World,' February 04, 2021.

5) たとえば，The White House, "Readout of President Biden's Virtual Meeting with President Xi Jinping of the People's Republic of China,' November 16, 2021。

6) The White House, 'Background Press Call by Senior Administration Officials Previewing the U.S.'s Indo-Pacific Strategy,' February 11, 2022.

7) The White House, 'Readout of President Biden's Participation in the East Asia Summit,' October 27, 2021.

8) The White House, 'Background Press Call by Senior Administration Officials Previewing the Second Day of the G7 Summit,' June 12, 2021.

9) 外務省「G7 エルマウ・サミット（概要）」，2022 年 6 月 28 日。

10) U.S. Department of State, 'Secretary Antony J. Blinken and Canadian Foreign Minister Mélanie Joly at a Joint Press Availability,' October 27, 2022. 日本も林芳正外相が「カナダを含め，目標，利益，野心を共有する更なる地域のパートナーの新規参加を歓迎する」旨表明している（外務省「日加外相会談」，2022 年 11 月 3 日）。メアリー・エング加国際貿易相は，すべての参加国から支持を得ているとしている（「カナダの IPEF 参加，貿易相『全ての国が支持』」，日本経済新聞，2022 年 12 月 6 日）。

11) 外務省「繁栄のためのインド太平洋経済枠組みに関する声明」（仮訳），2022 年 5 月 23 日。

12) 外務省「自由で開かれたインド太平洋の基本的な考え方の概要資料」。

13) The ASEAN Secretariat, "ASEAN Outlook on the Indo-Pacific," June 23, 2019.

14) キャサリン・タイ米通商代表は，TPP の何がだめなのか，IPEF と TPP の違いは何か，との記者からの質問に対し，「TPP の最大の問題は，国内の支持を得られなかったこと」，「貿易は重要な要素だが，唯一の要素ではない」，「より強固で包括的なアプローチが必要」と回答している。The White House, 'On-the-Record Press Call on the Launch of the Indo-Pacific Economic Framework,' May 23, 2022.

15) The White House, 'Press Gaggle by Press Secretary Karine Jean-Pierre and National Security Advisor Jake Sullivan, (May 19, 2022) ' May 20, 2022.

16) 外務省「インド太平洋経済枠組みの立上げ 岸田総理大臣による挨拶」，2022 年 5 月 23 日。

17) 注 14 に同じ。

18) たとえば，'Which countries will join which IPEF pillars? Asia Group analysts weigh in,' *Inside U.S. Trade*, September 6, 2022。

19) 各柱の閣僚声明による。外務省「山田外務副大臣のインド太平洋経済枠組み（IPEF）閣僚級会合への出席（結果）」，2022 年 9 月 10 日。

20) 'India stays out of 'trade pillar' at Indo-Pacific meet,' *The Hindu*, September 10, 2022.

21) 'Request for Comments on the Proposed Fair and Resilient Trade Pillar of an Indo-Pacific Economic Framework,' *Federal Register*, USTR–2022–0002, March 10, 2022.

22) 'America's lopsided China strategy: military aid but not enough trade,' *Financial Times*, April 26, 2022.

23) 米国の単純平均実行関税率（2021 年）は，3.4％となっている（World Trade Organization, *World*

Tariff Profiles 2022)。

24）注 14 に同じ。

25）この点につき，菅原（2022b）参照。

26）菅原（2021b）参照。

27）西村康稔経済産業相は，「日米，さらには有志国で協力して進めている，正に今サプライチェーンの強靱化を進めているわけで，IPEF もその議論の一つ」（経済産業省「西村経済産業大臣の閣議後記者会見の概要」，2022 年 11 月 8 日）と述べており，日本政府としても IPEF をフレンド・ショアリングの一方策と捉えているとみなすことができる。

28）The White House（2022b），p. 7.

29）TTC について，たとえば，菅原（2021a）参照。

30）「中国政府機関が IPEF への見解を相次いで発表」，『ビジネス短信』，日本貿易振興機構（ジェトロ），2022 年 6 月 1 日。

31）注 14 に同じ。

32）U.S. Department of State, 'The Administration's Approach to the People's Republic of China,' May 26, 2022.

33）台湾外交部は，これを遺憾としている。「IPEF 不参加『遺憾』台湾」，『時事ドットコムニュース』2022 年 5 月 22 日。

34）The Office of the U.S. Trade Representative, 'United States and Taiwan Announce the Launch of the U.S.-Taiwan Initiative on 21st-Century Trade,' June 1, 2022 and 'United States and Taiwan Commence Formal Negotiations on U.S. – Taiwan Initiative on 21st Century Trade,' August 17, 2022. また，米国と台湾の間には，サプライチェーン強靱化等を議論する「米台経済繁栄パートナーシップ対話（U.S.-Taiwan Economic Prosperity Partnership Dialogue: EPPD）」などの枠組みもある。

35）この点につき，注 25 に同じ。

36）Subtitle D–Energy Security, Part 4–Clean Vehicles, Inflation Reduction Act of 2022.

37）英文では，"[t]he requirements of the EV tax credit […] are not consistent with the U.S. and Japanese governments' shared policy to work with allies and like-minded partners to build resilient supply chains" となっており，同盟国・同志国と強靱なサプライチェーンを構築することは「日米両政府の共有された政策」とされている。外務省「米政府へのパブリックコメント提出日本政府意見書」和文及び英文，2022 年 11 月 5 日。

38）The White House, 'U.S.-EU Joint Statement of the Trade and Technology Council,' December 5, 2022. 菅原（2023）参照。

39）'Sources: Electric vehicle tax credit dispute could affect IPEF talks,' *Inside U.S. Trade*, November 9, 2022.

40）日本の立場については，経済産業省「西村経済産業大臣がインド太平洋経済枠組み（IPEF）閣僚会合に出席しました」2022 年 9 月 13 日。

41）'Joe Biden waters down Indo-Pacific Economic Framework to win more support,' *Financial Times*, May 20, 2022.

42）外務省「日中首脳会談」，2022 年 11 月 17 日。

43）たとえば，最近の米閣僚の発言として，U.S. Department of Commerce, 'Remarks by U.S. Secretary of Commerce Gina Raimondo on the U.S. Competitiveness and the China Challenge,' November 30, 2022.

[参考文献]

The White House（2022a）, *Indo-Pacific Strategy of the United States.*

──── （2022b）, *Executive Order On America's Supply Chains: A Year Of Action And Progress.*

菅原淳一（2021a），「進む米国の対中経済安全保障強化」『みずほインサイト』，みずほリサーチ＆テクノロジーズ。

──── （2021b），「『人権』で対中攻勢強める米国」『みずほインサイト』，みずほリサーチ＆テクノロジーズ。

──── （2022a），「米国のインド太平洋戦略」『みずほインサイト』，みずほリサーチ＆テクノロジーズ。

──── （2022b），「米国の経済安全保障強化の取り組み」『貿易と関税』第70巻第6号，日本関税協会。

──── （2023），「バイデン政権が歩むフレンド・ショアリングと自国優先政策の隘路」，オウルズコンサルティンググループ。

みずほリサーチ＆テクノロジーズ（2022），『経済がわかる論点50　2023』，東洋経済新報社。

（菅原淳一）

グローバル化と
経済安全保障への対応

第14章

日本経済のグローバリゼーションと経済安全保障

はじめに

　モノ，カネ，ヒト，情報などが世界大で活発に移動する経済のグローバリゼーションは1990年代以降急速に進展し，高成長をもたらしたが，2007年の世界金融危機以降，世界各国は自国経済を世界金融危機による負の影響から守るために保護主義的措置を実施したことから，グローバリゼーションの勢いは減速した。また，2010年代後半に勃発した米中貿易摩擦，2020年に発生した新型コロナ禍，2022年のロシアによるウクライナ軍事侵攻などにより世界経済の分断が進み，モノやヒトなどの移動が大きく低下したことから，グローバリゼーションの終焉とまで言われるようになった。新型コロナ禍，米中対立，ロシア・ウクライナ戦争の収束が見通せない不確実・不透明な状況の中で，世界各国で経済安全保障への関心が高まっており，機微な技術やエネルギーなどの国家安全保障の確立に重要な分野において敵性国との貿易や投資などを規制する戦略が適用されるようになっている。

　経済安全保障について確立された定義はないようであるが，神谷（2022）によれば，経済安全保障とは国家により，自国の領土，独立及び国民の生命，財産を，経済的な脅威から，経済的な手段を中心とするあらゆる必要な手段を用いて守ることである。経済安全保障に関する議論を明確化するためには経済的脅威を具体的に捉える必要があるが，神谷は3つのタイプの経済的脅威を挙げている。第1のタイプは国際的な経済システムに意図的ではなく発生した攪乱が，自国の経済に負の影響を与えるケースである。新型コロナ感染や地震などの自然災害によるサプライチェーンの混乱や異常気象による農作物への被害な

どが，このタイプの経済的脅威である。第2のタイプは，他国が自国との経済関係から引き出した利益が，自国の経済や安全に負の影響を与える場合である。たとえば，自国から他国へ技術が流出して，自国の経済に負の影響を与える場合や，流出した技術が軍事転用されて自国の安全を脅かすようなケースである。第3のタイプは，他国（敵性国）がその経済力を用いて意図的に自国の経済や安全に負の影響を与えようとするケースである。これは，敵性国がその経済力を背景に経済的手段を用いて自国に負の影響を与えるケースである。このタイプは，敵性国によるエコノミック・ステイトクラフトと称される行為である。

　本稿では，世界経済のグローバリゼーションの傾向が変化する中で，日本経済のグローバリゼーションの実態と課題を分析する[1]。分析では近年注目度が高まっている経済安全保障の視点を考慮する。分析からは日本経済のグローバリゼーションの特徴として対内直接投資の規模が低水準にあることが明らかにされ，対内直接投資が低水準であることが日本経済の成長を抑制する一つの要因になっていることが議論される。そのような状況において機微な技術を持つ日本企業に対する外国企業による買収を阻止するために実施された日本政府による対日直接投資管理強化策を検討する。上述した分類では，第2のタイプの経済的脅威に対する政策である。

　以下，第1節では世界経済と日本経済のグローバリゼーションを概観する。第2節では近年急速に整備が進む日本の経済安全保障制度を説明し，第3節では経済安全保障の強化を目的とした日本政府による外国為替及び外国貿易法（外為法）改正を検討する。最後に日本経済のグローバリゼーションの将来を考える。

第1節　世界経済と日本経済のグローバリゼーション

1. 世界経済のグローバリゼーション

　第2次大戦後の世界経済の高成長を可能にした一つの大きな要因は経済のグ

ローバリゼーションであった。とくに，1980年代半ばから世界金融危機まで
の期間においてその傾向が顕著であった。第2次大戦の引き金になったと言わ
れている世界各国による保護主義の教訓から発足した関税に関する一般協定
（GATT）の下で行われた貿易自由化によって世界の貿易は大きく拡大した。
貿易の拡大は労働や資本などの生産要素の効率的使用を可能にし，世界経済は
大きく成長した。また，貿易の拡大による各国間や企業間の競争の激化は，新
たな技術や商品の開発を促し，さらなる経済成長を実現した。

　1980年代以降になると，世界各国が多国籍企業による直接投資を受け入れ
ることで経済成長を促進することを期待し，直接投資受入れを積極的に行うよ
うになった。このような政策の変化に呼応して，多国籍企業は積極的に直接投
資を行い，世界各地に生産や販売拠点を構築した。多国籍企業による直接投資
は効率的生産を可能にすると共に，貿易の拡大を通じて経済成長に大きく貢献
した。

　80年代以降におけるグローバリゼーションや世界経済の順調な進展は2007
年に発生した世界金融危機によって反転してしまう。その後，回復するが世界
金融危機前のような状況には回復せず，低水準で推移した。2010年代後半か
らは米中対立の激化，2020年に入って新型コロナ禍の継続による不確実性が
高まる中，グローバリゼーションと経済成長の低迷が続いている。

2. 日本経済のグローバリゼーション：低い対内直接投資

　日本経済のグローバリゼーションを貿易と直接投資の国内総生産（GDP）
との比率でみると，貿易については1990年代前半以降，直接投資については
1980年代以降に進展していることが分かる（第14-1図）。但し，貿易や対外
直接投資と比べると，対内直接投資の伸びが極めて緩慢である。対内直接投資
が低水準であることは，他の国々の状況と比較することで鮮明に表れる。第
14-1表には，2021年時点での世界主要国におけるGDPに占める輸出と輸入
及び対外直接投資と対内直接投資の割合が示されている[2]。輸出及び輸入に関
しては，欧州諸国や韓国と比べると低い割合であるが，中国や米国と比べると
高い割合である。一般的な傾向として，経済規模が大きな国は対外依存が低い

第14-1図 日本経済のグローバリゼーション：財貿易・直接投資残高（対GDP比，%）

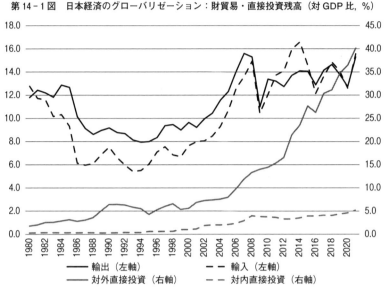

（資料）貿易比率及びGDP：世界銀行，World Development Indicators online, https://
databank.worldbank.org/reports.aspx?source=world-development-indicators。
直接投資：UNCTAD, FDI database online, https://unctadstat.unctad.org/wds/
TableViewer/tableView.aspx?ReportId=96740。

第14-1表 各国経済のグローバル化 （対GDP比，%）：2021年

	貿易		直接投資	
	輸出	輸入	対外	対内
世界	23.2	23.5	43.3	47.1
日本	15.3	15.6	40.2	5.2
中国	19.0	15.2	14.6	11.6
韓国	35.6	34.0	30.5	14.5
フランス	19.8	24.1	52.2	33.1
ドイツ	38.3	33.3	50.3	26.7
英国	15.0	22.2	69.2	84.1
米国	7.5	12.6	42.1	58.4

（注）直接投資は年末残高。
（資料）貿易比率及びGDP：世界銀行，World Development Indicators online, https://
databank.worldbank.org/reports.aspx?source=world-development-indicators。
直接投資：UNCTAD, FDI database online, https://unctadstat.unctad.org/wds/
TableViewer/tableView.aspx?ReportId=96740。

ことから，日本の状況は特段変わっているわけではない。一方，直接投資については，日本は他の国々と比較して，かなり変わっている。一つは，対外直接投資と対内直接投資の規模の大きな違いであり，今一つは，それとも関連するが，対内直接投資の低さである。直接投資の実態からは，日本経済のグローバリゼーションは対外的にはかなり進展しているが，対内的には限定的であることが分かる。

　対内直接投資残高は米ドルベースでは 2000 年以降ほぼ継続的に増加しており，2021 年末では 2000 年末の約 5 倍の 2570 億ドルを上回った[3]。しかし，第14 − 1 表で見たように GDP 比で見ると世界の他の国々と比べて対内直接投資残高が極めて低い[4]。日本政府は対内直接投資による経済の活性化や生産性の向上への貢献に着目して，90 年代から対内直接投資の拡大に向けて方策を検討し，外国企業による対日進出にあたっての障害の削減・撤廃を進めると共に日本貿易振興機構（ジェトロ）などの組織を通して対日投資推進策を講じてきたが，依然として他国との格差は大きい。

　対日直接投資の投資国・地域としては，先進地域が大きなシェアを占めている。欧州が全体の 35 ％（2021 年末残高），米国とアジアは各々 28 ％であり，中国と香港は，各々，1 ％と 9 ％である[5]。業種別では，製造業が 34 ％，非製造業が 66 ％であり，非製造業の中の金融・保険が 41 ％で圧倒的に大きなシェアを占めている。その次に大きなシェアを占めるのは通信業で 9 ％である。製造業では化学・医薬（12 ％），輸送機械（10 ％）が大きなシェアを占めている。対日直接投資は他の先進諸国の対内投資と比較すると合併・買収（M&A）と比べて新規投資（グリーンフィールド投資）の割合が大きい。全体の対内直接投資に占める M&A の割合は米国，フランス，英国，ドイツが各々 69 ％，65 ％，63 ％，55 ％であるのに対して，日本は 47 ％であった[6]。

　対日直接投資の阻害要因に関しては，多くのアンケート調査が行われている[7]。2019 年度に実施された野村総合研究所による「欧米アジアの外国企業の対日投資関心度調査」[8]では，本社所在地が欧州，北米又はアジア・オセアニアにあるグローバル企業 116 社から有効回答を得ているが，その中でビジネス環境と生活環境について「アジアの他国・地域に比べて，日本の弱みは何だと思いますか」という質問に答えた 106 社によると，ビジネス環境の弱みとして

は，英語での円滑なコミュニケーション（52 社），事業活動コスト（44 社），税率（14 社），市場の成長性（13 社）などが多くの企業により指摘されている。事業活動コストについては，初期設備投資額や人件費の高さが指摘されている。生活環境についての弱みとしては，外国語による生活（36 社），外国人を受け入れる文化（31 社），防災対応（22 社），気象・気候条件（18 社）などが挙げられている。

　世界銀行が 2019 年 9 月に発表した 190 ヵ国におけるビジネス環境に関する調査結果によると，日本は 29 位にランクされている[9]。項目別にみると，日本の順位がとくに低いのは，事業開始（106 位）と融資の取得（94 位）であった。事業開始の内容としては事業開始に必要な手続き，時間，設備投資などの費用が含まれており，前掲の野村総合研究所の調査結果と整合的である。対日投資の阻害要因として規制が指摘されることがあるが，OECD の調査によると，他の OECD 諸国と比べて規制が厳しいということはない[10]。規制の厳しさを数値化している直接投資制限度指標（低いほど規制の程度が緩やかである）で測ると，日本は 0.052 で OECD 平均（0.064）や米国（0.089）よりも規制は厳しくない。因みに中国と韓国の同指標は 0.135 と 0.244 で，日本よりもかなり制限的である。

　上述した調査結果は対日投資促進にあたって有益な情報であるが，政策として対応できる問題点と対応が難しい問題点に分ける必要がある。税率や事業開始にあたっての手続きなどは対応できるが，英語での円滑なコミュニケーション，外国人を受け入れる文化は難しい。また，外国企業だけに対する問題だけではなく，日本企業にとっても問題となっている項目があることも認識しておくことが重要である。税率，市場の成長性，防災対応などは日本企業も直面する問題である。

第 2 節　日本の経済安全保障制度[11]

　近年の日本における経済安全保障への関心の高まりは米国のトランプ大統領の下での経済安全保障政策における対中強硬路線の強化に触発された[12]。甘利

明が会長を務める自由民主党所属の国会議員により構成される「ルール形成戦略議員連盟」が 2019 年 3 月に経済や安全保障政策の司令塔として「国家経済会議（日本版 NEC）」の創設を求める提言を纏め[13]，同年 5 月に安倍晋三首相に提出した。この提言の背景には，台頭する中国による経済覇権と安全保障上の勢力の拡大を目的としたエコノミック・ステイトクラフトに対して，米国は 1991 年に設立した NEC の再構築を始めており，日本も同様の体制の設立が必要であるという認識があった。

　このような動きを背景に，日本政府の中で経済と安全保障が重なり合う分野に焦点を絞って政策を構築する体制づくりが進んだ。2019 年 6 月に経済産業省は大臣官房に新たに経済安全保障室を設立し，同室長は貿易経済協力局貿易管理部安全保障貿易管理政策課長が兼務している。外務省では経済局の中の資源安全保障室がエネルギー，鉱物資源，食料の安定供給の確保等を担当してきたが，2019 年 10 月に総合外交政策局に新安全保障課題政策室を設立した。尚，同室は 2020 年 8 月経済安全保障政策室に改称された。経済産業省や外務省の他に，金融庁，防衛庁，公安調査庁，警視庁等においても経済安全保障に関する組織やプロジェクトチームが設置され，経済安全保障体制が整備された。

　日本の経済安全保障体制整備の最終段階として 2020 年 4 月に内閣官房の国家安全保障局の中に経済班が設置された[14]。経済班設置の背景として経済産業省が 2018 年に米国によって実施された先端技術に関する輸出規制の強化に対応するような政策の必要性を認識したことがある[15]。経済産業省は 1987 年に（当時は通商産業省）東芝によるココム違反事件で苦い経験をしており，米国の輸出管理政策には極めて敏感であった。

　経済産業省は「外国為替及び外国貿易法（外為法）」によって対内直接投資規制の厳格化により機微な技術を所有する日本企業の買収を阻止することを考えていたが，外為法を実施する財務省は技術を安全保障の観点から評価することはできなかった。技術についてはその種類によって管轄する官庁は異なっていた。たとえば，情報技術に関する技術は総務省の管轄であるのに対して，医薬品に関する技術は厚生労働省が管轄している。しかしながら，管轄が省庁間に跨るような技術については，また上述したような管轄が比較的に明確な技術であっても他の省庁に跨るような状況が生じることもあり，省庁間での調整が

難しい状況が生まれるようになっていた。そこで経済安全保障に関わるような技術を管轄することを一つの目的として内閣官房の安全保障局の中に経済班が設立された。

　同経済班の役割として，経済に関しては先端技術の保護や感染症の経済分析，安全保障に関しては，機微技術の軍事転用防止や感染症の水際対策，外交に関しては入国制限を巡る情報交換や法人保護に向けた意思疎通などがある[16)]。これらの役割の中で最も注目されているものの一つに先端技術の保護がある。非同盟国による獲得の目標となっている技術としては，人工頭脳，デジタル経済の発展にあたっての核心的技術である第5世代移動通信システム（5G）に関する技術，ロボテックスやバイオテクノロジーなどがある。これらの技術の獲得にあたってはいくつかの手段が考えられる。一つはそれらの技術を所有している日本企業の買収（対日直接投資）である。この問題についての日本政府の対応は外為法の改正であるが，外為法の改正については以下で分析する。もう一つの手段としては，サイバー攻撃による政府や民間企業からの技術の搾取である。さらに中国の大学や研究所との共同プロジェクトを通じた技術漏洩も深刻な問題である。技術搾取の問題に対しては，政府及び民間機関による技術の管理の強化が進められている。たとえば，日本政府は政府による支援で行われている研究プロジェクトについて外国からの資金協力の有無についての情報の開示を2022年度から要求する方針を固めた[17)]。中国は世界でも最も多くの特許を取得している国の一つであり，主要なイノベーションの源泉である。日本や他の先進諸国にとって最先端の技術の開発にあたって，どのように中国の大学や研究所と付き合っていくのかという問題は重要である。

　2021年9月に発足した岸田政権は経済安全保障に強い関心を持ち，経済安全保障担当の大臣ポストと共に閣僚が参加する経済安全保障推進会議を設立した。同政権は「経済安全保障法制に関する有識者会議」を立ち上げ，同会議での議論・提案を経て[18)]，2022年2月に「経済施策を一体的に講ずることによる安全保障の確保の推進に関する法律（経済安全保障推進法）」を提出し，同法案は同年5月に参院本会議での可決により成立した[19)]。同法では，法制上の手当てが必要な喫緊の課題に対応するため，(1) 重要物資の安定的な供給の確保，(2) 基幹インフラ役務の安定的な提供の確保，(3) 先端的な重要技術の開

発支援，（4）特許出願の非公開に関する 4 つの制度を創設することになっている。同法では，これらの目的を実現するために，主に国による資金提供などの支援（（1），（3））や審査の強化（（2），（4））などが挙げられている。経済安全保障推進法は，公布から 6 月以内から 2 年以内に段階的に施行することとされている。令和 4 年 8 月，上記 4 つの制度のうち，（1）と（3）が施行された。

第 3 節　日本政府による経済安全保障政策の事例： 外国為替及び外国貿易法（外為法）改正[20]

　日本政府は新しい経済安全保障政策の一環として，日本企業から先端技術を取得することを目的とする外国の投資家による直接投資に対する規制を厳しくした。但し，日本政府によると，この法改正の目的は安全保障を脅かすような直接投資を抑制する一方で，日本経済の成長に貢献するような健全な対内直接投資を推進することである。同改正は 2019 年 11 月に国会で可決され 2020 年 5 月に施行されたのであるが，その背景には米国や欧州諸国などによる国家安全保障の観点から対内直接投資の審査過程を厳しくする新たな動きがあった[21]。

　同改正では，外為法が適用される投資の範囲を拡大した。改正前では，外国投資家は指定業種に属する上場企業の株式の 10％以上を取得する場合には，政府への事前届出が求められ，審査の対象とされていた。指定業種として，武器，航空機，原子力，宇宙関連，軍事転用可能な汎用品，サイバーセキュリティ，通信など日本標準産業分類 1465 部門のうち 155 部門が指定されていた。

　外為法改正後には，株式取得に関する事前届出の閾値が 10％から 1％へと引き下げられた。株式所有比率を 1％とした理由として，発行済株式の 1％を所有すれば会社法上議題提案権を行使することが可能になり，経営への影響力を行使できるという判断がある。因みに，事前届出の閾値について，米国では設定されていないが，フランス，ドイツ，イタリアでは各々，33％，10％，3％に設定されている[22]。

　一方，問題のない投資の拡大を促すために，事前届出免除制度を導入した。外国金融機関は以下の基準（（a）外国投資家自ら又はその密接関係者が役員に

就任しない，（b）指定業種に属する事業の譲渡・廃止を株主総会に自ら提案しない，（c）指定業種に属する事業に係る非公開の技術情報にアクセスしない）を満たせば，事前届出は原則として免除される（包括免除）。他方，過去に外為法で処分を受けた者や国有企業等は，常に事前届出は免除されない（本則）。包括免除及び本則に該当しない一般投資家は，指定業種のうち，安全保障上とくに重要な業種（コア業種）以外に属する上場株式会社の株式を 1％以上取得する場合には，上述した 3 つの基準を満たせば，原則として事前届出は免除される（一般免除）。一般投資家が「コア業種」に属する上場企業の株式の 1％以上を取得する場合には，上述した 3 つの基準に加え，以下の基準（（d）コア業種に属する事業に関し，重要な意思決定権限を有する委員会に自ら参加しない，（e）コア業種に属する事業に関し，取締役会等に期限を付して回答・行動を求めて書面で提案を行わない）を満たせば，10％までの投資について事前届出は原則として免除される。

　コア業種として武器，航空機，宇宙関連，原子力関連，軍事転用可能な汎用品，サイバーセキュリティ関連，電力業，ガス業，通信業，上水道業，鉄道業，石油業の 12 業種が指定されている。事前届出免除制度を利用する外国投資家は株式取得日から 45 日以内に政府に報告する必要がある。

　財務省は，2020 年 5 月に株式取得にあたって事前届出を必要とする銘柄リストを公表した。全上場企業 3800 社のうち，指定業種（コア業種も含む）に属する上場企業は 2102 社，コア業種に属する上場企業は 526 社であった[23]。同リストは 2021 年 11 月に改正され，指定業種（コア業種も含む）に属する上場企業は 1962 社，コア業種に属する上場企業は 801 社になっている[24]。

　改正外為法の負の影響についての懸念が指摘されている。一つは多くの上場企業が事前届出の対象になっていることである。当初の規定では，上場企業の 55％の企業が指定業種に指定されている。この割合は他国と比べて極めて大きいようである[25]。一定の条件を満たすことができれば事前届出が免除されるが，条件を満たさなければならないということだけでも，投資意欲を低下させる。第 1 節でみたように，日本は諸外国と比べて対内直接投資の水準が極めて低い。日本政府は経済活性化のために対内直接投資の拡大を目指しているが[26]，外為法改訂による規制強化は経済活性化に逆行する。また，外国からの

直接投資の規制強化は国内企業への競争圧力を低下させることから，コーポレートガバナンス改革を遅らせ，企業の競争力の強化や経済の活性化に重要な役割を果たす生産性の向上を難しくしてしまう。

　対内直接投資の審査についても懸念が指摘される。米国では省庁間委員会である対米投資委員会（CIFIUS）が設立され，米国の企業や事業への外国の直接投資の国家安全保障への影響を検討している。審査の内容などについては審査件数などは公表されており，活発に活動が行われているようである。一方，日本では財務省と投資に関連する分野を担当する省庁が審査を行っているが，審査件数といった機微ではないと思われる情報についても開示されていない。米国では経験を積んだ専門家が審査をしていると思われるが，日本の審査状況や能力については，実態が分からないだけに，審査の妥当性に不安が残る。

おわりに

　少子高齢化が進み労働力の増加や市場の拡大が見込めない日本において経済成長を実現するには，外国との経済関係を緊密にすることが重要である。日本企業が対外直接投資や輸出の拡大を通じて収益を獲得することで輸入や国内での設備投資や研究開発投資を可能にする。他方，外国企業による対内直接投資を受け入れることで，国内での生産能力が拡大するだけではなく，競争圧力の強化を通じて日本企業の生産性向上に貢献する。このように日本経済の成長の実現には，グローバリゼーション，その中でもとくに日本において低水準にある対内直接投資拡大の重要性は高い。

　国際情勢に目を転じると，経済的，政治的，軍事的に台頭する中国による経済安全保障面での脅威は，当分，増大し続けそうである。中国にとって国際政治経済体制の中で勢力を拡大するには，先端技術の獲得が不可欠であり，そのために技術者の招聘，共同研究の推進，サイバー攻撃などさまざまな手段を使っている。その中でも，とくに注目される手段として先端技術を有する企業の買収がある。日本政府は，敵性国による日本企業の持つ先端技術搾取を阻止する目的で対内直接投資規制を強化した。その結果，日本経済の復活に貢献す

る対内直接投資が抑制されている可能性がある。日本政府は日本にとって被害をもたらす直接投資を排除する一方，経済成長に貢献する直接投資は積極的に受け入れたいという極めて難しい状況に直面している。現状では，日本政府は外国企業が日本に投資をする段階で受け入れの可否を判断しているが，影響が微妙な投資については参入を許可し，操業開始後の行動を監視し，日本経済に被害を与えるような行動をとっている場合には，経営陣の処罰や強制的撤退などを実施することが望ましい。但し，そのような対応を可能にするには，効果的な制度と有能な人材が必要であり，そのためには日本政府は多くの資源を投入しなければならない。

　最後に，これまでの議論から飛躍するが，敵対国との対立を緩和することで経済的脅威を削減し，経済的関係の拡大を通じて経済成長を実現することが望ましいが，そのためには長期的視野に立った外交戦略を構築し地道に進めることが重要である。

[注]
1 ）日本経済のグローバリゼーションについては，浦田（2009, 2021）を参照。
2 ）2000 年代初めまでの日本経済のグローバリゼーションについては，浦田（2009）を参照。グローバリゼーションについては経済産業省（2020）が興味深い分析を行っている。
3 ）日本貿易振興機構（ジェトロ），直接投資統計　https://www.jetro.go.jp/world/japan/stats/fdi.html。
4 ）日本の対内直接投資については，深尾・天野（2004），清田（2015），Hoshi（2018），Hoshi and Kiyota（2019）などを参照。
5 ）財務省，直接投資統計，前掲。
6 ）葭・石本（2019）。
7 ）清田（2015）は，阻害要因に関する計量経済学的手法を用いた学術研究からは，明確な分析結果が得られていないことを記している。そのような分析結果の一つの原因としては，阻害要因には数量化が難しいものがあることが考えられる。
8 ）野村総合研究所（2020）。
9 ）調査の対象となる国の数が異なることから，ランキングの経年変化を厳密に検証することはできないが，日本の順位は 2010 年には 20 位であったが，その後，ランクを下げて 2018 年の調査では 39 位になっていた。尚，同調査は 2019 年で打ち切られた。調査については World Bank, Ease of Doing Business ranking を参照。https://archive.doingbusiness.org/en/rankings
10）2019 年の数値である。同指標については，OECD FDI Regulatory Restrictiveness Index を参照。https://www.oecd.org/investment/fdiindex.htm
11）本節は Armstrong and Urata（2023）をもとに議論を拡張したものである。
12）経済安全保障概念の起源は日本が 2 つの石油ショックにより打撃を受けた 1980 年代初めに遡る。京都大学の故高坂正堯教授が大平政権における外交戦略の基盤となった総合安全保障の一部として

経済安全保障という概念を提案した（総合安全保障戦略研究グループ 1980，中西 1998）。そこで
は日本の経済安全保障における関心は主に，自由貿易制度の維持，主要な貿易相手国との摩擦の軽
減，エネルギー及び食料の安定供給の維持であった。

13）ルール形成戦略議員連盟（2019）https://amari-akira.com/02_activity/2019/03/20190320.pdf。

14）国家安全保障局は 2014 年に設置された。

15）兼原信克へのインタビュー，読売新聞，2020 年 5 月 20 日朝刊。

16）日本経済新聞，2020 年 4 月 1 日電子版。

17）読売新聞オンライン，2021 年 2 月 28 日。

18）経済安全保障法制に関する有識者会議での議論については，内閣府の以下のサイトを参照。
　　https://www.cas.go.jp/jp/seisaku/keizai_anzen_hosyohousei/index.html

19）同法については，内閣府の以下のサイトを参照。https://www.cao.go.jp/keizai_anzen_hosho/
　　index.html

20）本節は Armstrong and Urata（2023）をアップデート及び拡張したものである。

21）財務省（2020）「外国為替及び外国貿易法の関連政省令・告示改正について」（資料）https://
　　www.mof.go.jp/policy/international_policy/gaitame_kawase/press_release/kanrenshiryou01_ 2020
　　0424.pdf。

22）財務省「「外国為替及び外国貿易法の一部を改正する法律案」について」https://www.mof.go.jp/
　　policy/international_policy/gaitame_kawase/press_release/kanrenshiryou_191018.pdf。

23）財務省「本邦上場会社の外為法にける対内直接投資等事前届出該当者リスト」https://www.mof.
　　go.jp/policy/international_policy/gaitame_kawase/fdi/。

24）財務省「本邦上場会社の外為法にける対内直接投資等事前届出該当者リスト」の改訂について
　　https://www.mof.go.jp/policy/international_policy/gaitame_kawase/press_release/20211102.html。

25）日本経済新聞，2020 年 5 月 23 日。

26）日本政府による対日直接投資促進政策としては，内閣府における Invest Japan を参照。http://
　　www.invest-japan.go.jp/

［参考文献］

浦田秀次郎（2009），「グローバル化と日本経済」浦田秀次郎・財務省財務総合政策研究所編『グローバル化と日本経済』勁草書房，pp. 59-79。

浦田秀次郎（2021），「日本経済のグローバリゼーション：実態と影響」『世界経済評論』7・8 月号，pp. 30-40。

神谷万丈（2022），「経済安全保障をめぐる諸論点」『安全保障研究』第 4 巻第 1 号，pp. 51-65。

清田耕造（2015），『拡大する直接投資と日本企業』NTT 出版。

総合安全保障戦略研究グループ（1980），『総合安全保障戦略』大蔵省印刷局。

中西寛（1998），「日本の安全保障経験─国民生存権論から総合安全保障論へ─」『国際政治』117 号，「安全保障の理論と政策」pp. 141-158。

野村総合研究所（2020），『令和元年度欧米アジアの外国企業の対日投資関心度調査』https://www.meti.go.jp/meti_lib/report/2019FY/000027.pdf。

深尾京司・天野倫文（2004），『対日直接投資と日本経済』日本経済新聞社。

葭中孝・石本琢（2019），「日本における対内直接投資の動向」財務省『ファイナンス』10 月号，pp. 72-73。

Armstrong, Shiro and Shujiro Urata (2023), "Japan First? Economic Security in a world of uncertainty" in Navigating Prosperity and Security in East Asia, Edited by Shiro Armstrong, Tom Westland and Adam Triggs, ANU Press pp. 87-118.

Hoshi, Takeo (2018), "Has Abenomics Succeeded in Raising Japan's Inward Foreign Investment?" Asian Economic Policy Review, vol. 13, pp. 149-168.

Hoshi, Takeo and Kozo Kiyota (2019), "Potential for Inward Foreign Direct Investment in Japan," Journal of the Japanese and International Economies, vol. 52, pp. 32-52.

（浦田秀次郎）

第 15 章

自由貿易と経済安全保障の相克

はじめに

　「国家安全保障としての経済安全保障」が我が国を始め，他国でも近年制度化されてきた。自由主義圏の国家での制度化の背景には，中国の経済的影響力の増大と同国への経済的依存への警戒心がある。この今日の経済安全保障の特徴は，従来の資源安全保障や武器管理での経済安全保障とは異なり，政府による企業の経済活動への制約を広く伴う。それは海外からの投資規制，国内の先端技術の保護のみならず，サプライチェーンの再構築や国家間の経済的相互依存の低減にまで及び，特定の国家の影響からの自国経済の保護を掲げる。しかし，過去の研究が明らかにしてきたように，国家安全保障は至って政治的な概念であり曖昧なものである。そもそも「国家安全保障としての経済安全保障」は何をどこまで求めるのか。その実態は何か。安全保障からの自由貿易制約の領域の拡大は何を意味するか。本稿は国家安全保障概念に関する国際関係論の知見に言及し，その特質を明らかにするとともに，国家安全保障からの自由貿易への制限について，従来からの政策領域として安全保障貿易管理とGATT21条，2010年代後半から現れた領域としてサプライチェーンの再構築と相互依存の低減による経済的優越性追求の４つを比較し，個々の領域での国家安全保障と自由貿易を調整する国際規範の有無や調整の限界に触れながら検証したい。

第1節　国家安全保障としての経済安全保障

1. 安全保障と経済安全保障

　安全保障とは何か。安全保障は一般に防衛，外交と同義と理解される傾向があるが，この2つはあくまでも手段であり，目的と区別されるべきものである。安全保障の目的は生存を中心とした価値の保護である。安全保障の概念研究は半世紀以上に渡りこの点を明確にしてきた。その研究の出発点であるアーノルド・ウォルファース（Arnold Wolfers）は，安全保障の目的は「得られた価値の保護」とした[1]。安全保障は曖昧であり政治的である。また本質的に強力な規範性を持つ[2]。安全保障は客観的あるいは一義的に定義することができない価値という主観的また観念的要素が大きく関わる「論争のある概念」である[3]。安全保障は使う者によって意味が変わり，その対象は必要以上に拡大し，必要以下に縮小する。それは「特定なく使われるならば，…多くの混乱を残すもの」なのである[4]。安全保障のこの性質は，それを語り政策を実行するものにとって常に留意すべき点である。

　経済安全保障は冷戦以降，非伝統的安全保障の一つと位置づけられるものである[5]。無論，経済力は国力の重要要素であり軍事力の土台となることから，軍事を中心とした伝統的安全保障においても重要なものであるが，経済安全保障は敢えて経済面に焦点を当て，その脅威やリスクを明らかにしようとする。従来，海外の国際関係論において経済安全保障は，1）軍事－経済ネクサス（軍事技術力と経済力との関係）と2）資源安全保障のいずれかで論じられてきた[6]。経済安全保障が独立した政策概念として議論されるようになったのは1970年代のオイルショック以降であり，我が国の例として大平内閣の委嘱による1980年の総合安全保障戦略は，資源安全保障を柱の一つに持つ国際的にも先駆的な提言であった。だが政策において本格的に経済安全保障が検討されるようになったのは冷戦後である。1993年に米国のクリントン政権は国家安全保障会議（NSC）を拡大し，財務長官と経済政策担当大統領補佐官等を加えた。また新たに国家経済会議（NEC）を設立し，対外的経済政策の調整，大

統領への助言，大統領の掲げる対外的経済政策の目的の達成や実施の監視等を
その役割とした。この背景には 1980 年代から続いた日米貿易戦争と，日本の
経済力への米国の脅威認識があったのは自明である。

2. 国家安全保障としての新たな経済安全保障

　2010 年代後半から米国や日本において主張され，政策として実施されてき
た経済安全保障は，国家安全保障を明確に政治的に標榜する。国家安全保障
は，国家あるいは国民（National）を主体とし，その保護を考える。国家の安
全保障への関心はその誕生以来みられるものであるが，国家安全保障がこの言
葉を冠して政策レベルにおいて最初に現れたのは冷戦初期の米国である。それ
は他国へ圧倒的な力の優位さを保持していた米国の時代的特殊性を背景に持
つ。当時の米国の生存や自由を脅かすものとされたのが共産主義のソビエト連
邦であり，冷戦を闘うために 1947 年に国家安全保障法が導入され，NSC や国
家中央情報局，また国防総省（1949 年に改称）といった今日の米国の国家安
全保障を担う機関が設立された。冷戦期のほぼすべてにおいて，NSC や国家
安全保障戦略（NSS）のように国家安全保障を冠する制度，政策を保持してい
たのは米国のみであったが，21 世紀に入ると多くの主要国で同様な制度，政
策が整備されるに至り，国家安全保障は各国の政策とされるようになったので
ある。

　2010 年代後半以降の「国家安全保障としての経済安全保障」政策は，台頭
する中国に対する経済面での対抗策としての特徴を持つ。この動きは米国が主
導し，中国経済の急成長や技術力の台頭への懸念とそれへの対抗措置の必要性
は，遅くとも 2000 年代後半には米国国内での幾つかの研究や学術会議のテー
マとして姿を現していた。その後，2010 年代に入ると，中国による日本への
レアアースの輸出禁止や，米国の技術へのエスピオナージ等が政治問題化し，
また米国の中国への貿易赤字は増大を続けた。2016 年に成立したトランプ政
権は，経済安全保障を国家安全保障の重要な柱とし，2017 年の NSS では米国
の経済的利益を守る重要な項目として位置づけた。同政権下ではファーウェイ
との取引禁止，通商拡大法 232 条の発動が実施され，対中関税の引き上げとと

もに中国も対抗策を実行し，米中貿易戦争といわれる現象が生まれた。

　「国家安全保障としての経済安全保障」での自由貿易の制約は，従来の自由貿易への批判とは異なる論理に根付いている。経済的観点からの自由貿易への制約は，伝統的には保護主義の観点から主張されてきた。国際競争力を欠いている国内産業からの圧力や，グローバリゼーションによる経済格差の拡大等がその根拠である。一方，「国家安全保障としての経済安全保障」からの自由貿易の制約はより幅広い観点から主張される。悪意ある外国企業からの国民経済の保護や先端技術の維持から，サプライチェーンの再構築，経済的相互依存の低減による経済的優位性の確保にまで至る。この経済安全保障分野の拡大は国家安全保障概念の拡大する特質を反映しながらも，主要国での重要な政策として提示されてきた。そして拡大した領域においては，従来の経済安全保障の領域では見られた自由貿易との関係を調整する国際規範の存在が希薄である。以下，従来からの領域と新しい領域のそれぞれ2つずつを例に取り，自由貿易との調整の規範の特徴に焦点を当て検証したい。

第2節　従来の国家安全保障からの自由貿易の制約

1. 安全保障貿易管理

　一つめの政策領域は，今日一般的に武器輸出管理（Arms Export Controls），防衛貿易管理（Defence Export Controls），あるいは我が国では安全保障貿易管理（Security Trade Controls）と呼ばれるものである。国家間の協定で決められた武器やそれに転用可能な製品・技術に関し，その協定に参加する国家が協調し輸出の禁止・管理を行うものであり，国家間の輸出管理レジームを基礎とした国家安全保障政策である。核兵器関連においては原子力供給国グループ（NSG），生物・化学兵器に関してオーストラリア・グループ（AG），ミサイル技術についてはミサイル技術管理レジーム（MTCR），通常兵器においてはワッセナー・アレンジメント（WA）が存在する。冷戦期においては対共産圏輸出統制委員会（COCOM）が存在し，対共産圏貿易の国際レジームを形成

し，西側各国の東側への貿易はこの点から制約を受けた。

　この政策領域での国家安全保障と自由貿易の調整規範は，上記に例示する多国間のレジームである。武器取引等は多くの国家にとって脅威やリスクであることは自明で，国家間で広くコンセンサスを得ることは比較的容易でもある。また武器やその周辺技術に限定し規制品を明示することで，貿易制限をかける安全保障領域の不必要な拡大には元来抑制的であり，自由貿易に整合的である。この背景あるものは，多国間で形成されている国際輸出管理レジームとの協調が，個々の国家安全保障の確保につながるという考え方の共有である。国際協調と国家安全保障が連結され，こういったレジームに参加すること自体が自国の国家安全保障に奉仕するという信念の共有である。ここでは個別のレジームの動向を注意深く見守りながら，それに合わせた貿易管理を実施することが国家安全保障政策になる。レジームに参加する大半の国家にとって，独自に国家安全保障上の判断をすることは優先ではなく，こういった国際レジームでの規制品と国内政策を整合させることが主眼となる。国家安全保障を掲げながらも，それは国際協調を重視し，共通の価値や安全保障を目指すものであり，至ってリベラルな方向性を制度的に内実させたものであるといえよう。

2. GATT21 条の安全保障例外規定

　2つめの政策領域はGATT21 条の安全保障例外規定である。GATT は国家安全保障上の理由から加盟国の輸出入・輸送等に関し，各条項の自由貿易の諸義務を留保し貿易等の制限措置を認める。21 条の（b）は，「締約国が自国の安全保障上の重大な利益の保護のために必要であると認める次のいずれかの措置を執ることを妨げること」を GATT 各条の解釈において行わないとして，(i) 核分裂性物質又はその生産原料である物質に関する措置，(ii) 武器，弾薬及び軍需品の取引並びに軍事施設に供給するため直接又は間接に行なわれるその他の貨物及び原料の取引に関する措置，(iii) 戦時その他の国際関係の緊急時に執る措置の３つを規定する。同条は米国の提案を受け，第２次世界大戦後の自由貿易体制の形成の中で例外的枠組みとして設けられ，ITO 設立草案を経て GATT や WTO で制度的に組み込まれた。WTO 下でのサービス貿易に

関する GATS14 条の 2 や，知的財産に関する TRIPS 協定 73 条も同様の安全保障例外を規定している。また，一般的に 2 国間，多国間の FTA は GATT21 条と同趣旨の条項を含むことが多い。同条は WTO 設立前の GATT 時代以来，幾つかの事例で争われたが，自由貿易に対して制約的な運用はされることはなかった。従来，個々の国家がこの条項の適用を自粛することが暗黙の了解であったといえる[7]。

　GATT21 条が国家安全保障からの自由貿易制約の国際規範であることは明確であるが，この規定の解釈を巡り WTO と大国との間で対立点が表面化しており，その実効性には限界がある。たとえば，米国通商拡大法 232 条は国家安全保障理由による貿易制限と対抗措置を定めているが，各国家が 21 条の解釈を専権的に行えるのかについて議論が分かれてきた。背景には 21 条の文言の曖昧さが存在する。「安全保障上の重大な利益」，「必要であると認める」，「戦時」，「国際関係の緊急時」が何を指すのか GATT の各条項は定めていない。とりわけ，各「締約国が自国の安全保障上の重大な利益の保護のために必要であると認める」という文言は，締約国の判断で国家安全保障上の貿易制限措置が可能とも読め，曖昧さが元から残されていた[8]。この条項の主唱者であった米国，そしてロシアといった大国は，自国の国家安全保障をそこに従属させることは好まず，21 条の「安全保障上の重大な利益」の要件充足の判断は各国家自身の権限とする。一方，WTO パネルはその裁定の上位性を主張する。同パネルは 2019 年の通過輸送に関するロシアのウクライナへの措置の裁定，2020 年のサウジアラビアの TRIPS 協定 73 条の裁定において，「国際関係の緊急時」，「安全保障上の重大な利益」に関して，加盟国にすべての判断が委ねられるのではなく，同パネルが最終的に判断する管轄権が残るものとした。また 2022 年には各国の判断に委ねられるとする米国の主張を排し，2018 年の米国通商拡大法 232 条による鉄鋼，アルミニウムへの追加関税は本条の要件を満たさないと判示し本条違反とした。同パネルは安全保障の専門家ではないという批判もあるが，21 条の安全保障貿易制限措置に明示的に，また客観的な基準を定立しようという法的な試みは，その実効性は別として加盟国は無視しえない規範的効力を持ち，一定の国際規範性を持つものといえよう。

第 3 節　拡大する国家安全保障からの自由貿易の制約

1.　サプライチェーンの再構築：強靭化と特定産業の保護

　上記の 2 つの従来からの領域に対して，2010 年代後半以降の「国家安全保障からの経済安全保障」は，政府が貿易構造に関わり，その改編に政策を進めるものである。一つめの例はサプライチェーンの再構築である。この問題は，世界の製造業の拠点の中国への集中，COVID-19 の世界的流行と供給リスク，また 2022 年からのロシアのウクライナ侵攻を契機に世界の輸出入が多大な影響を受ける中で，各国が重要産品輸入のサプライチェーンの安定を確保するために検討を進めてきたものである。また出荷国の問題に留まらず，輸入港湾の混雑，コンテナ不足，トラック運転手不足等，ロジスティックも含めた複雑な要因がサプライチェーンに影響を及ぼす。各企業が平常時の在庫の保持，雇用の維持等につき経済合理性を過度に追求し，危機への変動への余力が無くなったことにも起因し，その根源的な原因の特定は困難である[9]。また，サプライチェーンを通じて送られてくる製品の品質も問題になる。米国は 2013 年に医薬品品質安全法を成立させたが，それはこの一例である。このような中，主要国はサプライチェーンのレジリエンス（強靭化），またその安全性の確保を政策として打ち出し，危機での復元力，代替的手段の確保，サプライチェーンへの監視等政府の関与を強めてきた。日本では経済安全保障推進法において，特定重要物資を指定し，そのサプライチェーンの強化に政府が経済的支援を行う仕組みが作られた。

　サプライチェーンの再構築については，できるだけ自由貿易を制約せずに進めようというアプローチが存在してきた。2012 年の米国オバマ政権下でのグローバル・サプライチェーン・セキュリティに関する国家戦略（National Strategy for Global Supply Chain Security）は，自由貿易の下で経済原理に見合ったグローバルなサプライチェーンの促進を進めながら，その安定の重要さを確認し，危機においてそれが途絶した場合の復旧の速さの必要性を明言する。そこでは，安全保障か経済的効率性かという 2 択ではなく，両方の実現が

可能であるとし，国際社会との共同作業を重視する立場を明確にしている[10]。また，2020年4月，シンガポールとニュージーランドは共同で，コロナ対策にとって「必要不可欠」（essential）な商品のサプライチェーンの開放性と連結性の維持・強化を提言した。この流れを受けて，同年5月のAPEC貿易担当大臣による新型コロナウイルス感染症に関する共同声明では，必需品及びサービスの越境の流れを促進し，国際的サプライチェーンの混乱を最小限にすることが明言され，付属書として「必要不可欠な物品の流れの円滑化に関する宣言」が出された。新型コロナに対処するための各国緊急措置は，「的を絞り，目的に照らし相応かつ透明性があり，一時的で，貿易に不必要な障壁又はグローバル・サプライチェーンの混乱を生み出さず，かつWTOルールに整合的」であるべきとした[11]。

　一方，サプライチェーンの再構築は保護すべき産業を特定する問題があり，各国家の判断で行われる。2022年の段階で最も保護すべき重要な産業となっているのは半導体である。半導体は各産業での重要性に留まらず，高度な製品の製造が台湾や韓国の特定企業に過度に集中している問題がある。米国バイデン政権は，同盟国との協調の中で半導体，リチウム電池等のサプライチェーンの脱中国依存の動きを進め，2021年6月に「不可欠な生産品のサプライチェーンに関する100日のレビュー報告書（100-Day Critical Product Supply Chain Reviews）を発表し，半導体製造及び先端パッケージング，大容量バッテリー，レアアース等重要鉱物，医薬品及び医薬品有効成分の4分野をサプライチェーンの強靭化の重要な4分野とした。しかし，最終的には半導体のみが対象となり半導体補助金法（CHIPS and Science Act of 2022）が下院で成立した。日本もこの観点から保護すべきサプライチェーンとして半導体を優先し，最大4760億円の補助金を提供することで熊本県に台湾のTSMCの工場を誘致した。また経済安全保障推進法では，保護すべきサプライチェーン指定は省庁レベルで行い，LNG，肥料，工作機械等の11物資が特定重要物資と指定され，約1兆円の企業支援基金から製造支援，備蓄支援，研究支援が行われる。また基幹インフラの保護として，外国企業との取引を政府が監視すべき分野として電気，ガス，鉄道，放送等14分野を挙げ，その中から対象事業者を特定する。

　保護すべき産業の特定は至って政治的な作業であり，この経済安全保障の政

治性が顕著に表れる部分である。この政策領域では国際規範が未成熟であり，個別の国家が原則決定していく。我が国のように産品の多くを貿易に依存している国家にとって，どこまでが安全保障上問題かを依存度のみで線引きすることは困難である。経済安全保障の観点から保護すべき業種とは何か，それをどこまで保護すべきなのか，またその保護の結果は安全保障の確保につながるのかという判断は個々の国家に任され，グローバル化の中，複雑化したサプライチェーンではそれは手探りである。この問題を解決する手法として国際協調があり，クアッドやインド太平洋経済枠組み（IPEF）で米国が主唱する「価値を共有する友好国」の間でのサプライチェーンに関するコンセンサスを作りは一例であるが，それは中国との対抗のための経済アライアンスであり，中国をも取り込む多国間の規範作りではない。あくまでも対抗の論理によって進められる規範に留まるのである。

2.　相互依存の低減を通じた経済的優位性の追求

　拡大する政策領域のもう一つの例は，経済的相互依存の範囲を限定し，特定国に依存しない国民経済を通じた経済的優位性の追求である。自由貿易体制への支持は明言しながらも，事実上，経済戦略的に重要な品目の対外依存度を下げ，技術においても自国内あるいは友好国の中での開発に限定し，自国の経済的技術的優位さの確保を目指すものである。前述のサプライチェーンの友好国との再構築もこの政策領域と大きく関係する。中国が 2020 年に発表した，海外市場と並べて国内経済を成長の上で重視する双循環モデルや，米国トランプ政権のデカップリング的な対中貿易対抗策はその例である。同政権下の 2020 年の重要新興技術に関わる国家戦略（National Strategy for Critical and Emerging Technologies）は中国やロシアにおける国家の関わる恣意的な経済手法への対抗策として，米国の基幹的技術の強化のため政府の強い関与を宣言した。米国バイデン政権は中国とのデカップリングは否定しているが，前述の半導体補助金法は中国企業と取引をしない条件で補助金を与えるものであり，議会での中国への強硬派との妥協の産物である。一方，先端技術の強化に向け，国内産業への政府の補助の強化を進めることは前政権と変わらない。

　この政策領域は自由貿易の制約を，ライバル国との力学の観点から国家レベルの判断で進め，これを規制する国際規範は存在しない。国家間の経済競争がそのまま自由貿易の制限に現れるものである。国内産業の保護という従来の保護主義に近い側面も持ちつつも，保護される国内産業は戦略的にも技術的に重要な産業であり，その保護を通じ国家の国際的優位性の確保を目指す点が従来の保護主義とは大きく異なる。経済技術の流出や国民経済の基盤が他国に比して脆弱になることや，台頭する国家に対する自国の国力の相対的低下を警戒し，一般に貿易の拡大は一定程度許容しつつも，戦略的に重要と考えられる品目については，国内生産に回帰させ，ライバル国からの経済的影響力を減じることを目指す。この領域は至って政治的な国力の競争という要素が影響を与える。確かに自由貿易は「どのようなものでも」，「それを求める誰にでも売ることを意味する」ことではなかった[12]。また，経済依存を特定国との関係で行わないことや，特定国に利益を与えないことは国際政治の歴史では事例に事欠かない。しかし，米中両国のような国内に大規模市場を有する国が相互に対抗策としてこの政策を取った場合，中小国を含めた自由貿易全体への影響は無視しえないものであろう。

第4節　経済安全保障の政治性へのコントロール

　拡大する「国家安全保障としての経済安全保障」からの自由貿易の制約はどのような観点から調整されるべきなのか。安全保障貿易管理やGATT21条は，戦後の自由貿易体制構築の時代の中で，それと整合的であるようデザインされた例外的仕組みであり，多国間の国際規範に担保された制約である。一方，新たな領域であるサプライチェーンの再構築や経済優越性の追求は，自由貿易秩序の限界やその変容を起こしつつある米中対立で代表される国際政治経済力学が背景にあり，自由貿易体制の改編を迫るものである。そこでの安全保障からの自由貿易制約は個々の国家の国家安全保障からの判断であり，個々の制約を公平にまた客観的に担保する多国間の国際規範はまだ現れず，その調整への国際協調も限定的である。

　一方，今日生まれつつある経済安全保障政策は産業政策の延長に過ぎず，問題は少ないという見方もあろう。米国も我が国も政府が重要産業の育成に関与してきた歴史がある。国内企業を強化する産業政策がグローバル経済の中でも依然重要であることは言うまでもない。しかし，この経済安全保障政策は，国家安全保障の観点から保護すべき産業を特定する。この選択の問題は重要である。特定された産業とそうでない産業の間に生まれる政府の補助に関する大きな不平等をどう取り扱うか。またその不平等を国家安全保障理由のみで国内的に説明し得るかという問題がある。また政府の能力の限界も留意すべきである。悪意ある他国企業による経済活動への規制は別としても，グローバル化が進み巨大化した市場や複雑性を増す技術やサプライチェーンに対して，1国家の政府がどこまでの専門性を持ち，保護すべき重要産業の特定を行えるかという問題がある。結果として生まれるのは，民間の自由な経済活動を規制する巨大な官僚機構ではないかという懐疑もあろう。

　国家安全保障はあくまでも一つの価値である。それは絶対化し掲げることに警戒が必要な価値である。その政治性と規範性は強力であり，その内容を掘り下げ徹底すればするほど対象が拡大し，あらゆるものが国家の安全のためとして捉えられるようになる。一方，自由貿易も自由主義の価値の上に立脚する。自由貿易は経済面に留まらず，豊かさを広く国家間に享受させ国際政治を安定させるものとして理解され，その考えの下，戦後の自由貿易体制は構築された。自由貿易への「国家安全保障としての経済安全保障」からの拡大が，どのような影響を国際政治経済全体に与えるかは現時点では未知数である。しかし，国際関係論の知見はそこに慎重さを求める。個々の国家の政治的事情に支配される国家安全保障は，本質的に国家間の対立を回避する要素を持ちえない。国家安全保障と自由貿易との調整は「国際」安全保障に任されるべき問題であり，特定国を排除しない国家間の国際協調が調整の唯一の基盤なのである。そして，現段階では理想的に思われるだろうが，その上に構築されるべきものは，両者を調整する客観的な国際規範であり，それはライバル国と「共に」構築されなければならない。新たな国家安全保障と自由貿易の調整には，目の前に現れる政治的対立に過度に翻弄されない，冷静なまた現実的な協調への努力が国家間に求められるのである。

[注]
1 ）Wolfers（1952）p. 484.
2 ）Wolfers（1952）pp. 483-484.
3 ）Buzan,（1991）pp. 5, 15.
4 ）Wolfers,（1952）p. 483.
5 ）非伝統的安全保障とは，国家の軍事と外交を中心とする伝統的安全保障とは異なる安全保障の分野を指す。
6 ）軍事－経済連関という分類については，Dent（2007）pp. 206-207 を参照。また国内関係に限定した場合，国民の経済的福祉を確保することを経済安全保障とする議論も存在する。
7 ）Cheng, Whitten, and Hua（2019）p. 6.
8 ）Lindsay（2003）p. 1278.
9 ）たとえば，Rickards（2022）.
10）The White House（2012）.
11）APEC 貿易担当大臣（MRT）による新型コロナウイルス感染症に関する共同声明，令和 2 年 5 月 5 日，経済産業省 https://www.meti.go.jp/press/2020/05/20200505001/20200505001.html。
12）Cochran（1999）p. 116.

[参考文献]
Buzan, Barry (1991), *People, States & Fear: An Agenda for International Security Studies in the Post-Cold War Era, second edition*, Boulder: Lynne Rienner.
Cheng, Leonard K. H., Gregory W. Whitten, and Jingbo Hua (2019), "The national security argument for protection of domestic industries," PSEI Working Paper Series, No.1, Lingnan University.
Cochran, Thad (1999), "Free trade and national security," *Texas Review of Law & Politics*, Fall 4:1.
Dent, Christopher M (2007), "Economic Security," in Alan Collins ed., *Contemporary Security Studies, 1ˢᵗ edition*, Oxford: Oxford University Press.
Lindsay, Peter (2003), "The Ambiguity of GATT Article XXI: Subtle Success or Rampant Failure?", *Duke Law Journal*, Vol. 52, No. 6.
Rickards, James (2022), *Sold Out*, London: Penguin Random House.
The White House (2012), National Strategy for Global Supply Chain Security.
Wolfers, Arnold (1952). "'National Security' as an Ambiguous Symbol," *Political Science Quarterly*, Vol. 67, No. 4.

（髙橋敏哉）

第16章

グローバル・サプライチェーンの行方

はじめに

　2001年に中国が世界貿易機関（WTO）に加盟して以降，世界貿易は急拡大し，中国を中心として各国に展開するグローバル・サプライチェーン（GSC）が構築されてきた。そうしたなか，中国から発生した新型コロナウイルス感染症による供給ショック（コロナ・ショック）は，GSCを通じて国境を越えて伝播しながら増幅し，ショックに対するGSCの脆弱性の問題を浮き彫りにした。

　一方，経済ショックへの対応とともに重要性を増しているのが，大国間の対立や地政学的リスクへの対応だ。2021年2月，米国のバイデン大統領は，中国を「最も重大な競争相手」とし，重要部品のサプライチェーンを見直す大統領令に署名した。中国側も，米国の政策に影響されない独自のサプライチェーン構築に動き始め，世界の2大国の経済を切り離す「米中デカップリング（分断）」が進みつつある。さらに，2022年2月のロシアによるウクライナ侵攻は世界各国に地政学的リスクを強く認識させ，多くの企業が今，経済ショックや地政学上の変化に備えたサプライチェーンの見直しを迫られている。

　コロナ・ショック以前から，世界各地で発生する自然災害や疫病，経済危機などのショックに対して強靭（回復が早い）かつ頑健な（ショックの影響が少なく持続性がある）GSCを構築するため，拠点の立地や分業パターンの再検討が必要との指摘はあった。近年はさらに，米中対立を受けたさまざまな規制強化にも対応しなければならず，各企業は，これまで以上に多様なリスクを加味してGSCを再構築しなればならない。

　本章では，各企業がどのように GSC を再構築していくべきか，また各国政府はどのような政策的対応をすべきかを論じる。

第1節　GSC の進展

　GSC のメリットはその効率性にある[1]。労働が安い国や資金を安く調達できる国など，各国の比較優位に沿って各生産工程を異なる国に配置することで，サプライチェーン全体の生産コストを下げられる。また，情報通信技術（ICT）の進歩や貿易自由化の進展によって通信や工程管理のコストが大幅に低下し，サプライチェーンの国際展開が進んだ。

　2000 年代に中国が WTO に加盟すると，中国が GSC における中間財サプライヤーとしても顧客としても中心的な役割を担うようになった。中国は，安い労働力を武器に「世界の工場」として安価な製品を大量に供給する一方，付加価値の高い中間財の輸出も増やし，世界各国は，中間財の調達先としても販売先としても中国への依存を高めてきた。

　GSC における中国の台頭を背景に，2018 年ごろから米中貿易摩擦が激化していたところ，2020 年のコロナ・ショックにより世界貿易は大きく落ち込んだ。貿易の回復は比較的早かったものの，GSC において中心的役割を果たす中国から始まったコロナ・ショックは，サプライチェーンの脆弱性を世界に再認識させ，今後の GSC のあり方についてさまざまな問題を投げかけた。

　さらに，2022 年のロシアによるウクライナ侵攻は，GSC が直面する地政学的リスクを強く意識させた。とくに東アジアのサプライチェーンにおいては，米中貿易摩擦と台湾有事などの地政学的リスクとが結びついて，中国企業との取引関係を見直す企業が増加傾向にあるなど，中国を中心とするサプライチェーンをどう再構築するかという難しい問題に多くの企業が直面している。

第2節　ショックやリスクに対する GSC の脆弱性

　GSC を各国の比較優位に沿って展開することは，効率性の向上というメリットがあるが，サプライチェーンが国境を越えて長く伸びることは，GSC のどこか一部が何らかのショックを受けると，それが GSC 全体に波及するリスクも孕んでいる。

　たとえば，2011 年の東日本大震災では，サプライチェーンの寸断がサプライチェーン全体に波及して，多くの企業が影響を受けた（Ando and Kimura 2012, Todo et al. 2015, Boehm et al. 2019 など）。

　また，自然災害や経済危機などのショックがサプライチェーンを通じて伝播し，ショックの大きさが増幅される可能性も指摘されてきた。多くの産業と取引関係を持つ企業がショックを受けるほど，ショックは投入産出関係を通じて増幅される（Acemoglu et al. 2012, di Giovanni et al. 2014 など）。とくに，少数の大規模なサプライヤーへの依存度が高いほど，ショックに脆弱だという。

　このように，コロナ・ショック以前からサプライチェーンの脆弱性が指摘されてきたが，GSC の進展は各国のショックに対する脆弱性を高めたのだろうか。第 16-1 図は，経済協力開発機構（OECD）の付加価値貿易データを用いて，主要国の製造業における外国の需要・供給ショックに対する脆弱性を計測したものだ。第 16-1 図（a）は，外国の最終需要に含まれる自国源泉付加価値を，自国が産出した付加価値総額で除したもので，外国の需要ショックに晒される度合を示す。第 16-1 図（b）は，自国の粗生産額に含まれる外国源泉付加価値額の割合で，外国の供給ショックに晒される度合いを示す。言い換えると，これらの指標は，外国市場への依存度が高まると外国の需要や供給ショックに晒される度合いが大きくなり，外国でのショックに対してより脆弱になると解釈するものである。

　第 16-1 図より，多くの国で 2005 年に比べて 2018 年には，需要と供給両面で脆弱性が高まっている。一方，中国は需要，供給両面で脆弱性が低下している。Baldwin and Freeman（2022）は，類似の指標を相手国別に計測し，ほとんどの主要国において，中間財の調達先としても販売先としても，中国への依

第16-1図 海外ショックに対する脆弱性（製造業）

(a) 主要国における需要ショックに対する脆弱性

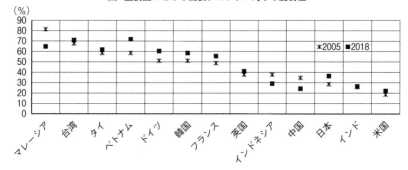

(b) 主要国における供給ショックに対する脆弱性

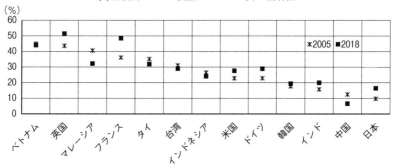

（資料）OECD TiVA Database 2021 Edition より筆者作成。

存度が大きく上昇したことを示している。これらの指標から，中国以外の国では，とくに中国市場への依存度が高まったことが外国のショックに対する脆弱性の上昇につながったと示唆される。

　一方，経済産業省（2020）は，各国・各産業の輸入先の集中度の変化に注目し，2010年代に入ると多くの国で集中度が上昇したと考察している。とくに電気機械，電子部品においては，多くの国で調達先が少数の国に集中する度合いが高まっている（第16-2図）。

第 16-2 図　各国の電気機械，電子部品の輸入先に占める集中・分散度合い

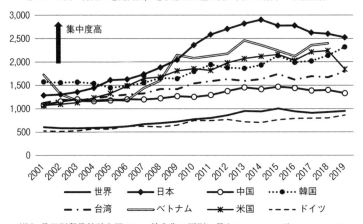

（注）品目別貿易統計を用いて，輸入先の国別に見たハーフィンダール・ハーシュ
マン指数を算出したもので，数値が大きいほど集中度が高いことを示す。
（資料）経済産業省『通商白書 2020 年版』第 II-1-2-13 図。

第 3 節　GSC の強靭化，頑健性向上のための方策

　このように，サプライヤーの集中度，とくに中国への依存度が高まる中で，
中国が最初にコロナ・ショックに見舞われたことにより，ショックが GSC を
通じて世界の多くの国に伝播し，大きく増幅された（Baldwin and Freeman
2020）[2]。

　先行研究等では，サプライチェーンの脆弱性に対処するためには，特定サプ
ライヤーへの集中度や依存度を低下させる必要があると指摘されてきた。先行
研究を踏まえると，サプライチェーンを強靭かつ頑健にするための主な方策と
して，1）サプライチェーンの国内回帰を進めて，外国における需要や供給の
ショックに晒される度合いを減らす，2）サプライヤーを多元化・多様化する，
3）サプライチェーン内の情報を共有・管理し，ボトルネック（目詰まりを起
こしそうな部分）を事前に察知して在庫を積み増す，の 3 点が挙げられる。

1.　サプライチェーンの国内回帰

　コロナ・ショック以前から，米中間の貿易摩擦を背景に生産工程の国内回帰が論じられてきた。しかし，過度に国内回帰することは必ずしもショックへの復元力を高めることにはならず，サプライチェーンが国境を越えて展開していることが，ある一カ所での供給ショックを緩和するとの主張もある（Miroudot 2020）。Caselli et al.（2020）は，開放的な貿易政策を採る方が，国内で何らかの経済ショックが起きても，外国へ販売先や仕入れ先を拡大して国内ショックの影響を緩和できると指摘する。OECD（2021）や Bonadio et al.（2021）なども，国内回帰は必ずしもショックの緩和にならないことを示している。ただし，各国間の補完性の強さや輸入中間財への依存度，サプライチェーンにおける相対的な位置によってショックの影響は異なる。

　これらの研究から，単純に国内回帰が望ましいとは結論づけられない。企業にとって，拠点の移転に費用がかかる上，生産工程の海外移転に伴って国内から失われた技術やノウハウを取り戻すことは簡単ではない。国内回帰すると今度は国内ショックに対して脆弱になる点も考慮すれば，国内回帰が急速に進むとは考えにくい。

2.　サプライヤーの多元化・多様化

　2011 年の東日本大震災の経験などから，サプライヤーを分散化，多様化しているほど，ショックに対する復元力が高いとの研究結果が提出されている（Todo et al. 2015）。各国の品目レベルの貿易データを用いた Ando and Hayakawa（2022）の分析によれば，中間財の輸入先が多様化しているほど，最終財輸出に対するコロナ・ショックの負の影響が緩和されたという。ただし，フランスの企業レベルの詳細な貿易データを分析した Jain et al.（2021）や Lafrogne-Joussier et al.（2022）では，サプライヤーを多様化している企業が必ずしもショックから早く回復したとはいえず，サプライヤー多様化の効果については，より多くの研究蓄積が待たれる。

　サプライヤーの多様化がサプライチェーンの強靱化や頑健性向上に資すると

しても，それにはコストがかかる。生産工程を新たな場所に配置するには固定費用がかかり，資本集約的な産業では，複数のサプライヤーから調達すると巨額の二重投資になる。また，汎用性の低い中間財の場合は取引関係に特殊的な技術やノウハウなど無形資産への投資が必要で，法制度が未整備な国では取引コストも高くなる。とくに，小規模な企業にとっては複数の取引先を確保する費用の負担が大きいため，政府による情報提供や費用支援も必要だろう。

3.　サプライチェーンにおける情報共有・管理

　サプライチェーン内の情報を収集し共有することによって，どこで在庫を積み増す必要があるかを予測すれば，ショックに頑健なサプライチェーンを構築できる。Lafrogne-Joussier et al.（2022）は，在庫水準が高い企業の方がコロナ・ショックの影響が軽微であったとの結果を得ており，在庫を一定程度積み増すことが重要だといえよう。在庫コストをできるだけ抑制するためにも，サプライチェーン参加企業間での情報共有が求められる。

　さらに，こうした情報を企業間のみならず，企業と政府間，そして各国政府間で共有できれば，GSC の頑健性はさらに向上する（Fiorini et al. 2020）。サプライチェーンの情報開示が中間財のトレーサビリティの向上を通じて売上増加につながるような情報共有システムを各国が協力して構築すれば，GSC 参加企業の利益にもなる。こうしたシステムの推進は各国政府の重要な役割であろう。

第 4 節　米中対立や地政学的リスクへの対応

1.　米中対立の激化

　コロナ・ショックからの回復が比較的早かった中国は，経済的にも政治的にも世界でのプレゼンスを拡大し，米中対立は，貿易分野だけでなくイデオロギー面でも深まった。米国政府においては，経済・科学技術・安全保障にかか

わる政策が一体化し，サプライチェーンの対中依存度の低下や生産拠点の国内回帰が，国内経済の刺激と安全保障の両面から重視されるようになってきた。米国は，2018 年 8 月に輸出管理改革法（Export Control Reform Act：ECRA）を立法化し，国家安全保障上の理由で，軍事転用可能なデュアル・ユース品目や技術への輸出管理を強化している。とくにデュアル・ユース品目を生産・販売する中国企業などを懸念顧客リストであるエンティティリストに追加するなど，中国企業との取引に対する規制を強めている。

　中国側も，「輸出禁止・輸出制限技術管理目録」を 2020 年 8 月に 12 年ぶりに改正し，さらに 2020 年 10 月には安全保障の観点から輸出を包括的，全体的に管理規制する基本法として，輸出管理法を制定した。

　このように，2018 年以降，輸入品に対する関税措置だけでなく輸出規制も強化され，米中デカップリングが進みつつあったが，欧米や日本の企業の多くは中国事業の見直しに慎重な姿勢をみせていた。しかし，2022 年 2 月のロシアによるウクライナ侵攻や同年 5 月のインド太平洋経済枠組み（Indo-Pacific Economic Frame：IPEF）の正式立ち上げなどを経て，地政学的リスクへの認識が高まり，中国事業を見直す企業が増えてきている。たとえば，中国で製品の 9 割超を生産するアップル社も，インドやベトナムへ生産拠点の分散化に動いている[3]。また，日本企業が国内生産を拡大させるという新聞報道も散見されるようになっている[4][5]。

2.　米国の対中政策が第三国企業に及ぼす影響

　米国は輸出管理を強化しているが，とくに中国企業をターゲットにした規制強化が目立つ。2019 年 5 月に中国の通信機器メーカーである華為技術（以下，ファーウェイ）とその関連 68 社をエンティティリストに追加し，2020 年 5 月には，輸出管理規則の外国直接製品規制（Foreign Direct Product Rule：FDPR）を強化した。米国由来の技術またはソフトウェアを直接用いて製造された直接製品が，エンティティリストに掲載されているファーウェイとその関連法人が設計したチップセットなどの生産・開発に使用される場合に，輸出の事前許可が必要となったのだ。同年 8 月にはさらに規制強化され，ファーウェ

イなどが直接生産・開発に関わっていなくても，ファーウェイなどが購入，注文する部品・機器の直接製品については輸出の事前許可が必要となった[6]。たとえば，米国由来の技術を用いて日本で製造した製品を，日本企業が日本からファーウェイなどに輸出する場合も，米国政府の輸出許可が必要になった。こうした規制強化は，ファーウェイなどに部品を供給する日本企業にも大きな影響を与えることが予想され，ソニーグループは，ファーウェイのスマートフォン向け画像センサーの出荷が急減したと報道された[7]。

　技術進歩や米中対立に呼応して，日本を含む，米国以外の各国政府も，デュアル・ユース品目・技術の輸出管理を強化してきたが，米国のように中国企業をターゲットに規制強化するケースは少なかった。しかし，米国政府によるFDPRの強化は，米国以外の国から中国への輸出を減少させ，米国外の企業に対してもGSCにおける取引相手企業の見直しを迫る可能性がある。

　実際に，Hayakawa et al. (2023) は，米国のファーウェイに対するFDPRが日本から中国への輸出に負の影響を与えたことを示している。ファーウェイに対するFDPRに関連する品目として，電話機，携帯電話，無線電話のカテゴリー（貿易統計のHS分類で8517）に入る品目に注目し，これら品目の日本の輸出額（対数値）推移を示したのが第16-3図である。2020年5月と8月にファーウェイに対するFDPRが強化されたため，2020年の第2・第3四半期ごろから，関連製品の日本から中国への輸出も何らかの影響を受けることが予想された。しかし，第16-3図では，2020年第2四半期以降，同製品の中国向け輸出が増加しているように見える。ただし，2021年第4四半期の対中輸出は，2017〜18年の水準にまでは戻っていない。

　第16-3図に示した2017〜2021年の期間は，コロナ・ショックによって世界経済や物流が混乱した時期を含むため，Hayawaka et al. (2023) は，これら特殊要因をコントロールした上で，米国のFDPRが日本の輸出に与えた影響を回帰分析によって検証している。その結果，ファーウェイ関連製品の日本から中国への輸出額は，FDPRが強化された2020年5月以前の同製品の平均的な輸出水準と比べて，2020年5月以降の期間は約40％減少したと推定された。つまり，米国による対中国輸出規制強化が，日本企業の日本から中国への輸出に対しても無視できない負の影響を与える可能性が示唆される。FDPRなどの

第 16 - 3 図　日本のファーウェイ関連製品（HS8517）輸出額の推移

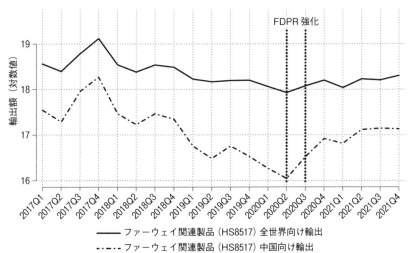

（注）図の縦軸は，輸出額（単位：千円）の対数値である。
（資料）財務省貿易統計より作成。

　輸出管理規制は，輸出を許可制とするもので，禁止するものではない。しかし，米国外の企業にとって，米国政府の規制の詳細を把握し，必要な書類を準備して，米国政府の輸出許可を得るには多大なコストがかかるであろう。大企業はある程度コストを負担できるかもしれないが，中小企業にとっては，輸出許可取得のためのコスト負担は大きく，中小企業の中国向け輸出を阻害することが懸念される。多くの企業は，中国以外の新規顧客の開拓や，米国の規制に抵触しない技術の利用を進めるための追加コストを負担しなければならないかもしれない。

　さらに 2022 年 10 月には，米国は，中国を念頭に半導体関連製品の輸出管理規則を強化した。これまでのように，ファーウェイなど特定の企業を対象にしたものではなく，外国企業の現地法人を含む，在中国のすべての企業を対象とする点で，これまでの輸出管理規制より大幅に強化されている[8]。

　米国はまた，米国内で半導体製造や研究開発を行う企業に補助金を付与する法律（CHIPS and Science Act：CHIPS 法）を 2022 年 8 月に成立させた。ただし，同法に基づいて補助金を受ける企業は，向こう 10 年間中国で最先端半

導体の増産や生産能力増強を行わないなどの条件が課せられる。輸出管理規制強化や CHIPS 法成立の背景には，中国に先端技術を渡さず，中国に技術覇権を握らせないという米国の強い意図があるといえよう。

　では，このような米中間の技術的デカップリングといえる状況は，世界各国にどのような影響を及ぼすのだろうか。Cerdeiro et al.（2021）は，GSC のネットワークにおける中核（ハブ）となる国の間でハイテク財・サービスの貿易がなくなった場合に，各国の GDP がどれほど減少するかをシミュレーションしている。いくつかのシナリオを想定し，1）ハブ国の間のハイテク財の貿易はなくなるが，非ハブ国はこれまでどおり相手と貿易を行う場合（ハブ国間のみがデカップリングする）と，2）非ハブ国も各国の最大貿易相手国に追随して，デカップリングに参加する場合（自国の最大貿易相手国の国をハブとする国々とのみ貿易する）とを比較している。

　彼らのシミュレーション結果で注目するのは，1）のケースでは，非ハブ国の受ける影響は極めて小さいが，2）のケースでは，非ハブ国も大きな負の影響を受ける点だ。日本や韓国のようにサプライチェーンにおいて中国との結びつきが強いだけでなく，需要側では米国市場との関係も強い国では，米中デカップリングに追随することによる負の影響が大きい[9][10]。

　2018 年以降の米中貿易戦争においては，米中の追加関税措置が日本を含む第三国に及ぼす影響は限定的だったと評価されている（Fajgelbaum et al. 2021 など）。しかし，日本でも，2022 年 5 月に経済安全保障推進法が成立し，重要物資の安定供給や供給網強化，先端技術の開発支援と流出防止，インフラの安全確保などを推進する制度が創設され，先端半導体の国内生産や研究開発プロジェクトが進められることになった[11]。こうした動きは，少なくとも一部の先端技術については，米中の技術的デカップリングに日本も追随することを示唆する。日米同盟や経済安全保障が地政学的に重要であることは言うまでもないが，中国との貿易シェアの大きい日本が米中デカップリングに追随した場合，貿易や GDP などの面ではかなり大きな負の影響を受ける可能性があることを認識する必要がある[12]。

第5節　サプライチェーンの再構築

　第3節で論じたとおり，GSC の強靱化，頑健性向上のためにさまざまな方策を取り得るが，米中対立の激化を受けて，各企業は経済ショックへの対応のみならず，地政学的リスクも考慮してサプライチェーンを再構築する必要に迫られている。

　Baldwin and Freeman（2022）は，これまでの GSC 研究においては，リスクを考慮せず，生産拠点を分散することによるコスト削減効果と，分散した拠点をつなぐ費用との間のトレードオフだけに注目してきたと指摘する。今後は，GSC の経済的効率性とリスクとの間のトレードオフも含めて分析する必要があるという。たとえば，個人（企業）による費用・便益・リスクの評価と，公共の費用・便益・リスクの評価との乖離が大きい場合や，情報の非対称性のため各企業がリスクを正しく評価できない場合は，政府による介入や支援も正当化される。前者の例として，食料や医薬品，半導体などの先端技術は，リスクに晒された場合の社会的ダメージが大きく，効率性や収益性を多少犠牲にしても，政府が国内生産を推進するなど，リスクに備えてバッファーを設けておく必要がある分野といえるかもしれない。後者の例としては，第4節で論じた外国政府の規制強化など情報収集が難しい場合や，各企業が間接的なサプライヤーが誰かまで把握できない場合などがあろう。政府は，外国の企業や法制度・政策についての情報を提供し，各企業のリスク評価を助け，各企業が経済合理性に基づいて意思決定できるように支援していく必要がある。

　米中の対立が激化する中で，各企業はこれまで以上に費用をかけてリスク評価・管理を行わざるを得ず，政府による支援やある程度の政策介入も正当化される状況になっている。しかし，経済安全保障の定義や範囲があいまいなまま，米中デカップリングに呼応して各国が規制分野を拡大していくことは経済的には負の影響が大きく，必ずしも望ましいとは言えない。たとえば，中国依存を減らす方向にサプライチェーンの多様化が進むと，部品の調達コストが大幅に増加するという試算もある[13]。政府による介入は，リスクへの備えの重要性が高い業種や分野を十分に見極めて実施されるべきだ。リスクの低い分野に

ついては，経済利益を損なわない形で GSC の強靭化や頑健性向上を進めるよう，各国政府は国際的な協力・連携に向けた努力を続けていく必要がある。国際的なルール策定や法整備，各国間の情報共有は，新規サプライヤーとの取引コストを低下させ，サプライヤーの多元化・多様化を促してサプライチェーンの頑健性を高めるだろう。

　企業側は，新しい ICT 技術を駆使して，製品構成や生産設備，物流，サプライヤーといった企業活動全体の効率化，可視化を進めることでショックに対する復元力や頑健性を高めていかなければならない。さらに，地政学的リスクに備えて国内に重点的に投資する分野と海外に積極展開していく分野など，選択的に対応しながらサプライチェーンの再構築を進めていかざるを得ないだろう。

[注]
1）ある財の生産における上流から下流までの工程が国境を越えてグローバルにつながっている現象は，「グローバル・サプライチェーン（GSC）」または「グローバル・バリューチェーン（GVC）」などと表現される。GSC と GVC とは同じ現象のことを指すが，GSC は各サプライヤーが生産した中間財や完成財といった「モノの流れ」に着目している。一方，GVC は，原材料が完成品となって消費者のもとに届くまでの間に各工程が産み出した価値の連鎖に着目する表現である。本章では，さまざまな不測の事態に備えて「モノの流れ」が変容していく可能性を意識し，GSC を主に用いる。
2）貿易データ等を使ったコロナ・ショックの実証研究によると，中間財の供給減が他国の生産を減少させ，それがさらに自国の供給減につながるというサプライチェーンを通じた負の連鎖が，GSC に参加する各国の輸出減少をもたらした部分が大きい（Friedt and Zhang 2020, Hayakawa and Mukunoki 2021 など）。
3）日本経済新聞（2022 年 12 月 23 日）『Apple 生産拠点大移動の先に　供給網，大分散時代の足音』。
4）日本経済新聞（2022 年 10 月 11 日）『安川電機，福岡で部品内製化　供給リスク対応へ大型投資』など。
5）国際協力銀行が海外現地法人を有する日本の製造業企業に対して 2022 年 7 月～9 月に実施した調査によると，85 パーセントの企業が地政学的リスクを重要と捉えており，電機・電子，一般機械，化学といった業種の企業では約半数が，地政学的リスクに対応して調達先の多元化に取り組んでいると回答している（国際協力銀行 2022）。
6）JETRO ビジネス短信（2020 年 5 月 19 日）『米商務省，ファーウェイ及び関連企業への輸出管理を強化，米技術を用いた外国製造製品も対象』，JETRO ビジネス短信（2020 年 8 月 18 日）『米商務省，ファーウェイなどへの輸出管理を強化，第三者からの調達を制限』などを参照。
7）日本経済新聞（2021 年 6 月 3 日）『ソニー半導体，「ファーウェイ・ロス」で収益回復道半ば』。
8）たとえば，安全保障貿易情報センター（CISTEC）事務局『米国による対中輸出規制の著しい強化について（2022 年 12 月 13 日改訂 2 版）』などを参照。
9）日本も韓国も最大貿易相手国が中国であるため，Cerdeiro et al.（2021）では，日中・韓中の貿

易関係は維持されるが，米国との貿易関係は断絶されると想定してシミュレーションしていると推測される。シナリオの想定にもよるが，多くの国がGDPの5％程度に相当する規模の損失を受ける可能性があると推計している。

10) 米中貿易戦争の影響について分析した先行研究からも，デカップリングが米中のみならず他国も巻き込んで世界的にGSCの断絶を引き起こした場合，負の影響は第三国にも及び，世界経済は大きな負の影響を受けることが示唆される（Kumagai et al. 2021, Eppinger et al. 2021など）。

11) 日本経済新聞（2022年11月11日）『日本の半導体「空白の10年」挽回へ　新会社ラピダス発足』。

12) Inoue and Todo（2022）は，部品など中国から日本への輸入の8割（約1兆4000億円）が2カ月間途絶すると，約53兆円分の国内生産額（日本の年間GDPの1割に匹敵する）が消失すると試算する。

13) 日本経済新聞2022年10月18日『ゼロチャイナなら国内生産53兆円消失　中国分離の代償』。

[参考文献]

経済産業省（2020），『通商白書2020年版』経済産業省。

国際協力銀行（2022），『わが国製造業企業の海外事業展開に関する調査報告―2022年度海外直接投資アンケート結果（第34回）』株式会社国際協力銀行。

Acemoglu, D., Carvalho, V. M., Ozdaglar, A., and Tahbaz-Salehi, A. (2012), "The Network Origins of Aggregate Fluctuations," *Econometrica* 80 (5): 1977-2016.

Ando, M. and Hayakawa, K. (2022), "Does the Import Diversity of Inputs Mitigate the Negative Impact of COVID-19 on Global Value Chains?," *Journal of International Trade & Economic Development* 31 (2): 299-320.

Ando, M. and Kimura, F. (2012), "How did the Japanese Exports Respond to Two Crises in the International Production Networks? The Global Financial Crisis and the Great East Japan Earthquake," *Asian Economic Journal* 26 (3): 261-87.

Baldwin, R. and Freeman, R. (2020), "Supply Chain Contagion Waves: Thinking Ahead on Manufacturing 'Contagion and Reinfection' from the COVID Concussion," VoxEU.org,

Baldwin, R., and Freeman, R. (2022), "Risks and Global Supply Chains: What We Know and What We Need to Know," *Annual Review of Economics* 14: 153-180.

Boehm, C. E., Flaaen, A., and Pandalai-Nayar, N. (2019), "Input Linkages and the Transmission of Shocks: Firm-level Evidence from the 2011 Tōhoku Earthquake," *Review of Economics and Statistics* 101 (1): 60-75.

Bonadio, B., Huo, Z., Levchenko, A. A., and Pandalai-Nayar, N. (2021), "Global Supply Chains in the Pandemic," *Journal of International Economics* 133: 103534.

Caselli, F., Koren, M., Lisicky, M., and Tenreyro, S. (2020), "Diversification Through Trade," *The Quarterly Journal of Economics* 135 (1): 449-502.

Cerdeiro, D. A., Eugster, J., Mano, R. C., Muir, D., and Peiris, S. J. (2021), "Sizing Up the Effects of Technological Decoupling," IMF Working Paper WP/21/69, March, International Monetary Fund.

di Giovanni, J., Levchenko, A. A., and Mejean, I. (2014), "Firms, Destinations, and Aggregate Fluctuations," *Econometrica* 82 (4): 1303-1340.

Eppinger, P. S., Felbermayr, G., Krebs, O., and Kukharskyy, B. (2021), "Decoupling Global Value Chains," CESifo Working Paper No. 9079, CESifo.

Fajgelbaum, P., Goldberg, P. K., Kennedy, P. J., Khandelwal, A., and Taglioni, D. (2021), "The US-

China Trade War and Global Reallocation," NBER Working Paper 29562, December, National Bureau of Economic Research.

Fiorini, M., Hoekman, B., and Yildirim, A. (2020), "COVID-19: Expanding Access to Essential Supplies in a Value Chain World," in R. E. Baldwin and S. J. Evenett, eds., *COVID-19 and Trade Policy: Why Turning Inward Won't Work*, VoxEU eBook, CEPR Press.

Friedt, F. L. and Zhang, K. (2020), "The Triple Effect of COVID-19 on Chinese Exports: First Evidence of the Export Supply, Import Demand and GVC Contagion Effects," *Covid Economics* 53: 72-109.

Hayakawa, K., Ito, K., Fukao, K., and Deseatnicov, I. (2023), "The Impact of the Strengthening of Export Controls on Japanese Exports of Dual-use Goods," *International Economics* 174: 160-179.

Hayakawa, K. and Mukunoki, H. (2021), "Impacts of COVID-19 on Global Value Chains," *The Developing Economies* 59 (2): 154-177.

Inoue, H. and Todo, Y. (2022), "Propagation of Overseas Economic Shocks through Global Supply Chains: Firm-level evidence," RIETI Discussion Paper Series 22-E-062, Research Institute of Economy, Trade and Industry.

Jain, N., Girotra, K., and Netessine, S. (2021), "Recovering Global Supply Chains from Supply Interruptions: the Role of Sourcing Strategy," *Manufacturing & Service Operations Management* 24 (2): 846-863.

Kumagai, S., Gokan, T., Tsubota, K., Isono, I., and Hayakawa, K. (2021), "Economic Impact of the US-China Trade War on the Asian Economy: An Applied Analysis of IDE-GSM," *Journal of Asian Economic Integration* 3 (2): 127-143.

Lafrogne-Joussier, R., Martin, J., and Mejean, I. (2022), "Supply Shocks in Supply Chains: Evidence from the Early Lockdown in China," *IMF Economic Review* 71: 170-215.

Miroudot, S. (2020), "Resilience versus Robustness in Global Value Chains: Some Policy Implications," in R. E. Baldwin and S. J. Evenett, eds., *COVID-19 and Trade Policy: Why Turning Inward Won't Work*, VoxEU eBook, CEPR Press.

OECD (2021), "Global Value Chains: Efficiency and Risks in the Context of COVID-19," OECD Policy Responses to Coronavirus (COVID-19), 11 February 2021, OECD Publishing.

Todo, Y., Nakajima, K., and Matous, P. (2015), "How Do Supply Chain Networks Affect the Resilience of Firms to Natural Disasters? Evidence from the Great East Japan Earthquake," *Journal of Regional Science* 55 (2): 209-229.

（伊藤恵子）

第17章

経済安全保障と日本企業の対応

はじめに

　これまでの章で述べてきたとおり，昨今では，米中間の対立の継続，ロシアのウクライナ侵攻，新型コロナウイルス感染症の拡大など，戦後以降の日本では「（発生する可能性が低い）有事」と捉えられていた出来事が平時でも起こり得る時代となった。このため，サプライチェーンの途絶など，これまでは「有事における特別な対応」として扱われていたことに平時からの備えが必要になった。また，技術革新によって民生部門で活用される技術が軍事部門にも応用される例が増え，「デュアルユース（軍民両用）」の対象が拡大した。これに伴い，各国で輸出管理を中心に法規制が強化されている。機微な技術・データ等の取り扱いに関しての制約も拡大している。これまで「安全保障」は政府が対応する領域であったが，経済との関わりがより強くなり，政府のみならず企業も「経済安全保障」への対応を余儀なくされる時代になった。

　経済安全保障への対応として，激動する国際情勢それ自体への対応と，これらの動きを受け，各国で近年矢継ぎ早に成立している法規制への対応の両面が求められる。日本では2022年5月に経済安全保障推進法が成立した。本章では，第1節で，経済安全保障にかかるグローバル動向，第2節で，経済安全保障にかかる日本国内の動向，第3節で経済安全保障において企業に求められる主要な機能を，【1】個人情報・重要データ及びインフラの整備・管理，【2】重要物資の生産・調達，【3】重要技術の開発・輸出入，【4】サプライチェーン上の人権リスク管理，【5】資本構成の把握及びそれらをまとめる【6】統括機能に分けて整理した。

第 1 節　経済安全保障にかかるグローバル動向

　「経済安全保障」というキーワードがグローバルで注目を集めるに至った転機の一つは米中間の対立だ。2017 年 1 月に米国でトランプ政権が誕生，中国を「戦略的信頼」と位置づけた先代のオバマ政権の対中政策を転換した。トランプ政権は中国を米国の国益に挑む「修正主義勢力」と位置づけ，相次ぐ対中強硬策を実行した。米中間の対立は，貿易から次第に 5G や半導体を中心とする先端技術分野に焦点が移っていった。国際特許出願件数や科学技術分野の研究論文の発表数で中国が米国を抜いたとされたのもトランプ政権が誕生した時期と重なる。米中間の対立とそれに伴う相次ぐ制裁の応酬は，言うまでもなく両国とビジネス関係が深い日本企業にも影響を与えた。関係する法規制は非常に多岐に亘ることから本章では詳細な解説は割愛するが，後段で触れる経済安全保障の対応部門に求められる機能との関係が深いため，それぞれポイントを絞って説明する。

1.　米国：先端技術の輸出管理，投資，人権などさまざまな面で締め付けを強める

　米国では，トランプ政権下の 2018 年 8 月に施行された輸出管理改革法（ECRA）が一つの鍵を握る。米国には従来から輸出管理規則（EAR）があるが，ECRA は，民生用と軍事用の技術の境目が曖昧になるなかで，米国の安全保障にとって重要な技術の国外への流出をより厳格に管理することを目的とする。2019 年 5 月には，中国企業のファーウェイ及び関連企業をエンティティリスト（米国商務省が輸出管理法に基づき，国家安全保障や外交政策上の懸念があるとして指定した貿易制限企業のリスト）に追加し，これら企業に対して米国製品（物品，ソフトウエア，技術）の輸出・再輸出などを原則不許可とした。その後，バイデン政権においても半導体を中心に規制の強化を重ねている。

　米国はまた，2018 年 8 月，外国投資リスク審査現代化法（FIRRMA）に

よって対米外国投資委員会（CFIUS）の権限を強化し，重要技術・重要イン
フラ・機密性の高いデータを持つ米国企業に対する少額投資を規制している。
輸出，投資の両面から中国企業の締め出しを狙ったかたちだ。同様の投資規制
は，EU や豪州など米国以外の他地域でも導入されている。

　米国はさらに，中国における人権侵害も強く問題視している。2021 年 1 月
には，米国務省が中国による新疆ウイグル自治区での行動を「ジェノサイド
（大量虐殺）」と認定した。2022 年 6 にはウイグル強制労働防止法（UFLPA）
も施行された。新疆ウイグル自治区の産品や材料を含む商品が強制労働によっ
て生産されたものと推定される場合の輸入を禁止するものだ。従前の関税法
307 条では，輸入規制を行う場合，米国当局が，輸入されている産品が強制労
働関連産品であることを合理的に示す情報を入手する必要があったが，新法
は，事業者が強制労働の不存在の立証等の一定の条件を満たさない限り，新疆
ウイグル自治区産品の輸入を禁止するもので，大幅な規制強化となった。な
お，米国のほか，欧州などで企業にサプライチェーン上の人権リスクの開示を
求める法令が相次いで成立している。

2.　中国：データを中心に規制を強化

　中国は，従来から緊急事態における民間資源の軍事利用を目的として国防動
員体制を整備しており，近年は国家戦略として「軍民融合」を推進している。
軍民融合とは，国防動員体制の整備に加え，緊急事態に限らない平時からの民
間資源の軍事利用や，軍事技術の民間転用などを推進するものとされる[1]。と
くに海洋，宇宙，サイバー，人工知能（AI）などに重点を置く。同時に，デー
タは国家の戦略的な資源であると位置づけ，種々のデータ関連法規を制定して
いる。この動きは以前から見られたが，米中の対立によって保護主義的な面が
加速したと捉えられる。

　データ関連では，2017 年 6 月にサイバーセキュリティ法を施行。国家安全
保障のためのサイバーセキュリティ確保について定めた基本法となる。中国内
で収集・生成した個人情報，非個人情報（重要データ）が対象だ。IT 事業者
に加え中国内に拠点を持つメーカーや小売事業者も対象で，サイバーセキュリ

ティ対策，個人のプライバシー保護，重要インフラ及び重要データの保護など，多岐にわたるサイバーセキュリティ関連の責任と義務を定める。同時に，自社で保有するコンピュータネットワークのセキュリティ等級保護評価の実施，個人情報・重要データを中国国外へ越境移転する際の安全評価の実施等も求められる。厳しい越境移転ルールは制定当初から話題を集めた。

　その後，2021 年 9 月にはデータセキュリティ法が施行された。中国国内の企業等に対し，業務上生成・収集したデータとそのセキュリティへの責任を追及する。対象とするデータは工業，通信，交通，金融，資源，ヘルスケア，教育，技術等で，中国外でのデータ処理についても「中国の国家・国民の権益を害するもの」は法的責任が追及される（域外適用）。他国がデータ及びデータの開発・利用技術などに関わる投資，貿易などにおいて，中国に対し差別的な禁止，制限等を講じた場合には，同等の措置を講じることができるとの対抗措置も盛り込んでいる。2021 年 11 月に個人情報保護法も施行された。

　2020 年 12 月には輸出管理法も施行されている。デュアルユース，軍用品，核等の貨物，技術，サービス等の品目（管理規制品目）の輸出等が対象だ。中国内から国外へ管理規制品目を移転させる際や，中国国民，法人及びその他組織による外国企業及び個人への管理規制品目の提供，中国人技術スタッフから中国現地法人の日本人駐在員への技術情報の伝達もみなし輸出として規制対象となる。

第 2 節　経済安全保障にかかる日本国内の動向

1．日本政府による経済安全保障推進法の制定

　経済安全保障に対する日本政府の動きとして，2021 年 10 月に誕生した岸田政権が経済安全保障担当大臣を新設した。岸田政権は経済安全保障を最重要課題の一つと位置づけ，戦略物資の確保，技術流出の防止に向けた取り組み，強靭なサプライチェーンの構築等を目指すとした。また，経済安全保障法制に関する有識者会議を立ち上げ，2021 年 11 月から議論を重ねた。その結果，2022

年5月に経済施策を一体的に講ずることによる安全保障の確保の推進に関する法律（経済安全保障推進法）が成立した。経済安全保障推進法は，（1）重要物資の安定供給，（2）基幹インフラ役務の安定的な提供の確保，（3）先端的な重要技術の開発支援，（4）特許出願の非公開を4本柱とする。

　4本柱の要点は次のとおりだ。

　一つめの柱の重要物資の安定供給は，新型コロナウイルス感染症の拡大やロシアによるウクライナ侵攻などによって，医療物資や半導体などの重要部材のサプライチェーンが途絶するリスクが顕在化したことが問題意識としてある。「特定重要物資」として指定した品目の安定供給を図るもので，指定のために以下の4つの要件を掲げる。

- 国民の生存に必要不可欠な又は広く国民生活若しくは経済活動が依拠している重要な物資である（重要性）
- 外部に過度に依存し，又は依存するおそれがある（外部依存性）
- 外部から行われる行為により国家及び国民の安全を損なう事態を未然に防止する必要がある（外部から行われる行為による供給途絶等の蓋然性）
- 安定供給確保を図ることがとくに必要と認められる（本制度により安定供給確保のための措置を講ずる必要性）

これらの要件に基づき，政府は2022年12月20日，11分野を「特定重要物資」として閣議決定した。抗菌性物質製剤，肥料，永久磁石，工作機械・産業用ロボット，航空機の部品，半導体素子及び集積回路，蓄電池，クラウドプログラム，可燃性天然ガス，金属鉱産物，船舶の部品だ。

　今後，各物資の所管大臣は，安定供給確保取組方針を策定する。各事業者は，当該方針に沿って特定重要物資の安定供給確保のための取り組み（生産基盤の整備，供給源の多様化，備蓄，生産技術開発，代替物資開発等）に関する計画を作成し，所管大臣の承認を受けることが可能となる。承認を受けた事業者は，計画の実施について金融支援等を受けることができる。

　二つめの柱は，基幹インフラ役務の安定的な提供の確保だ。基幹インフラの重要設備の安定期な提供が日本国外からサイバー攻撃によって妨害されることを防止するため，重要設備の導入・維持管理等の委託を事前に政府が審査する

ものだ。

　2022 年 5 月に帝国データバンクが全国 2 万 5141 社を対象に実施した「経済安全保障に対する企業の意識調査[2]」（有効回答企業数は 1 万 1605 社）では，経済安全保障推進法の 4 本柱のうち企業活動にとって最も関係のある項目は何かとの質問で「基幹インフラ役務の安定的な提供の確保」が 20.9％で 1 位となった。企業からの関心も高い。

　審査対象分野は政令で絞り込むものとされているが，2022 年 12 月時点では，電気，ガス，石油，水道，鉄道，貨物自動車運送，外航貨物，航空，空港，電気通信，放送，郵便，金融，クレジットカードが挙げられている。対象分野のうち審査対象事業者は主務大臣が次の条件に基づいて指定する。対象事業を行う者のうち，重要設備の機能が停止・低下した場合に，役務の安定的な提供に支障が生じ，国家・国民の安全を損なうおそれが大きいものとして主務省令で定める基準に該当する者。

　審査の対象となった事業者は，重要設備の導入・維持管理等の委託に関する計画書（委託の相手方を含む）届出を事前に行い，審査の結果，重要設備が日本国外から行われる役務の安定的な提供を妨害する行為の手段として使用されるおそれが大きいと認められるときは，妨害行為を防止するため必要な措置（重要設備の導入・維持管理等の内容の変更・中止等）の勧告を受けることとなる。

　三つめの柱は先端的な重要技術の開発支援だ。テロ・サイバー攻撃対策，安全保障等のさまざまな分野で今後利用可能性がある先端的な重要技術の研究開発の促進とその成果の適切な活用のため，資金的な支援，官民伴走支援のための官民パートナーシップ協議会の設置等を定める。

　将来の国民生活及び経済活動の維持にとって重要なものとなり得る先端的な技術を「先端的技術」として定義した上で，「特定重要技術」は，「先端的技術」のうち以下のいずれか一つでも該当するものとされている。

- 当該技術が外部に不当に利用された場合において，国家及び国民の安全を損なう事態を生ずるおそれがある
- 当該技術の研究開発に用いられる情報が外部に不当に利用された場合において，国家及び国民の安全を損なう事態を生ずるおそれがある

●当該技術を用いた物資又は役務を外部に依存することで外部から行われる行為によってこれらを安定的に利用できなくなった場合において，国家及び国民の安全を損なう事態を生ずるおそれがある

2022年9月30日の閣議決定では，今後の「特定重要技術」の絞り込みにあたって次の技術領域を参考にするとされている。バイオ技術，医療・公衆衛生技術（ゲノム学含む），人工知能・機械学習技術，先端コンピューティング技術，マイクロプロセッサ・半導体技術，データ科学・分析・蓄積・運用技術，先端エンジニアリング・製造技術，ロボット工学，量子情報科学，先端監視・測位・センサー技術，脳コンピュータ・インターフェース技術，先端エネルギー・蓄エネルギー技術，高度情報通信・ネットワーク技術，サイバーセキュリティ技術，宇宙関連技術，海洋関連技術，輸送技術，極超音速，化学・生物・放射性物質及び核（CBRN），先端材料。

四つめの柱は，特許出願の非公開制度の導入だ。公にすることにより国家及び国民の安全を損なう事態を生ずるおそれが大きい発明が記載されている特許出願につき，出願公開等の手続を留保するとともに，その間，必要な情報保全措置を講じることで特許手続を通じた機微な技術の公開や情報流出を防止する。

制度の概要としては，第一次審査（スクリーニング審査）として，特許庁において当該出願が政令で定める技術分野に該当するかの第一次審査が実施される。第一次審査において安全保障の懸念があると判断された技術については，内閣府の二次審査（保全審査）に進むこととなる。保全の指定を受けた特許については，一年毎に延長の要否を判断され，保全期間中は出願の取下げ禁止，発明内容の開示の原則禁止，発明情報の適正管理義務，他の事業者との発明の共有の承認制，発明の実施の許可制，外国への出願の禁止等が求められる。発明の実施の不許可等により損失を受けた者に対しては，通常生ずべき損失（ライセンス収入など）の補填が行われることとなっている。

2.　日本政府による経済安全保障の支援策

経済安全保障推進法の制定のほか，日本政府は補助金など各種制度でも経済

安全保障対応を後押しする。2022 年 3 月に施行された特定高度情報通信技術活用システムの開発供給及び導入の促進に関する法律の改正（通称：半導体支援法）等によって，経済産業省は，先端半導体の国内生産拠点の整備のために 6170 億円の補正予算を確保した。2022 年 6 月には台湾積体電路製造（TSMC）がソニーグループとデンソーと共に建設中だった熊本県菊陽町の半導体工場に最大 4760 億円を助成すると決定した。翌月には，キオクシアなどが整備する三重県四日市市の半導体工場に最大 929 億円を助成することを決定した。また，サプライチェーン対策のための国内投資促進事業費補助金として約 5200 億円を確保した。生産拠点の集中度が高く，サプライチェーンの途絶によるリスクが大きい重要な製品・部素材，または国民が健康な生活を営む上で重要な製品・部素材について，国内で生産拠点等を整備しようとする場合に設備導入等を支援する。半導体や電動車関連製品が想定されている。このほか，経済安全保障推進法に基づく経済安全保障重要技術育成プログラムとして 2500 億円の補正予算を計上するなど，対策が進められている。

3. 日本企業による経済安全保障対応

日本企業も経済安全保障への対応を加速している。まずは複数の企業で専門部署の設置の動きが見られた。他社に先駆けた動きとして注目を集めたのは，2020 年 10 月に三菱電機株式会社が社長直轄組織として「経済安全保障統括室」を新設した。各国の経済安全保障政策が企業活動に影響を与えている状況に鑑み，政策動向や法制度を調査・分析し，全社の情報管理・サプライチェーン・産業政策・ESG・社会倫理に関わる経済安全保障を俯瞰的な視点から統合的に管理を行う部署とした。株式会社デンソーは 2021 年 1 月，国家間の経済覇権争いなどが原因で発生する企業間取引の制限などの経済安全保障上のリスクの高まりを受け，社内の備えを強化すべく「経済安全保障室」を新設した。パナソニックグループは，2021 年 4 月，世界的な外部環境の変化や新たな動向をタイムリーに捉え，グループ各社の意思決定，事業戦略策定に資するインテリジェンスを提供するため「パナソニック総研」を設立。公的機関や専門研究機関等とのネットワークを構築・活用しながら，新たなインテリジェンスの獲得

を目指すとした。富士通株式会社は，2021年11月に「経済安全保障室」を新
設した。経済安全保障に関する国際情勢，政策，法制度の動向などを分析し，
影響度の評価を行うとともに，全社的かつ総合的な経済安全保障上の適切な対
応を実施するとしている。このほか，株式会社日立製作所，株式会社IHIなど
複数の企業が経済安全保障の専門部署を設置している。これまで法務部が主に
対応してきた「安全保障貿易管理」に加え，地政学動向の把握，サプライ
チェーンの把握など，その役割は多岐にわたる。

　他方で，2022年2月にロシアがウクライナに侵攻した際の米国のエール大
学の調査によると，同年5月中旬時点でロシアからの撤退を決めた欧米企業は
300社超だったのに対し，同じタイミングで撤退を決めた日本企業は数社にと
どまった。「日本企業は地政学リスクにからむインテリジェンス（情報活動）
機能などが弱い」ことが原因と指摘された[3]。

　独立行政法人日本貿易振興機構（JETRO）が2022年9月に日本企業に対し
て実施したアンケート調査（550社が回答）においても，経済安全保障に取り
組む上での課題として「社内リソースの不足（48.4％）」「関連する情報を集め
ることが難しい（39.5％）」が上位に挙がった[4]。

第3節　企業に求められる経済安全保障対応

　第1節のグローバル動向及び第2節の日本国内の動向を踏まえ，本章の最後
に，企業の経済安全保障の対応部門が持つべき機能を【1】個人情報・重要
データ及びインフラの整備・管理，【2】重要物資の生産・調達，【3】重要技術
の開発・輸出入，【4】サプライチェーン上の人権リスク管理，【5】資本構成の
把握及びそれらをまとめる【6】統括機能に分けて整理した。

1．個人情報・重要データ及びインフラの整備・管理

　個人情報・重要データ及びインフラの整備・管理の観点では，中国のデータ
関連法規や欧州の一般データ保護規則（GDPR）に代表されるデータ保護法へ

の対応のため，データの適切な処理，移転のための手続き，セキュリティ対策などが求められる。業種によっては，日本の経済安全保障推進法の対応も必要だ。

【組織的安全管理措置】
- ●重要インフラの購入元，メンテンナンス事業者の把握
- ●自社サーバーの所在地，アクセス権限の状況把握
- ●個人情報，重要データの管理や国外移転にかかる関係国の法令に基づく措置の実施
- ●サーバー所在国の当局によるデータ移転のための評価の申請，データの接受側との標準契約の締結等
- ●情報漏洩等の事案に対する対応体制の整備　等

【物理的安全管理措置】
- ●個人情報，重要データを取り扱う区域の管理
- ●個人情報，重要データを収録する機器及び電子媒体等の盗難等の防止　等

【技術的安全管理措置】
- ●個人情報，重要データへのアクセス制御の設定
- ●外部からの不正アクセス等の防止
- ●情報漏洩の防止　等

2. 重要物資の生産・調達

　重要物資に関しては，サプライチェーンが途絶するリスクに備え，生産・調達両面からの対応が必要となる。
- ●特定国に重要物資の調達を依存していないかの確認とサプライチェーンの分断リスクの特定
- ●有事における代替調達プランの策定と供給源の多様化の検討
- ●有事における代替生産プランの策定

- ●各国の拠点の法令において国外調達が禁止される物品を調達していないかの確認
- ●サプライチェーンに含まれる企業やその企業の株主における米国の SDN（Special Designed Nationals and Blocked Persons*）や DPL（Denied Persons List**）等の制裁リスト掲載者の有無の確認

　* 米国各種制裁法令のいずれかにより制裁され，米国内資産を凍結された者のリスト。
　** 米国輸出管理規則（EAR）の悪質・重大な違反を犯し，輸出等特権を剥奪された者のリスト。

3.　重要技術の開発・輸出入

　重要技術の開発・輸出入に関しては，各国の輸出管理法の対応が中心となる。加えて，開発などにかかる重要データの国外移転を禁止するデータ関連法規への対応も必要だ。

- ●自社製品が各国の拠点における輸出管理法の輸出規制品目に該当しないかの確認，ワークフローの構築
- ●自社製品が各国の拠点における輸出管理法の輸出規制品目該当する場合の申請等の手続き
- ●取引経路や人員配置が各国の拠点における輸出管理法における「みなし輸出」に該当しないかの確認と該当する場合の取引経路や人員配置の変更の検討
- ●調達先或いは納入先の企業が米国の輸出管理改革法（ECRA）のエンティティリストに掲載され，取引が中断された際の代替調達先或いは納入先の検討
- ●自社製品の関連分野の企業が米国の輸出管理改革法（ECRA）のエンティティリストに掲載された際の対応
  - ✓ サプライチェーンの川上まで遡るスクリーニングの実施
  - ✓ 複数部署に亘る自社設備の購入元へのスクリーニングの実施
  - ✓ 取引先がエンティティリスト対象企業と取引を行っていないことの証明
- ●開発にかかるデータの保存場所の検討

4.　サプライチェーン上の人権リスク管理

　サプライチェーン上の人権リスク管理は，各国の人権デューディリジェンスにかかる法規制を踏まえて対応する必要がある。

- ●人権方針の策定
- ●負の影響の特定・分析・評価
  - ✓自社の事業を通じて引き起こされ得る人権への負の影響（人権リスク）を特定し，そのインパクトや重要度を分析・評価（＝人権デューディリジェンス）
- ●経営陣や従業員等への人権リテラシーを高めるための教育・研修の実施
- ●社内環境／制度の整備
  - ✓人権リスク予防・是正のため，自社でリスクの高い分野を中心に社内設備・各種制度・労働慣行などの整備と変革を推進
- ●サプライチェーンの管理
  - ✓サプライチェーン全体の人権リスクに対応するため，「調達ガイドライン」の策定などを通じてサプライヤーに対応を要求
- ●モニタリング（追跡評価）の実施
  - ✓人権リスクの発生状況や，それに対する予防・改善施策の実効性を把握し，継続的に改善を進める
- ●人権に関する取組・対応状況の外部への情報公開

5.　資本構成の把握

　各国の投資審査にかかる法規制や米国の制裁リストへの対応のため，資本構成の把握も必要になる。

- ●安全保障にかかわる機微な技術を持つ場合は，出資を受ける際に各国の法令における投資審査の対象に該当しないかの確認
- ●株主における米国のSDNやDPL等の制裁リスト掲載者の有無の確認

6. 統括機能

　これまで述べた個別の機能以外にも，全社横断的に対応すべき課題は多岐に
亘る。

- ●グローバル地政学・ルール動向のインテリジェンス
  - ✓ 地域毎の官民コミュニティ内の連携の強化，インテリジェンスにかか
    る政府機関との人材交流等
- ●米国，欧州，中国をはじめとする主要国のデータ関連法規及び輸出管理法
  に基づく全社横断的な情報管理体制の構築
  - ✓ 各国国内法同士の齟齬の可能性を考慮したデータガバナンスの判断軸
    の統一，重要情報にアクセスする経営陣・従業員の選定，セキュリ
    ティ・クリアランス制度の導入検討，ファイアーウォールの設置，IT
    機器の調達にかかる全社横断的なルールの設定，教育・研修の実施等
- ●軍事侵攻・サイバー攻撃などの有事の際の社内の連絡経路，意思決定プロ
  セス，広報との連携体制等の構築

　以上，企業において経済安全保障に対応する部門に求められる一般的な機能
を紹介したが，これに限定されるものではなく，業種に特有の事情や国際情勢
の変化によって求められる内容も変わってくる。なお，経済安全保障対応は，
企業からみると言うまでもなくコスト増加に繋がる。とくに民生品において
は，経済安全保障の対応という理由での価格転嫁も容易ではなく，コストを抑
えるために製品ラインナップを減らすことなども選択肢に入る。政府の規制は
最低限とし，個別企業では対応に限界がある分野を政府がカバーするなどのバ
ランスを慎重に考慮する必要がある。

第17-1図　経済安全保障の担当部署に求められる一般的な機能（1/2）

___「経済安全保障」に___ かかる経営課題	───「経済安全保障」の担当部署に求められる一般的な機能───

統括機能

- グローバル地政学・ルール動向のインテリジェンス
  - ➤ 地域毎の官民コミュニティ内の連携の強化，インテリジェンスにかかる政府機関との人材交流　等
- 米国，欧州，中国をはじめとする主要国のデータ関連法規及び輸出管理法に基づく全社横断的な情報管理体制の構築
  - ➤ 各国国内法同士の齟齬の可能性を考慮したデータガバナンスの判断軸の統一，重要情報にアクセスする経営陣・従業員の選定，セキュリティ・クリアランス制度の導入検討，ファイアーウォールの設置，IT機器の調達にかかる全社横断的なルールの設定，教育・研修の実施　等
- 軍事侵攻・サイバー攻撃などの有事の際の社内の連絡経路・意思決定プロセスの確立，広報との連携体制等の構築

**【1】個人情報・
　　重要インフラ
　　及びデータの整
　　備・管理**

【組織的安全管理措置】
- 重要インフラの購入元，メンテンナンス事業者の把握
- 自社サーバーの所在地，アクセス権限の状況把握
- 個人情報，重要データの管理や国外移転にかかる関係国の法令に基づく措置の実施
  - ➤ サーバー所在国の当局による移転のための評価の申請，データの接受側との標準契約の締結等
- 情報漏洩等の事案に対する対応体制の整備等

【物理的安全管理措置】
- 個人情報，重要データを取り扱う区域の管理
- 個人情報，重要データを収録する機器及び電子媒体等の盗難等の防止等

【技術的安全管理措置】
- 個人情報，重要データへのアクセス制御の設定
- 外部からの不正アクセス，情報漏洩等の防止

**【2】重要物資の
　　生産・調達**

- 特定国に重要物資の調達を依存していないかの確認とサプライチェーンの分断リスクの特定
- 有事における代替調達プランの策定と供給源の多様化の検討
- 有事における代替生産プランの策定
- 各国の拠点の法令において国外調達が禁止される物品を調達していないかの確認
- サプライチェーンに含まれる企業やその企業の株主における米国のSDN（Special Designed Nationals and Blocked Persons*）やDPL（Denied Persons List**）等の制裁リスト掲載者の有無の確認

*米国の各種制裁法令のいずれかにより制裁され，米国内資産を凍結された者のリスト。
**米国輸出管理規則（EAR）の悪質・重大な違反を犯し，輸出等特権を剥奪された者のリスト。

第17-1図　経済安全保障の担当部署に求められる一般的な機能（2/2）

「経済安全保障」に
かかる経営課題　　　──────「経済安全保障」の担当部署に求められる一般的な機能──────

【3】重要技術の開発・輸出入

- 自社製品が各国の拠点における輸出管理法の輸出規制品目に該当しないかの確認，ワークフローの構築
- 自社製品が各国の拠点における輸出管理法の輸出規制品目該当する場合の申請等の手続き
- 取引経路や人員配置が各国の拠点における輸出管理法における「みなし輸出」に該当しないかの確認と該当する場合の取引経路や人員配置の変更の検討
- 調達先或いは納入先の企業が米国の輸出管理改革法（ECRA）のエンティティリストに掲載され，取引が中断された際の代替調達先或いは納入先の検討
- 自社製品の関連分野の企業が米国の輸出管理改革法（ECRA）のエンティティリストに掲載された際の
  - ➢ サプライチェーンの川上まで遡るスクリーニングの実施
  - ➢ 複数部署に亘る自社設備の購入元へのスクリーニングの実施
  - ➢ 取引先がエンティティリスト対象企業と取引を行っていないことの証明
- 開発にかかるデータの保存場所の検討

【4】サプライチェーン上の人権リスク管理

- 人権方針の策定
- 負の影響の特定・分析・評価
  - ➢ 自社の事業を通じて引き起こされ得る人権への負の影響（人権リスク）を特定し，そのインパクトや重要度を分析・評価（＝人権デュー・ディリジェンス）
- 経営陣や従業員等への人権リテラシーを高めるための教育・研修の実施
- 人権リスク予防・是正のための社内環境／制度の整備
- サプライチェーンの管理
  - ➢ サプライチェーン全体の人権リスクに対応するため，「調達ガイドライン」の策定などを通じてサプライヤーに対応を要求
- モニタリング（追跡評価）の実施
  - ➢ 人権リスクの発生状況や，それに対する予防・改善施策の実効性を把握し，継続的に改善を進める
- 人権に関する取組・対応状況の外部への情報公開外部への情報公開

【5】資本構成の把握

- 安全保障にかかわる機微な技術を持つ場合は，出資を受ける際に各国の法令における審査対象に該当しないかの確認
- 株主における米国のSDN（Special Designed Nationals and Blocked Persons）やDPL（Denied Persons List）等の制裁リスト掲載者の有無の確認

[注]
1）令和元年版防衛白書（2019）。
2）経済安全保障に対する企業の意識調査（https://www.tdb.co.jp/report/watching/press/p220702.
　　html）。
3）日本経済新聞「日立や IHI，経済安保の新組織　撤退判断など素早く」（2022 年 5 月 23 日）。
4）経済安全保障，8 割の日本企業が経営課題と認識　ジェトロによるアンケート調査（https://
　　www.jetro.go.jp/biz/areareports/special/2022/1002/2c2eecd972c6c47e.html）。

（福山章子）

索　引

執筆者紹介 （執筆順） ＊は編著者

＊馬田　啓一	杏林大学名誉教授	第1章
大橋　英夫	専修大学経済学部教授	第2章
安藤　光代	慶應義塾大学商学部教授	第3章
早川　和伸	ジェトロアジア経済研究所主任研究員	第3章・第6章
池部　亮	専修大学商学部教授	第4章
坂本　正弘	日本国際フォーラム上席研究員	第5章
熊谷　聡	ジェトロアジア経済研究所経済地理研究グループ長	第6章
蓮見　雄	立教大学経済学部教授	第7章
真家　陽一	名古屋外国語大学外国語学部教授	第8章
＊木村　福成	慶應義塾大学経済学部教授	第9章
篠田　邦彦	政策研究大学院大学教授	第10章
高橋　俊樹	国際貿易投資研究所研究主幹	第11章
岩田　伸人	青山学院大学名誉教授	第12章
菅原　淳一	オウルズコンサルティンググループ・プリンシパル	第13章
＊浦田秀次郎	早稲田大学名誉教授	第14章
髙橋　敏哉	松蔭大学観光メディア文化学部准教授	第15章
伊藤　恵子	千葉大学大学院社会科学研究院教授	第16章
福山　章子	オウルズコンサルティンググループ・チーフ通商アナリスト	第17章

編著者紹介

馬田啓一（うまだ・けいいち）

1949 年生まれ。慶應義塾大学経済学部卒業，同大学大学院経済学研究科博士課程修了。杏林大学総合政策学部・大学院国際協力研究科教授，客員教授を経て，現在，名誉教授，（一財）国際貿易投資研究所（ITI）理事。主要著書に，『アジア太平洋の新通商秩序』（共編著，勁草書房，2013 年），『メガ FTA 時代の新通商戦略』（共編著，文眞堂，2015 年），『アジアの経済統合と保護主義』（共編著，文眞堂，2019 年），『岐路に立つアジア経済』（共編著，文眞堂，2021 年）など。

浦田秀次郎（うらた・しゅうじろう）

1950 年生まれ。慶應義塾大学経済学部卒業，スタンフォード大学経済学部大学院博士課程修了（Ph.D.）。世界銀行エコノミスト，早稲田大学大学院アジア太平洋研究科教授を経て，現在，名誉教授，独立行政法人経済産業研究所（RIETI）理事長。主要著書に，『ASEAN 経済統合の実態』（共編著，文眞堂，2015 年），『TPP の期待と課題』（共編著，文眞堂，2016 年），『揺らぐ世界経済秩序と日本』（共編著，文眞堂，2019 年），『東アジアの経済統合』（共編著，勁草書房，2020 年）など。

木村福成（きむら・ふくなり）

1958 年生まれ。東京大学法学部卒業。ウィスコンシン大学経済学部大学院博士課程修了（Ph.D.）。現在，慶應義塾大学経済学部教授，東アジア・アセアン経済研究センター（ERIA）チーフエコノミスト。主要著書に，『東アジア生産ネットワークと経済統合』（共著，慶應義塾大学出版会，2016 年），『国際経済学のフロンティア』（共編著，東京大学出版会，2016 年），『これからの東アジア』（共編著，文眞堂，2020 年），『国際通商秩序の地殻変動』（共編著，勁草書房，2022 年）など。

変質するグローバル化と世界経済秩序の行方
—米中対立とウクライナ危機による新たな構図—

2023 年 7 月 25 日　第 1 版第 1 刷発行	検印省略

編 著 者	馬　田　啓　一
	浦　田　秀 次 郎
	木　村　福　成
発 行 者	前　野　　　隆
発 行 所	株式会社　文　眞　堂

東京都新宿区早稲田鶴巻町 533
電　話　03（3202）8480
ＦＡＸ　03（3203）2638
https://www.bunshin-do.co.jp/
〒162-0041 振替00120-2-96437

製作・モリモト印刷

©2023
定価はカバー裏に表示してあります
ISBN978-4-8309-5231-9 C3033

グローバル化の潮目が変わったのか？

揺らぐ世界経済秩序と日本 反グローバリズムと保護主義の深層

馬田啓一・浦田秀次郎・木村福成 編著

ISBN978-4-8309-5054-4　A5判・258頁　定価3080円（税込）

　反グローバリズムと保護主義の台頭によって世界経済秩序が大きく揺らいでいる。先行きが不透明となった世界経済の潮流をどう読み解くか。長期化する米中貿易戦争の危うい構図，混迷する英国のEU離脱（ブレグジット），機能不全に陥ったWTO，きしむ国際政策協調など，焦眉の問題を取り上げ，揺らぐ世界経済秩序の現状と課題について考察。

シリーズ：検証・アジア経済 ❶

岐路に立つアジア経済 米中対立とコロナ禍への対応

石川幸一・馬田啓一・清水一史 編著

ISBN978-4-8309-5130-5　A5判・268頁　定価3080円（税込）

　米中対立とコロナ禍の中，アジアの経済は未曽有の試練に立たされている。アジアはどこに向かうのか。さらなる経済連携の強化によってこの危機を克服し，新常態にソフトランディングできるのか。それともアジアの分断と停滞の始まりとなるのか。本書は，岐路に立つアジア経済の現状と課題，政策的な対応と今後の展望について様々な視点から考察。

パワーバランスの変化に国際レジームはどう影響するのか！

米中対立下における国際通商秩序
パワーバランスの急速な変化と国際秩序の再構築

西脇　修 著

ISBN978-4-8309-5193-0　A5判・220頁　定価3850円（税込）

　本書では，従来の国際関係論が注目していなかった点について，米中のWTO，G20等の国際通商を巡る角逐を事例に論じる。また，中国の台頭，ロシアのウクライナ侵攻等，国際秩序が大きく揺らぐ中，秩序の再構築の方向性を示す。

カーボンニュートラルに向けた世界の最新動向をこの1冊で！

カーボンニュートラルをめぐる世界の潮流
政策・マネー・市民社会

白井さゆり 著

ISBN978-4-8309-5187-9　A5判・256頁　定価2530円（税込）

　本書は，「政策」「マネー」「市民社会」を3つの柱に，カーボンニュートラルの世界の展望，サスティナブルファイナンス，ESG経営，米中欧日の動向，グリーン金融政策や気候変動への取り組みなどについて考察。カーボンニュートラルに向けた世界的潮流の全体を捉えた必読書。